历代名著精选集

鲁同群 注评

凤凰出版传媒集团 凤凰出版社

图书在版编目（CIP）数据

礼记 / 鲁同群注评. —— 南京：凤凰出版社，2011.1
（历代名著精选集）
ISBN 978-7-5506-0064-5

Ⅰ. ①礼… Ⅱ. ①鲁… Ⅲ. ①礼仪－中国－古代②礼记－注释 Ⅳ. ①K892.9

中国版本图书馆CIP数据核字（2010）第244228号

书　名	礼记
著　者	鲁同群 注评
责任编辑	汪允普
出版发行	凤凰出版传媒集团 凤凰出版社（原江苏古籍出版社） 南京市中央路165号　邮编 210009 发行部电话 025—83223462
集团网址	凤凰出版传媒网　http://www.ppm.cn
照　排	江苏凤凰制版有限公司
印　刷	江苏凤凰扬州鑫华印刷有限公司 扬州市江阳工业园蜀岗西路9号　邮编：225008
开　本	960×1304 毫米　1/32
印　张	8.375
字　数	249千字
版　次	2011年1月第1版　2011年1月第1次印刷
标准书号	ISBN 978-7-5506-0064-5
定　价	21.00元

（本书凡印装错误可向承印厂调换，电话：0514—85868858）

目　录

前言 ……………………………………………………………… 1

曲礼上第一 ……………………………………………………… 1
曲礼下第二 ……………………………………………………… 23
檀弓上第三 ……………………………………………………… 31
檀弓下第四 ……………………………………………………… 48
王制第五 ………………………………………………………… 66
月令第六 ………………………………………………………… 78
礼运第九 ………………………………………………………… 99
礼器第十 ………………………………………………………… 108
郊特牲第十一 …………………………………………………… 116
内则第十二 ……………………………………………………… 122
玉藻第十三 ……………………………………………………… 130
少仪第十七 ……………………………………………………… 137
学记第十八 ……………………………………………………… 140
乐记第十九 ……………………………………………………… 148
杂记下第二十一 ………………………………………………… 163
祭法第二十三 …………………………………………………… 168
祭义第二十四 …………………………………………………… 169
祭统第二十五 …………………………………………………… 176
经解第二十六 …………………………………………………… 178
坊记第三十 ……………………………………………………… 181

中庸第三十一 …… 194
表记第三十二 …… 213
缁衣第三十三 …… 218
三年问第三十八 …… 223
儒行第四十一 …… 225
大学第四十二 …… 233
冠义第四十三 …… 242
昏义第四十四 …… 244
射义第四十六 …… 248
丧服四制第四十九 …… 251

前　言

一、《礼记》的性质与构成

　　礼是我国先秦时期学校教育的重要内容。在贵族子弟必须学习的六门课程（礼、乐、射、御、书、数）中，礼居第一（见《周礼·地官·司徒》）。《史记·孔子世家》记孔子"以诗、书、礼、乐教，弟子盖三千焉"。礼也是孔子教学最重要的科目之一，即使在颠沛流离之中，还带领学生在路边大树下演习礼仪。

　　一般认为，孔子教育学生的"礼"，就是流传至今但已残缺不全的礼经——《仪礼》。《仪礼》今存17篇，都是关于各种礼节仪式的叙述。这种叙述详细而琐碎。它把每一种礼从开头到结束，各人应位于何处、如何动作、怎样讲话、有关物品如何摆放等等，一步一步都讲得十分具体。但是，这些礼仪的含义是什么？为什么这样站位，为什么这样动作？它并不加以解释。它只是告诉你如何做，却不告诉你为什么要这样做。

　　回答"为什么"的任务，主要由《礼记》承担了。

　　《礼记》是古代学者在研习、传授《仪礼》的过程中所撰写的解释经文、发挥义理以及作补充说明的若干文章的汇编。《礼记》之"记"就是指对"经"作解释阐发的文章，近似于经传的"传"。

　　流传至今的礼"记"，有《大戴礼记》和《小戴礼记》两种。

　　大戴名戴德；小戴名戴圣，是大戴的侄儿，他们都是西汉传授礼学的名家。《大戴礼记》原有85篇，但保留至今的仅39篇。《小戴礼记》共49篇。过去学者多认为《大戴礼记》是戴德根据古代的"记"删削而成，而《小戴礼记》则是戴圣在《大戴礼记》85篇基础上再次删削的结果。不过，也有人认为是大戴、小戴各自删削古代的"记"而成书；还有学者则认为两书根本不是大戴、小戴所辑，而是成于东汉学者之手。

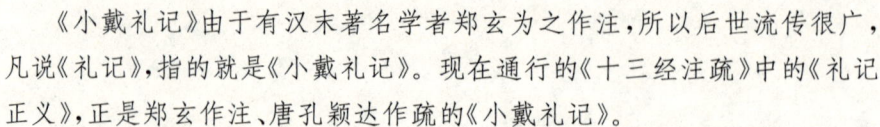

《小戴礼记》由于有汉末著名学者郑玄为之作注,所以后世流传很广,凡说《礼记》,指的就是《小戴礼记》。现在通行的《十三经注疏》中的《礼记正义》,正是郑玄作注、唐孔颖达作疏的《小戴礼记》。

按照内容、性质之不同,《礼记》49篇大致可以分为四类。

第一类是与现存《仪礼》相对应,可以看作是为《仪礼》中某一对应篇章作解说的作品,共六篇:《冠义》、《昏义》、《乡饮酒义》、《燕义》、《聘义》及《丧服四制》,分别对应于《仪礼》中的《士冠礼》、《士昏礼》、《乡饮酒礼》、《燕礼》、《聘礼》和《丧服》(《丧服四制》与《丧服》并非严格对应关系)。另有《射义》一篇,则对应于《仪礼》中的《大射礼》和《乡射礼》(有人认为只和《大射》有关)。

《礼记》中有一些篇章,虽不专门针对《仪礼》某一篇而作,但却都与《仪礼》的某种内容相关,如《郊特牲》、《祭法》、《祭义》、《祭统》等,主要是论述祭祀之礼;《曾子问》、《丧服小记》、《杂记》上下、《丧大记》、《奔丧》、《问丧》、《服问》、《间传》、《三年问》等,主要是论述丧礼。这些也可归入第一类中。

第二类是带有礼学通论性质的关于儒家修身治国教书育人等问题的学术论文。如《礼运》主要论述以礼治国的重要性;《学记》主要论述教育的重要性、古代学校传道授业的先后次序以及教育的得失兴废;《乐记》主要论述音乐的起源及其在社会政治生活中的作用;《经解》论述以六经对民众进行教化的得失,尤着重于论述礼教的重要性;《中庸》主要论述中庸之道在个人修养(尤其是统治者的个人修养)及社会政治生活中的重要作用;《大学》主要论述儒家修身齐家治国平天下的人生观。

第三类是关于古代礼仪制度的考述,如《曲礼》上下、《王制》、《月令》、《文王世子》、《礼器》、《内则》、《玉藻》、《明堂位》、《少仪》、《深衣》、《投壶》等。这些篇章所涉内容颇为庞杂,如《曲礼》、《内则》、《少仪》主要记述日常生活中的各种礼节和注意事项;《文王世子》记述周文王、周武王为世子时的表现及周公教训周成王的故事,但又谈到了大学教士之法以及夏商周三代教育世子的方法等等;《玉藻》记天子诸侯衣服、饮食、居处之法,又谈到各种服饰制度等等;《明堂位》记周公辅佐成王,在明堂接受诸侯朝拜时各人所站立的位置,以及鲁国被赐用天子礼乐的情况;《深衣》记作为贵族平日家居服装的深衣的制作方法;《投壶》记作为古代宴饮之后娱乐项目的投壶之礼,从宾主如何就位到如何计算输赢都有详细介绍。

第四类是关于孔子及其弟子时人言行的记录,如《檀弓》上下、《哀公问》、《仲尼燕居》、《孔子闲居》、《坊记》、《表记》、《缁衣》等。这些文章所涉内容甚广,如《檀弓》上较多关于士丧礼若干细节的论述,其中有些内容是《仪礼·士丧礼》并未谈到的;《檀弓》下则较多关于诸侯国君丧礼的论述;《哀公问》记鲁哀公与孔子的对话,其主要内容是关于尊礼和为政;《仲尼燕居》主要记孔子与诸弟子论礼乐的重要性;《孔子闲居》记孔子与子夏的对话,主要讲统治者必须明了礼乐之原,做到"三无私"("天无私覆,地无私载,日月无私照"),才可以"为民父母";《坊记》主要记先王创设各种制度以约束臣民的情况;《表记》主要记君子立身处世之道,强调庄敬、诚信与仁义;《缁衣》全篇为孔子语录,主要讲治国为政的问题。

《礼记》各篇的内容常有交叉重复,将49篇分为以上四类,只能是一个十分粗略的划分。

二、《礼记》的思想价值与文学价值

《礼记》是儒家的重要经典。就名称言,它是"记"而非"经";但就影响言,则远在"三礼"中作为"经"的《周礼》和《仪礼》之上。唐太宗时孔颖达撰《五经正义》,即以《礼记》配《易》、《书》、《诗》、《左传》为"五经"。宋人"五经"中,礼书也是列《礼记》而非《周礼》、《仪礼》。

《礼记》在封建社会的显赫地位,当然主要是由于它所宣扬的儒家思想,尤其是其礼治主张,对于巩固封建统治秩序、维护封建社会的长治久安有其他经典难以替代的作用。但《礼记》中确也保存了不少中国传统文化、传统人生观、价值观的精华,使它即使在21世纪的今天仍有存在价值,仍然值得我们认真学习、研究,甄别去取,以古为今用。

比如《檀弓下》所载《战于郎》的故事。在齐鲁两国的一场战事中,童汪踦为抵抗齐军战死。鲁国人打算以成人之礼安葬汪踦,孔子表示赞许,说:"能执干戈以卫社稷,虽欲勿殇也,不亦可乎!"孔子是一个严格讲究礼的人,而在安葬汪踦的问题上表现出如此的变通,这当然是对汪踦为国捐躯行为的高度赞赏。

人不可忘记根本,不可忘记祖先,是《礼记》中反复强调的一种观点。

《礼器》:"礼也者,反本修古,不忘其初者也。"《郊特牲》:"郊之祭也,大报本反始也。"《乐记》:"礼报情,反始也。"《祭义》:"教民反古复始,不忘其所由生也。"因此,醴酒虽美,宴席上却以玄酒(清水)为上,因为水是五味之本;黼黻文绣虽然漂亮,但祭祀时覆盖俎豆却用粗麻布,因为这是女红之始;人所坐卧的席子用席草或竹篾编织而成,但郊祭时天神的座席却是用农作物的秸秆铺就,因为只有用这种最粗糙最原始的材料才能表达对天神的敬意。至于祭祀祖先,当然更是"报本反始"思想最广泛的一种表现形式。

从"报本反始"这样一个指导思想出发,《礼记》认为对一切有功于国于民者皆不可忘记,而应按时祭祀。"夫圣王之制祭祀也,法施于民则祀之,以死勤事则祀之,以劳定国则祀之,能御大灾则祀之,能捍大患则祀之。"(《祭法》)甚至连猫虎等动物、堤坝沟渠等农田水利设施,因其有益于人,亦应祭祀。这种人不可忘本,必须懂得感恩的观念,在今天无疑是值得提倡发扬的。

《礼记》中所宣扬的儒家社会理想和治国方略,有不少也是很有价值的。《礼运》中关于大同世界的描述,曾鼓舞了中国近代史上许多有志之士为之奋斗。《大学》等篇中关于统治者必须以德治国、施行仁政,必须以身作则、为民垂范的观点,为历代进步的思想家所推崇。而人人所熟知的"水能载舟,亦能覆舟"的名言,其实在《礼记》中也有明确的表述,只不过词句稍异罢了:"君以民存,亦以民亡。"(《缁衣》)

至于《礼记》中所谈到的个人道德修养与为人处世的行为准则在今天仍当提倡发扬的,那就更多了。孝敬父母、尊敬年长者、讲究诚信,这些在《礼记》中均反复论及。当社会转型时期,我们曾经引以为傲的许多中华民族传统美德在人们意识中已日渐淡薄甚至几近沦丧之际,重温古人遗训,或许不无小益。

当然,《礼记》中所宣扬的政治理念、道德准则都是为维护封建秩序服务的,其中不可避免地会有一些糟粕。即如《礼记》中强调得极多的"孝",其重要目的还是巩固封建统治。《祭统》说:"忠臣以事其君,孝子以事其亲,其本一也。"这与《论语》中孔子弟子有若所说"其为人也孝悌而好犯上者,鲜矣",正是一个意思。

除了在社会政治思想、道德伦理建设等方面的积极意义外,通过学习

《礼记》增加我们对中国古代社会、对我们祖先的生活习惯、民风民俗的了解,也是一件很有兴味的事。例如中国古代对儿童的教育,在《内则》中就有很具体的介绍:"六年,教之数与方名。七年,男女不同席,不共食。八年,出入门户及即席饮食,必后长者,始教之让。九年,教之数日。十年,出就外傅,居宿于外,学书计,衣不帛襦绔,礼帅初,朝夕学幼仪,请肄简、谅。十有三年,学乐,诵诗,舞勺。成童舞象,学射御。"这里讲的当然是对贵族子弟的教育,而且很可能是一种理论设计,事实未必完全如此,但它确实让我们了解了古代教育的一个方面。又如古人从求亲到成婚的各个步骤,《礼记·昏义》的介绍虽远没有《仪礼·士昏礼》之详尽,但读过以后我们也就可以知道一个大概了,而且会发觉我们今天民间(尤其在部分农村地区)男女青年恋爱结婚的过程,竟是古老风俗的延续。自然,两千多年前的古人婚礼不可奏乐,亲朋好友也不当前往祝贺,这与后世的婚礼是截然相反了。

至于《大学》、《中庸》这两篇被朱熹收入《四书》,在中国思想史、政治史上产生了巨大影响的作品,以及论述儒家教育理论的《学记》、论述音乐理论的《乐记》等重要学术文献,它们的价值更是历久弥新,非在此处寥寥数语所可尽述,我们留在各篇注释后的"导读"部分再作较详细的介绍。

《礼记》不是文学著作,而且有部分篇章叙述比较烦冗,语言比较板滞,这在有关丧礼、服饰制度、祭祀仪式等内容的篇章中表现最为明显。但其中也有若干章节,或是有比较有趣的故事情节,或是有比较生动的人物形象。此类章节在《檀弓下》中最多。比如《陈子车死于卫》一章。陈子车是齐国大夫,客死于卫,他的妻子和家庭总管打算用活人殉葬。陈子车的弟弟陈亢是孔子弟子,反对他们这样做。不过他反对得十分机智,说:"适宜到地下去侍候死者的,莫过于他的妻子和管家了。如果要殉葬,就用你们两位吧。"此事自然就此作罢。又如《杜蒉扬觯》(《古文观止》收有此文)中杜蒉巧妙地借罚酒进谏晋平公、《不食嗟来之食》中齐国饿者拒食而死等故事,都在寥寥数语中将人物动作、神态写得生动传神。

《礼记》许多篇章中均有精粹深刻、富有格言警句意味的词句。比如"敖(傲)不可长,欲不可从(纵),志不可满,乐不可极"、"临财毋苟得,临难毋苟免"(以上《曲礼上》);"进人若将加诸膝,退人若将队(坠)诸渊"、"苛政猛于虎"(以上《檀弓下》);"君子不失足于人,不失色于人,不失口于

人"、"君子不以其所能者病人,不以人之所不能者愧人"、"君子不以辞尽人"、"情欲信,辞欲巧"(以上《表记》);"下之事上也,不从其所令,从其所行"、"上好是物,下必有甚者"、"王言如丝,其出如纶"(以上《缁衣》)。诸如此类既有深刻的意蕴,语言又很精彩的句子,在《礼记》中可以举出很多。有一些已成为后世常用的习语,如"礼尚往来。往而不来非礼也,来而不往亦非礼也"(《曲礼上》)、"放诸四海而皆准"(《祭义》)、"差若毫厘,缪以千里"(《经解》)等等。还有一些可能是当时流行的民间俗语,也是既精警又有趣的,如"人莫知其子之恶,莫知其苗之硕"、"未有学养子而后嫁者也"(《大学》)。阅读咀嚼这些词句,既能给我们以思想的启迪,又能给我们美的享受。

三、关于选篇与注释的几点说明

本书共选了30篇文章加以注释。但这30篇并非全选,多数只是选其中部分章节。选与不选,大体依据如下三点考虑:

1. 一般认为《礼记》中最有价值的带有通论性质的学术论文,如《礼运》、《学记》、《乐记》、《经解》、《中庸》、《大学》等,除《礼运》、《乐记》略有删节外,全文入选。

2. 其他各篇,所选多为中国古代礼仪制度中带有比较普遍的意义,尤其是对我们当代人还有借鉴意义的章节段落。

3. 凡过于专门,或过于烦琐,虽古人认为十分重要,但对我们当代人生活已没有太大意义的篇章段落,一般不在入选之列。比如我们前面提到的第三类中的《明堂位》、《深衣》、《投壶》等,均未入选;《曾子问》、《丧服小记》多讨论各种丧礼、丧服的细节,也未入选。《内则》中大量篇幅介绍各种饮食之物及烹调方法,《玉藻》中许多内容介绍古代贵族的各种服饰,本书虽选了《内则》、《玉藻》,但这些内容或者全部删去,或仅少量保留以见一斑。

《曲礼上》所记多为日常生活中言语、饮食、洒扫、应对等方面的细小礼仪,本无须全选。特别是"凡进食之礼"一节(第30节),讲案上食物酱醋等如何摆放、主人客人进食时各应有些什么动作之类,真是琐碎之至,完全可以不选。但笔者还是全文注释了。一是因为《曲礼上》为全书首篇,地位多少有点特殊,但主要还是笔者想借此让读者看到:《礼记》同一篇中,各章节的先后次序有时并无逻辑联系可言,有些章节对今人意义不大。这对了解选注者其他篇目、章节的选择标准也有所帮助。

《礼记》作为儒家的一部重要经典,汉代以来为之作注者代不乏人。流传至今的重要著作有东汉郑玄注、唐孔颖达疏的《礼记正义》(收入通行本《十三经注疏》),宋卫湜的《礼记集说》,元陈澔的《礼记集说》(又作《云庄礼记集说》,云庄为陈澔的号),明胡广的《礼记大全》,以及清孙希旦的《礼记集解》、朱彬的《礼记训纂》等。各家注解相同之处固多,相异之处也很不少。作为一本普及读物,我们无须罗列各家异说,只能根据选注者的认知水平,择善而从。本书在注释时,主要依据郑注孔疏的《礼记正义》和孙希旦的《礼记集解》,《大学》《中庸》两篇则参考朱熹《四书章句集注》为多。另外,当代礼学名家、南京师范大学已故教授钱玄先生主持注释并译为白话的《礼记》(岳麓书社,2001)也是本书撰写时的重要参考资料。

由于《礼记》之文大多简古深奥,本书注释有时不得不稍加引申说明,否则有可能会使读者产生虽每个字的意义均已明了,但全句的意思却仍模糊不清的现象。即如第一篇(《曲礼上》)第一句:"毋不敬,俨若思,安定辞,安民哉。"选注者在"安民哉"一句前加了"如能做到以上几点,即可"(安民)10个字。又如同篇"抠衣趋隅"一句(见第17节),笔者注为"(脱屦后)提起下裳(以免弄脏或绊倒),快步走向屋角,(绕到席的后面,然后登席。)",括号中的词句都是注者所加,或是将经文省去的词句补足,使人物前后动作连贯;或是说明原因,使读者知其所以然。这些为了各种原因而添加的字句,在本书注释中不算很少。

另外,《礼记》中若干词语,虽各篇中常反复出现,但由于这些词语我们平时很少接触,理解较难,如果只在第一次出现时加注,以后但曰"见某篇某节注",恐怕会给读者造成很大的不便。所以只能不惮麻烦重复,对某些词语多次注释。这是要请读者谅解的。

本书的选文与注释,选注者虽自认为小心从事,但不妥之处在所难免,希读者不吝指正。

曲礼上第一

1. 《曲礼》曰①:"毋不敬②,俨若思③,安定辞④,安民哉⑤!"

【注释】

①《曲礼》:古礼书名,因所记多礼文之细微曲折,故名。这与《礼器》篇中"曲礼三千"之"曲礼"并非同一概念。其书已佚。本篇因篇首引《曲礼》之文,故即用作篇名,并非全篇皆出于《曲礼》。② 毋不敬:礼主于敬,故宋代有学者说:"经礼三百,曲礼三千,一言以蔽之,曰'毋不敬'。"③ 俨若思:谓容貌端庄严肃,俨然若有所思。④ 安定辞:说话语气平和,深思熟虑。⑤ 安民哉:(如能做到以上几点,即可)使人民安定。

2. 敖不可长①,欲不可从②,志不可满,乐不可极。

【注释】

① 敖:通"傲",傲慢。② 从:通"纵"。

3. 贤者狎而敬之①,畏而爱之②。爱而知其恶,憎而知其善。积而能散③,安安而能迁④。临财毋苟得,临难毋苟免。很毋求胜⑤,分毋求多。疑事毋质⑥,直而勿有⑦。

【注释】

① 狎:亲近。此谓贤者对他人虽亲近,但依然敬重。"贤者"作为主语,直贯全句。② 畏:谓他人德高位尊,使己有所畏惮。③ 积而能散:谓积聚财物而能散以与人。④ 安安:前一个"安"字为动词,指安于;后一个"安"字为名词,指安逸。迁:改。全句谓虽安于逸乐却能改而迁善,并不一味贪图安逸丧失志向。⑤ 很:争斗。血气之争时不要求胜,是因为既伤和气,又可能给自己及亲人带来灾祸。⑥ 疑事毋质:质,成,指作出结

论。全句谓对有疑惑之事不要随便发表意见。⑦ 直而勿有:直,正,指见解正确。此句谓自己如果对某事有正确的见解,也不要说是自己的看法(而可以说是师友的观点)。

4. 若夫①,坐如尸②,立如齐③。礼从宜,使从俗④。

【注释】

① 若夫:句首语气词。按此二字宜删。② 尸:古代代表死者受祭的活人。此句谓坐时须如尸一般端直。③ 齐:通"斋"。此句谓站立须如祭者一般身体弯腰前倾,以示恭敬。④ 使从俗:出使他国,须入乡随俗。

5. 夫礼者所以定亲疏,决嫌疑,别同异,明是非也。礼,不妄说人①,不辞费②。礼,不逾节③,不侵侮,不好狎④。修身践言,谓之善行。行修言道⑤,礼之质也。礼闻取于人⑥,不闻取人⑦。礼闻来学,不闻往教。

【注释】

① 说:同"悦"。此句谓不随便取悦他人。② 不辞费:谓说话辞达即止,不贵话多。③ 不逾节:谓按礼而行,不逾越尊卑上下的等级规定。④ 狎:谓与人亲近而缺少礼敬。⑤ 行修:品行修洁。言道:言合于道。⑥ 取于人:谓为人所取法。⑦ 取人:谓引取他人(来向我学习)。

6. 道德仁义,非礼不成。教训正俗,非礼不备。分争辨讼①,非礼不决。君臣上下父子兄弟,非礼不定。宦学事师②,非礼不亲。班朝治军③,莅官行法,非礼威严不行。祷祠祭祀,供给鬼神,非礼不诚不庄。是以君子恭敬撙节退让以明礼④。鹦鹉能言,不离飞鸟。猩猩能言,不离禽兽。今人而无礼,虽能言,不亦禽兽之心乎?夫唯禽兽无礼,故父子聚麀⑤。是故圣人作,为礼以教人,使人以有礼,知自别于禽兽。

【注释】

① 分争辨讼:犹言分辨争讼。"争"和"讼"都是争,此处"讼"与"争"

对文,则专指争财。② 宦学事师:"宦"指学习仕宦,"学"指学习六艺。"宦"、"学"皆需从师。③ 班朝:班,班次;朝,朝廷。班朝谓确定上朝时各人位次。④ 撙(zǔn):自我克制。⑤ 父子聚麀:指动物父子与同一母兽交配。麀(yōu),牝兽。

7. 太上贵德①,其次务施报②。礼尚往来,往而不来,非礼也;来而不往,亦非礼也。人有礼则安,无礼则危,故曰礼者不可不学也。夫礼者,自卑而尊人。虽负贩者必有尊也③,而况富贵乎?富贵而知好礼,则不骄不淫;贫贱而知好礼,则志不慑④。

【注释】
① 太上:上古之时。贵德:惟贵施德于人(而不求回报)。② 其次:指上古之后。务施报:谓重视有施恩即须有回报。③ 负贩者:背着东西做小买卖的人。④ 慑:胆怯困惑。

8. 人生十年曰幼,学;二十曰弱①,冠②;三十曰壮,有室③;四十曰强,而仕;五十曰艾④,服官政⑤;六十曰耆⑥,指使⑦;七十曰老,而传⑧;八十九十曰耄,七年曰悼⑨。悼与耄,虽有罪,不加刑焉。百年曰期颐⑩。大夫七十而致事⑪,若不得谢⑫,则必赐之几杖⑬,行役以妇人⑭。适四方⑮,乘安车⑯。自称曰老夫,于其国则称名⑰。越国而问焉⑱,必告之以其制⑲。

【注释】
① 弱:谓身体尚未强壮。② 冠:指行加冠之礼。③ 有室:有妻室。④ 艾:头发苍白,色如艾草。⑤ 服:从事、担任。官政:指古代大夫一级的官职。⑥ 耆:至也,谓已至老境但尚未全老。⑦ 指使:指事使人。⑧ 传:指传授家事,交付子孙。⑨ 悼:年幼无知。⑩ 期(jī)颐:期,有周匝之义,人生百年已周,故曰期;颐,养。谓百岁之人唯当受人供养。后世常以期颐作一词,代指百岁。⑪ 致事:将所掌管的事交还国君,意即告老不仕。⑫ 不得谢:谢犹听许,"不得谢"意即不获批准。⑬ 几杖:几,古人坐时供身体凭靠的器具。杖,手杖。⑭ 行役以妇人:谓在本国巡行役事时,有如

女同行照料。⑮ 适四方：谓到其他国家出使。⑯ 安车：只用一马拉的坐乘的小车。按："行役以妇人,适四方乘安车"二句互文,在国内巡行亦乘安车,出使异国亦可以妇人同行。⑰ 于其国则称名：指在本国与国君谈话时仍须自称名。⑱ 越国而问焉：指邻国来问。⑲ 必告之以其制：将本国的规章制度告诉来访者。

9. 谋于长者①,必操几杖以从之②。长者问,不辞而对,非礼也。

【注释】

① 谋于长者：有事去征求长者意见。② 从：犹"就",谓到长者所居之处。

10. 凡为人子之礼,冬温而夏凊①,昏定而晨省②,在丑夷不争③。

【注释】

① 冬温而夏凊：冬天设法使（父母）暖和,夏天设法使（父母）凉快。凊(qìng),冷。② 定：铺设被褥。省：问其安否。③ 丑：众。夷：犹"侪"。丑夷指同类平辈。人之争,往往在同类平辈之中为多,故特别强调之。

11. 夫为人子者,三赐不及车马①。故州闾乡党称其孝也②,兄弟亲戚称其慈也,僚友称其弟也③,执友称其仁也④,交游称其信也。见父之执⑤,不谓之进不敢进,不谓之退不敢退,不问不敢对。此孝子之行也。

【注释】

① 三赐：即三命。周代仕者,一命而受爵,再命而受衣服,三命而受车马。此言"不及车马",指虽受三命,却不接受所赐车马（一说,接受车马,但不敢乘坐）,以免超过父、祖的享受。② 州闾乡党：皆古代行政区域名,乡最大,州次之,党又次之,闾最小（二十五家为闾）。③ 弟：同"悌"。④ 执友：志趣相投的朋友。⑤ 父之执：即父亲之执友。

12. 夫为人子者，出必告，反必面①，所游必有常②，所习必有业③。恒言不称老④。年长以倍则父事之，十年以长则兄事之，五年以长则肩随之⑤。群居五人，则长者必异席⑥。

【注释】

① 反必面：回来后一定去面见父母。② 常：谓固定的去处。③ 业：学业。④ 恒言不称老：平时说话须避"老"字。⑤ 肩随之：并行而稍后。⑥ 异席：古人席地而坐，席容四人，推年长者坐于席端。若有五人，则推年长者独坐一席。

13. 为人子者，居不主奥①，坐不中席②，行不中道，立不中门。食飨不为概③，祭祀不为尸④。听于无声，视于无形⑤。不登高，不临深。不苟訾⑥，不苟笑。

【注释】

① 居不主奥：奥为室中西南角，家中尊者所居之处，为人子者所不宜坐。主，坐。② 坐不中席：（独坐时）不坐在席的正中。按，一席四人，则席端为上；独坐则席中为尊。③ 概：数量。此句谓家中宴请宾客时，为人子者不得规定人数、菜肴之量。④ 祭祀不为尸：尸为代表受祭者的活人，通常由受祭者之孙担任。子为尸，就会遇到子受父拜的尴尬。⑤ 听于无声，视于无形：此二句谓虽然听不见父母之声，看不见父母之形，但人子始终保持恭敬之状，好像父母正在面前准备教训自己。⑥ 不苟訾(zǐ)：不随便讲人坏话。

14. 孝子不服闇①，不登危，惧辱亲也。父母存，不许友以死，不有私财。为人子者，父母存，冠衣不纯素②。孤子当室③，冠衣不纯采④。

【注释】

① 不服闇：不在黑暗中做事。（黑暗之中做事，易有意外危险，亦易生嫌疑。）闇，通"暗"。② 不纯素：不用白色的丝织品做镶边。纯，衣服的

镶边。③ 孤子:无父曰孤。当室:犹言当家。父亲去世后,由嫡子当家。
④ 不纯采:不用彩色镶边。采,通"彩"。

15. 幼子常视毋诳①,童子不衣裘、裳②。立必正方③,不倾听④。长者与之提携⑤,则两手奉长者之手⑥。负、剑⑦,辟咡诏之⑧,则掩口而对。

【注释】

① 常视毋诳:不用诈伪来教育(幼儿)。视,通"示"。② 不衣裘、裳:不穿裘皮衣服,也不穿裳。③ 正方:正对着某一个方向。④ 倾听:侧耳而听。⑤ 长者与之提携:谓长辈牵着幼儿的手走路。⑥ 奉:通"捧"。⑦ 负:背负幼儿。剑:谓将幼儿像佩剑一样挟于身旁。⑧ 辟咡诏之:谓长辈侧头与幼儿说话。咡(èr),口旁曰咡。诏,告。

16. 从于先生①,不越路而与人言。遭先生于道,趋而进②,正立拱手③。先生与之言则对,不与之言则趋而退。从长者而上丘陵,则必乡长者所视④。登城不指,城上不呼⑤。

【注释】

① 先生:指老师。② 趋而进:快步走向前。③ 拱手:两手抱拳于胸前(以表敬意)。④ 乡长者所视:指与长辈视线保持一致。乡,通"向"。⑤ 登城不指,城上不呼:其原因在以免引起他人误会。

17. 将适舍①,求毋固②。将上堂,声必扬③。户外有二屦④,言闻则入,言不闻则不入。将入户,视必下⑤。入户奉扃⑥,视瞻毋回⑦;户开亦开,户阖亦阖;有后入者,阖而勿遂⑧。毋践屦,毋踖席⑨,抠衣趋隅⑩。必慎唯诺⑪。

【注释】

① 适舍:指到他人住所去。② 求毋固:向主人求物,不可坚持一定要某样东西。③ 声必扬:谓说话声音要高(使主人知道有人来到)。④ 二屦

(jù)：两双鞋。⑤ 视必下：眼睛向下看。⑥ 奉扃：两手捧着门栓。（表示恭敬。）⑦ 视瞻毋回：眼睛不要四面张望。⑧ "有后"二句：此二句谓后面还有人要进来，则(先进门的人)只慢慢做一个关门的样子，而不真的把门关上。⑨ 踖(jí)席：跨越坐席。⑩ 抠衣趋隅：(脱屦后)提起下裳(以免弄脏或绊倒)，快步走向屋角(绕到席的后面，然后登席)。⑪ 必慎唯诺：(坐定之后，室内人谈话时)谨慎应对。"唯"、"诺"皆应答之声。

18. 大夫士出入君门，由闑右①，不践阈②。

【注释】

① 闑：古代门中间所树短木，一门有东西两闑。② 阈：门限。

19. 凡与客入者，每门让于客。客至于寝门①，则主人请入为席②，然后出迎客。客固辞③，主人肃客而入④。主人入门而右，客入门而左。主人就东阶，客就西阶。客若降等⑤，则就主人之阶。主人固辞，然后客复就西阶。主人与客让登，主人先登，客从之，拾级聚足⑥，连步以上。上于东阶则先右足，上于西阶则先左足。

【注释】

① 寝门：正寝之门。正寝为天子、诸侯听政治事的场所。② 主人请入为席：主人请先入门铺设坐席。③ 固辞：礼有三辞：初曰礼辞，再曰固辞，三曰终辞。④ 肃客：引导客人。⑤ 客若降等：谓客人地位低于主人。⑥ 拾级聚足："拾级"犹言"逐级"。聚足：谓前脚登一级，后脚紧跟，与前脚并，然后再登下一级。

20. 帷薄之外不趋①，堂上不趋②，执玉不趋③，堂上接武④，堂下布武⑤。室中不翔⑥，并坐不横肱⑦。授立不跪⑧，授坐不立⑨。

【注释】

① 帷薄之外不趋：帷，布幔；薄，帘子。趋(快步走)是为了向身份高

曲礼上第一

于自己的人表示敬意。帷薄之外不见尊者,所以无需"趋"。②堂上不趋:堂上地方狭小,所以不趋。③执玉不趋:为防止跌倒使玉受损,所以不趋。④接武:细步行走使足迹相连。武,足迹。⑤布武:指移步时两足各自成迹,即大步行走。⑥翔:行走时两臂张开。⑦不横肱:不横着胳膊。⑧授立不跪:拿东西给站立的人,自己也站着,不下跪。跪,两膝着地,上身挺直,臀部离开足跟。臀部靠着足跟,就是"坐"。⑨授坐不立:拿东西给坐着的人,自己不要站着。

21. 凡为长者粪之礼①,必加帚于箕上,以袂拘而退②。其尘不及长者,以箕自乡而扱之③。奉席如桥衡④,请席何乡⑤,请衽何趾⑥。席南乡北乡,以西方为上;东乡西乡,以南方为上。

【注释】

①粪:打扫尘土。②以袂拘而退:用衣袖挡在扫帚前,一边后退一边扫地。拘,障。③以箕自乡而扱之:畚箕对着自己把尘土扫进去。扱,通"吸",收敛。④奉席如桥衡:(给长者)捧席时横着捧,左高右低有如桥。桥,井上桔槔。衡,横。⑤请席何乡:请示坐席的方向。⑥请衽何趾:铺卧席时请示脚朝着哪个方向。

22. 若非饮食之客①,则布席,席间函丈②。主人跪正席③,客跪抚席而辞④。客彻重席⑤,主人固辞。客践席,乃坐。主人不问,客不先举⑥。将即席,容毋怍⑦。两手抠衣,去齐尺⑧,衣毋拨⑨,足毋蹶⑩。先生书策琴瑟在前⑪,坐而迁之⑫,戒勿越⑬。

【注释】

①饮食之客:指参加宴会的客人。②席间函丈:指两席相对铺设,中隔一丈(便于主客谈话)。函,容。③正席:(为客人)将席铺正。④抚席:用手按住席子。⑤客彻重席:重席是在坐席上再加一张坐席。客人欲将重席撤去,是表示谦让。⑥举:此处犹言"问"。⑦容毋怍:(客的)面部表情(应庄重)不要变化。⑧去齐(zī)尺:齐,衣裳的下摆。此处谓让衣裳下

摆距地一尺(以免行走时绊倒自己)。⑨ 拔:扬起。⑩ 蹙:急遽行走的样子。⑪ 在前:指挡住前行之路。⑫ 坐而迁之:跪着将它们搬开。⑬ 越:跨越。

23. 虚坐尽后①,食坐尽前②。坐必安,执尔颜③。长者不及,毋儳言④。正尔容,听必恭。毋剿说⑤,毋雷同,必则古昔⑥,称先王。侍坐于先生,先生问焉,终则对⑦。请业则起⑧,请益则起⑨。父召,无"诺"⑩;先生召,无"诺":"唯"而起。侍坐于所尊敬,毋余席⑪。见同等不起⑫。烛至起,食至起,上客⑬,起。烛不见跋⑭。尊客之前不叱狗。让食不唾⑮。

【注释】

① 虚坐尽后:"虚坐"指不是吃饭时的坐。"尽后"指坐时尽量靠近席的后沿,以示谦虚。② 食坐尽前:尽前是防止吃饭弄脏坐席。③ 执尔颜:保持你的面部表情(庄重)。④ 儳(chàn)言:别人话未讲完,从中插话。⑤ 剿说:把别人的话拿来作自己的话说。⑥ 则古昔:以古代(历史)为则。⑦ 终则对:(先生话)讲完了再回答。⑧ 请业:请教学业。⑨ 请益:(对先生所说不甚明了)请求进一步讲解。⑩ 父召无"诺":应答父亲的召唤不能说"诺"(而要说"唯",因为"唯"比"诺"显得恭敬)。⑪ 毋余席:(坐在坐席靠近尊者的一端)不使自己与尊者间有空余的席位。⑫ 见同等不起:看见同辈的人进来,不起立。⑬ 上客:贵客。⑭ 烛不见跋:谓不待火炬烧到把手处,即取弃之。烛,火炬。见,通"现"。跋,本,此处指火炬的把。⑮ 让食不唾:(客人)推让食物时,不吐口水(以免引起主人嫌食物不好之误解)。

24. 侍坐于君子,君子欠伸①,撰杖履②,视日蚤莫③,侍坐者请出矣。侍坐于君子,君子问更端④,则起而对。侍坐于君子,若有告者曰:"少间,愿有复也⑤。"则左右屏而待⑥。

【注释】

① 欠伸:打呵欠,伸懒腰。② 撰:用手去拿。③ 蚤莫:同"早暮"。

④更端:换了话题。⑤"少间"二句:谓(待你)空闲时,我有事禀白。复,报告。⑥左右:指侍坐之人。屏:退,隐。(因为"告者"可能有机密事要与"君子"说。)

25. 毋侧听①,毋嗷应②,毋淫视③,毋怠荒④。游毋倨⑤,立毋跛⑥,坐毋箕⑦,寝毋伏。敛发毋髢⑧,冠毋免,劳毋袒⑨,暑毋褰裳⑩。

【注释】

①侧听:侧耳而听。②嗷应:应答时声音过高如同喊叫。嗷(jiào),高声大叫。③淫视:目光游移。④怠荒:身体放纵不拘敛。⑤游毋倨:行走时姿态不要显得倨傲。⑥跛:偏。⑦坐毋箕:坐下时不要像畚箕一样(臀部着地,双腿分开前伸)。⑧髢(dì):头发散披。⑨劳毋袒:劳作时不要袒衣露体。袒,去衣露上身。⑩褰裳:提起下裳。

26. 侍坐于长者,履不上于堂,解履不敢当阶。就履,跪而举之,屏于侧①。乡长者而屦,跪而迁屦,俯而纳屦②。离坐离立③,毋往参焉。离立者,不出中间④。

【注释】

①"就屦"三句:谓穿鞋时,先跪下将鞋拿起来,退到台阶之侧(再穿)。②"乡长者"三句:面向长者穿鞋时,须先跪下将鞋拿到台阶一侧,然后再弯腰穿鞋。③离坐离立:两人并坐或两人并立。离,通"俪"。④不出中间:不从(并立的二人)中间穿过去。

27. 男女不杂坐,不同椸枷①,不同巾栉②。不亲授。嫂叔不通问③,诸母不漱裳④。外言不入于梱⑤,内言不出于梱。女子许嫁,缨⑥,非有大故⑦,不入其门。姑、姊、妹、女子子已嫁而反⑧,兄弟弗与同席而坐,弗与同器而食。父子不同席。男女非有行媒,不相知名;非受币⑨,不交不亲。故日月以告君⑩,齐戒以告鬼神⑪,为酒食以召乡党僚友,以厚其别也。取妻不取同姓,故买妾不知其姓则卜之。寡妇之子,非有见焉,弗与为友⑫。

【注释】

①桵(yí):衣架。枷:放置衣服的家具。②巾:擦抹用的手巾。栉:梳子。③不通问:不相互问候。④诸母不漱裳:不让庶母(为自己)洗涤下裳。⑤梱(kǔn):门限。⑥缨:五彩带。女子十五岁许嫁,以缨系身,表示已有系属。⑦大故:指死丧、疾病之类。⑧女子子:即女儿。⑨币:此处指聘礼。⑩日月:此处指婚礼的日期。⑪齐戒:斋戒。⑫"寡妇"三句:此句谓寡妇之子若非表现出特别的才能,则不与他交朋友(以避嫌疑)。见,音 xiàn。

28. 贺取妻者,曰:"某子使某①,闻子有客②,使某羞③。"贫者不以货财为礼,老者不以筋力为礼。

【注释】

①某子使某:第一个"某"是派人送贺礼之人,第二个"某"为使者自称。②闻子有客:听说您有客人(要招待)。古时婚礼不贺,但娶妻之家仍须设酒食以招待乡党僚友,故送贺礼者如此说。③羞:进。指进献酒食。

29. 名子者不以国,不以日月,不以隐疾①,不以山川。男女异长②。男子二十,冠而字。父前子名,君前臣名。女子许嫁,笄而字③。

【注释】

①隐疾:身体隐秘处的疾患。②异长:谓分开排行。③女子许嫁,笄而字:笄为女子安发髻之物,犹后世之簪。女子许嫁(一般在十五岁以后),即行笄礼,并取字。(倘未许嫁,则二十岁时行笄礼。)

30. 凡进食之礼,左殽右胾①,食居人之左,羹居人之右;脍炙处外②,醯酱处内③,葱渫处末④,酒浆处右,以脯脩置者,左朐右末⑤。客若降等⑥,执食兴辞⑦,主人兴辞于客,然后客坐。主人延客祭⑧。祭食,祭所先进⑨。殽之序,遍祭之⑩。三饭⑪,主人延客食,然后辩殽⑫。主人未辩,客

不虚口⑬。

【注释】

① 殽:同"肴",带骨的熟肉。胾(zì):纯肉切之曰胾。② 脍炙处外:脍为细切的肉,炙为烤肉。处外,处于醯酱之外。③ 醯(xī):醋。④ 葱渫(yè):蒸葱。⑤ "以脯脩"二句:脯、脩、胊,皆干肉名。胊是牲体中部形状有些弯曲的干肉。末,牲体边沿部位的肉。此二句言在席上陈设干肉时,"胊"在左,"末"在右。⑥ 降等:指客的地位比主人低一级。⑦ 执食兴辞:兴,起立。辞,告。此句谓(客人)端着饭站起来讲话(说自己不敢坐在尊贵的席位上)。⑧ 延:导。指主人先祭,引导客人跟着祭。祭:祭先代造食之人,以示不忘本。祭的方法是将各种食物拿出少许,置于俎豆之间。(鱼、腊、羹汁、酱等不祭。)⑨ 祭所先进:指主人先上的食物就先祭。⑩ 殽之序,遍祭之:殽、胾、脍、炙这些食物(同出于牲体,故)全部都祭。⑪ 三饭:吃三口饭。⑫ 辩殽:谓将殽一一吃遍。辩,犹"遍"。⑬ 虚口:食后用酒漱口。

31. 侍食于长者,主人亲馈①,则拜而食;主人不亲馈,则不拜而食。

【注释】

① 主人亲馈:主人(即"长者")亲自给他拿食物。

32. 共食不饱,共饭不泽手①。毋抟饭②,毋放饭③,毋流歠④,毋咤食⑤,毋啮骨,毋反鱼肉⑥,毋投与狗骨。毋固获⑦,毋扬饭⑧。饭黍毋以箸⑨。毋嚃羹⑩,毋絮羹⑪,毋刺齿⑫,毋歠醢⑬。客絮羹,主人辞不能亨⑭。客歠醢,主人辞以窭⑮。濡肉齿决⑯,干肉不齿决⑰。毋嘬炙⑱。

【注释】

① 不泽手:泽,光泽,泽手指两手相搓。古代以手抓饭,临食搓手,使他人感觉其手不洁。② 抟饭:把饭捏成团。③ 放饭:指狼吞虎咽地大口吃饭。④ 流歠:一口气不停歇地喝。歠(chuò),饮。⑤ 咤食:吃饭时舌

在口中发出声响(似嫌食物不好)。⑥ 反鱼肉:把吃过的鱼肉放回食器中。⑦ 固获:"固"指将某一食物专据为己有,"获"谓与人争挟某一食物。⑧ 扬饭:扬去饭之热气(给人感觉想快吃)。⑨ 箸:筷子。⑩ 嚃(tā)羹:指羹中有菜,不咀嚼即咽下。⑪ 絮羹:指在羹中加盐、梅等调味品。⑫ 刺齿:剔牙。⑬ 歠醢:大口喝肉酱。⑭ 亨:即"烹"字。按,客人"絮羹",似嫌羹味不好,所以主人要赶紧说自己不善烹调。⑮ 窭(jù):贫。按,客人"歠醢",似乎是说明菜有量不足,所以主人要赶紧说自己不富裕,准备的食物不够多。⑯ 濡肉:菹、炙一类含水份较多的肉。齿决:用牙齿咬断。⑰ 干肉:脯、脩之类。(干肉坚硬,宜用手撕。)⑱ 嘬:指将一大块肉一下子放进嘴里。

33. 卒食,客自前跪,彻饭齐①,以授相者②。主人兴辞于客③,然后客坐。

【注释】

① 彻:撤,食毕将食具撤下。齐(jī):酱一类食物。② 相者:帮助主人招待客人的侍者。③ 主人兴辞于客:主人站起来请客人不要这样做。

34. 侍饮于长者,酒进则起,拜受于尊所①;长者辞,少者反席而饮②。长者举,未釂③,少者不敢饮。

【注释】

① 尊所:放酒尊之处。(尊是盛酒的大罐子一样的容器。)② 反席:回到自己的坐席上。③ 釂(jiào):把酒喝干。

35. 长者赐,少者贱者不敢辞。赐果于君前,其有核者怀其核①。御食于君②,君赐余,器之溉者不写③,其余皆写④。

【注释】

① 怀其核:把果核放在怀里。② 御食于君:国君吃饭时在旁劝君饮

食。③ 器之溉者不写："写"谓将食物从一个器皿倒入另一器皿。此句是说可以洗涤的食器(如陶器之类)不用将食物倒出(倒到自己的食器中然后再吃)。④ 其余皆写："其余"指不可洗涤的食器,如竹器之类。(之所以倒到自己的食器中再吃,是怕弄脏国君的器皿。)

36. 馂余不祭①。父不祭子,夫不祭妻②。

【注释】

① 馂余:吃剩下的食物。不祭:不可用于祭祀。② 父不祭子,夫不祭妻:谓父亲或丈夫不可用自己吃剩之物祭奠儿子或妻子。

37. 御同于长者①,虽贰不辞②,偶坐不辞③。

【注释】

① 御同于长者:谓侍食于长者,食物与长者相同。② 贰:重,指添加饭菜。③ 偶坐:与他人并坐。此处指作陪客。

38. 羹之有菜者用梜①。其无菜者不用梜。

【注释】

① 梜:筷子。

39. 为天子削瓜者副之①,巾以絺②。为国君者华之③,巾以绤④。为大夫累之⑤,士疐之⑥,庶人齕之⑦。

【注释】

① 副(pī):剖开。为天子削瓜,在削好后当分为四瓣,再横切一刀断开。② 巾以絺:用絺盖好。絺(chī),细葛布。③ 华:在瓜中间划一刀,分成两半。④ 绤(xī):粗葛布。⑤ 累:倮,指不用巾覆盖。⑥ 疐:除去瓜蒂。⑦ 庶人:指府史之类。齕:咬。

40. 父母有疾,冠者不栉①,行不翔②,言不惰③,琴瑟不御。食肉不至变味④,饮酒不至变貌,笑不至矧⑤,怒不至詈。疾止复故。有忧者侧席而坐⑥,有丧者专席而坐⑦。

【注释】

① 冠者:指已成年的儿子。栉:梳头。② 行不翔:不张开两臂行走。③ 惰:不正之言。④ 食肉不至变味:谓食肉不可多。⑤ 笑不至矧(shěn):笑时不能露出牙龈,即不可大笑。矧,牙龈。⑥ 有忧者:有忧虑的人(如父母生病之类)。侧席:坐席不正。⑦ 专席:单层席。

41. 水潦降,不献鱼鳖,献鸟者拂其首①,畜鸟者则勿拂也②。献车马者执策绥③,献甲者执胄,献杖者执末。献民虏者操右袂④。献粟者执右契⑤,献米者操量鼓⑥。献孰食者操酱齐⑦,献田宅者操书致⑧。凡遗人弓者,张弓尚筋⑨,弛弓尚角⑩。左手执箫⑪,右手承弣⑫。尊卑垂帨⑬。若主人拜,则客还辟⑭,辟拜。主人自受,由客之左,接下承弣,乡与客并⑮,然后受。进剑者左首⑯。进戈者前其镈⑰,后其刃。进矛戟者前其镦⑱。

【注释】

① 拂其首:谓将鸟头转过去(以防止它啄人)。② 畜鸟者:指人驯养的鸟。鸟经驯养,不会啄人,故不需再将它的头扭向一侧。③ 策绥:策是马鞭,绥是登车时拉的绳。④ 献民虏者操右袂:献俘虏时(用左手)抓住他的右衣袖。民虏,俘虏。⑤ 右契:券契一分为二,右半用以献上。⑥ 量鼓:量器名。⑦ 齐:通"齑",切碎的咸菜。⑧ 书致:将田宅大小位置画图书于板上,致之于尊者,故曰"书致"。⑨ 张弓:安好弓弦的弓。尚筋:将筋(弓弦)朝上。⑩ 弛弓:未安弓弦的弓。尚角:将角(弓背)朝上。⑪ 箫:弓头。⑫ 承弣(fǔ):(用右手)托着弣。弣,弓把中间。⑬ 尊卑垂帨(shuì):宾主虽或尊卑不同,但均应弯腰鞠躬,以帨下垂为度。帨,佩巾。⑭ 还(xuán)辟:逡巡避让。辟,同"避"。⑮ 乡与客并:(主人)与客人并立,朝着同一方向。⑯ 左首:剑柄向左。首,剑柄上的环。⑰ 前其镈:以镈(戈柄尾部的套)朝前。⑱ 前其镦:以镦(矛戟柄尾部的套)朝前。

42. 进几杖者拂之。效马效羊者右牵之①,效犬者左牵之。执禽者左首②。饰羔雁者以缋③。受珠玉者以掬④。受弓剑者以袂⑤。饮玉爵者弗挥⑥。凡以弓剑苞苴箪笥问人者⑦,操以受命,如使之容⑧。

【注释】

① 效:献。右牵之:用右手牵。② 左首:鸟首向左。③ 饰:覆盖。羔、雁:古代官员见面礼,下大夫用雁,上大夫用羔。此句谓赠送羔、雁等见面礼时,用画有云气的布覆盖之。④ 掬:两手捧。⑤ 受弓剑以袂:以衣袖盖手接受弓剑。⑥ 弗挥:不挥爵倒残酒(以防失手打碎)。⑦ 苞苴:用茅草包裹的鱼肉。箪笥:盛饭食的竹器。问人:赠送于人。⑧ 操以受命,如使之容:拿着(这些东西)接受(主人的)命令,如同使者奉命出使的姿容。

43. 凡为君使者,已受命,君言不宿于家①。君言至,则主人出拜君言之辱②。使者归,则必拜送于门外。若使人于君所,则必朝服而命之。使者反,则必下堂而受命。

【注释】

① 君言不宿于家:谓接受君命之后立即出发,不在家里住宿。② 君言之辱:辱为谦词,犹言屈辱国君派人来传话。

44. 博闻强识而让①,敦善行而不怠,谓之君子。君子不尽人之欢②,不竭人之忠③,以全交也④。

【注释】

① 强识(zhì):记忆力强。识,记。② 不尽人之欢:不要求人家对自己特别好。③ 不竭人之忠:不要求人家为自己尽心尽力。④ 全交:保全友谊。

45. 礼曰:"君子抱孙不抱子。"此言孙可以为王父尸①,子不可以为父尸。为君尸者,大夫士见之,则下之②。君知所以为尸者③,则自下之;尸必式④。乘必以几⑤。齐者不乐不吊⑥。

【注释】

① 王父:死去的祖父。② 下之:指下车。③ 君知所以为尸者:谓国君得知某人已被选为尸。④ 尸必式:此指尸在车上,要行式礼以回敬国君。式,通"轼",车前扶手横木。古人立而乘车,低头抚式,表示敬意。⑤ 乘必以几:谓尸登车时,一定踩着几(踏脚)上去。⑥ 齐者不乐不吊:斋戒之人不听乐,不吊丧。

46. 居丧之礼,毁瘠不形①,视听不衰。升降不由阼阶②,出入不当门隧③。居丧之礼,头有创则沐,身有疡则浴④,有疾则饮酒食肉,疾止复初。不胜丧⑤,乃比于不慈不孝。五十不致毁⑥,六十不毁,七十唯衰麻在身⑦,饮酒食肉,处于内⑧。

【注释】

① 毁瘠:羸瘦。形:骨露。此句谓虽瘦弱但不可至形销骨立的程度。② 阼阶:主人所用台阶。③ 门隧:门外正对着门的中道。④ 疡:疮。⑤ 不胜丧:谓因丧事而使自己身体垮掉。⑥ 不致毁:谓不得太瘦。致,极。⑦ 衰麻:丧服。⑧ 处于内:仍住屋内。(古代居丧,通常应在门外搭一草棚居住。)

47. 生与来日①,死与往日②。知生者吊③,知死者伤④。知生而不知死,吊而不伤。知死而不知生,伤而不吊。

【注释】

① 与:犹"数"。来日:明日。此句谓计算生者服丧时间,从人死亡第二日算起。② 死与往日:此句谓计算殡殓日期,当从人死之日算起。③ 知生者吊:"知生者"指与生者(死者亲属)相知的人。吊,致吊辞(慰问死者亲属)。④ 知死者伤:与死者相知的人往致伤辞(其辞不详)。

48. 吊丧弗能赙①，不问其所费。问疾弗能遗②，不问其所欲。见人弗能馆③，不问其所舍。赐人者不曰来取。与人者不问其所欲④。

【注释】

① 赙(fù)：以钱财助人办丧事。② 遗(wèi)：赠送礼物。③ 人：指行人。馆：提供住宿。④ 与人者不问其所欲：送东西给人，不要问他想要什么。

49. 适墓不登垄①，助葬必执绋②。临丧不笑。揖人必违其位③。望柩不歌。入临不翔④。当食不叹。邻有丧，舂不相⑤；里有殡⑥，不巷歌。适墓不歌，哭日不歌。送丧不由径⑦，送葬不辟途潦⑧。临丧则必有哀色，执绋不笑。临乐不叹。介胄则有不可犯之色。故君子戒慎，不失色于人。

【注释】

① 墓：指墓地。垄：指坟。② 绋(fú)：牵引棺材的绳索。③ 违其位：离开原来的位置。④ 入临：入屋临人之丧。不翔：不张开两臂走路。⑤ 相(xiàng)：以杵舂米时配合用力节奏而喊的号子。⑥ 里有殡：古代五家为邻，五邻为里。殡，死者已殓棺而尚未安葬。⑦ 径：小路。⑧ 辟：同"避"。途潦：路上积水。

50. 国君抚式①，大夫下之②。大夫抚式，士下之。礼不下庶人③，刑不上大夫④。刑人不在君侧。

【注释】

① 抚式：注见第45节注④。② 下之：指下车。③ 礼不下庶人：谓不专为庶人制订礼仪。庶人有事，可参照士礼而行。④ 刑不上大夫：谓大夫有罪，不按一般刑法处置。

51. 兵车不式①，武车绥旌②，德车结旌③。

【注释】

① 兵车不式:乘兵车时不行式礼。② 武车:即兵车。绥旌:谓使旌旗舒展。③ 德车:乘车,指玉路、金路、象路、木路四种车。结旌:将旌旗收结在旗杆上。按,此四种乘车尚德不尚武,无须旌旗招展以显示气势,所以"结旌"。

52. 史载笔①,士载言②。前有水,则载青旌③。前有尘埃,则载鸣鸢④。前有车骑⑤,则载飞鸿。前有士师⑥,则载虎皮。前有挚兽⑦,则载貔貅⑧。行,前朱鸟而后玄武⑨,左青龙而右白虎,招摇在上⑩,急缮其怒⑪。进退有度,左右有局⑫,各司其局。

【注释】

① 史:太史、内史等官员。载笔:指随车带着笔与简牍等书写之具。② 士:司盟之士。言:盟会之辞。③ 青旌:画着青雀(一种水鸟)的旗。④ 鸣鸢:画着张着嘴叫的鸢的旗。⑤ 车骑:指敌方之车骑。⑥ 士师:指敌方步兵。⑦ 挚兽:猛兽。⑧ 貔貅:指画着貔貅(一种猛兽)的旗。⑨ 朱鸟:当作"朱雀"。玄武:龟。⑩ 招摇在上:谓上述四旗(朱雀、玄武、青龙、白虎)在车上招摇飞动,指挥士兵。⑪ 急缮其怒:急犹"坚",缮犹"劲"。此句谓激励士兵杀敌之气。⑫ 左右有局:局犹"部分"。此言军队左右又各分为若干部。

53. 父之仇弗与共戴天,兄弟之仇不反兵①,交游之仇不同国。四郊多垒②,此卿大夫之辱也。地广大,荒而不治,此亦士之辱也③。

【注释】

① 不反兵:指随身带着武器(准备报仇)。② 四郊多垒:指国家遇敌人侵犯。垒,营垒。③ 此亦士之辱:此句连上,谓土地荒芜不但是执政的卿大夫之辱,也是士之耻辱。

54. 临祭不惰。祭服敝则焚之,祭器敝则埋之,龟策敝则埋之①,牲死

则埋之②。凡祭于公者③，必自彻其俎④。

【注释】

①龟策：龟指龟甲，卜兆时所用；策指蓍草，占卦时所用。②牲死：此处牲指供祭祀用的牲口，死指因生病等原因死亡。③祭于公：指在国君处助祭。④俎：状如几案，供祭祀时陈设牲体用。彻俎即将所陈祭品从俎上撤下去。

55. 卒哭乃讳①。礼，不讳嫌名②。二名不偏讳③。逮事父母④，则讳王父母⑤。不逮事父母，则不讳王父母。君所无私讳⑥，大夫之所有公讳⑦。《诗》、《书》不讳⑧，临文不讳⑨，庙中不讳。夫人之讳⑩，虽质君之前⑪，臣不讳也；妇讳不出门。大功小功不讳⑫。入竟而问禁，入国而问俗，入门而问讳。

【注释】

①卒哭：祭名。按照古代丧礼，自大敛以后，朝哭一次，夕哭一次，其间哀至则哭。至卒哭之祭后，惟有朝夕哭，其间不再哭，故曰"卒哭"。讳：避讳，指不再称死者之名。②嫌名：指与死者名音同或音近的字。③此句谓如果死者之名有两个字，只需避一个字。偏，犹"遍"。④逮事父母：指父母健在。逮，及。事，侍奉。⑤王父母：祖父母。⑥此句谓在国君处（谈话）不避自己父母的讳。⑦公讳：指国君的讳。⑧此句指教学之时诵读《诗经》、《尚书》，不须避讳。⑨临文：指起草公文或记载史实之类。⑩夫人：指国君夫人。⑪质君：犹言"对君"。⑫大功、小功：皆丧服名。此句谓对应服大功、小功丧服的亲属（血缘关系稍疏远的亲属）不须避讳。

56. 外事以刚日①，内事以柔日②。凡卜筮日，旬之外曰远某日③，旬之内曰近某日。丧事先远日④，吉事先近日⑤。曰⑥："为日⑦，假尔泰龟有常⑧，假尔泰筮有常。"卜筮不过三，卜筮不相袭⑨。龟为卜，策为筮。卜筮者，先圣王之所以使民信时日，敬鬼神，畏法令也；所以使民决嫌疑，定犹与也⑩。故曰："疑而筮之,则弗非也⑪;日而行事⑫,则必践之⑬。"

【注释】

①外事以刚日:外事指田猎、出兵之类。刚日指十干中的奇数日(甲、丙、戊、庚、壬)。②内事以柔日:内事指冠、婚、丧、祭之类。柔日指十干中的偶数日(乙、丁、己、辛、癸)。③旬:十天为旬。④丧事先远日:办丧事,先卜筮远日。(如远日不吉,再卜筮较近的日子是否适宜。)⑤吉事:指行冠礼、婚娶之类。⑥日:此下引文,为选日卜筮时的命辞。⑦为日:为办事求吉日。⑧假:借。泰:敬词。有常:谓判断吉凶不出差错。⑨卜筮不相袭:指如果卜、筮已有结果为吉,则不可再卜、筮。袭,重。⑩犹与:即"犹豫"。⑪弗非:不以之为非。⑫日:动词,通过卜、筮选择吉日。⑬践:履行。

57. 君车将驾①,则仆执策立于马前②。已驾,仆展軨效驾③,奋衣由右上④,取贰绥⑤,跪乘,执策分辔,驱之五步而立。君出就车,则仆并辔授绥。左右攘辟⑥,车驱而驺⑦。至于大门,君抚仆之手⑧,而顾命车右就车⑨。门闾、沟渠必步⑩。凡仆人之礼,必授人绥。若仆者降等则受⑪,不然,则否。若仆者降等,则抚仆之手⑫,不然,则自下拘之⑬。客车不入大门。妇人不立乘。犬马不上于堂。

【注释】

①驾:指套车。②仆:驾驶马车之人。策:马鞭。③展:视。軨:车阑。效:告白。此句谓御者周视三面,向国君报告说:"车已驾好。"④奋衣:抖去衣上尘土。⑤贰绥:绥为登车用的拉绳。正绥供国君用,副绥供御者用。贰绥即副绥。⑥左右攘辟:左右侍者让路避开。攘,古"让"字。辟,同"避"。⑦驺:通"趋",疾行。⑧抚:按住。⑨车右:负责保卫国君的勇力之士,立于车之右侧,故名。⑩门闾沟渠必步:(车右)在遇到大门、沟渠时必须下车步行。⑪降等:身份低(于乘车人)。⑫抚仆之手:此处指乘车者用一只手按住仆者的手,另一只手接绥。⑬自下拘之:(乘车人与御者身份相等时)乘车人从御者递绥之手的下方绕到上方取绥(以表

示不敢由他授绥)。

58. 故君子式黄发①,下卿位②,入国不驰,入里必式③。君命召,虽贱人,大夫、士必自御之④。介者不拜⑤,为其拜而蓌拜⑥。祥车旷左⑦,乘君之乘车不敢旷左⑧,左必式。仆御妇人,则进左手,后右手⑨。御国君,则进右手,后左手而俯。国君不乘奇车⑩。车上不广欬⑪,不妄指。立视五巂⑫,式视马尾,顾不过毂⑬。国中以策彗恤勿驱⑭,尘不出轨。

【注释】

① 黄发:老年人。② 下卿位:(国君)经过卿上朝所立位置时要下车。③ 里:古代五家为邻,五邻为里。里有里门。④ 御:迓,迎接。此句谓国君即使派贱人来召己,大夫、士一定自出迎接(表示对君命的尊重)。⑤ 介者:穿着铠甲的人。⑥ 蓌(cuò)拜:指甲胄阻碍身体行跪拜礼。⑦ 祥车:送葬时的魂车。旷左:左边不立人(用作神位)。⑧ 乘车:依礼,国君有五辆车,自乘一辆,其余四辆皆随从而行,叫做乘车。乘此车的臣下应立于左位。(若左位无人,则有似祥车。)⑨ 进左手,后右手:指左手在前执辔,右手在后执鞭(因妇人乘车在左,御者如此,可使自己与乘车妇女身形稍相背,以远嫌疑。)⑩ 奇车:奇邪不正之车(如猎车、衣车)。一说,奇音jī,指只有一乘。⑪ 广欬:大声咳嗽。⑫ 立视五巂(guī):巂,指车轮周长。五巂约十丈。此句谓国君站在车上时,眼睛要看着车前十丈左右处。⑬ 顾不过毂:毂为车轮中心的圆木。此句谓回头看时视线不要超过车毂。⑭ 彗恤勿驱:指用策轻拂,而不鞭马疾行。

59. 国君下齐牛,式宗庙①。大夫士下公门②,式路马③。乘路马,必朝服,载鞭策④,不敢授绥⑤,左必式⑥。步路马⑦,必中道。以足蹙路马刍⑧,有诛⑨。齿路马⑩,有诛。

【注释】

① 下齐牛,式宗庙:当作"下宗庙,式齐牛"。齐(zhāi)牛,用作祭祀牺牲的牛。② 公门:国君之门。③ 路马:给国君驾车的马。④ 载鞭策:

谓鞭、策放在车上不用。⑤ 不敢授绥：（御者）不将绥交给（站立左位的）人，以避御君之礼。⑥ 左必式：（乘车人）站在（君车）左位，一直要保持"式"的姿态。⑦ 步路马：牵着路马行走。⑧ 蹙：踢。⑤ 刍：喂马的草料。⑨ 诛：责罚。⑩ 齿路马：看路马之齿以判断其年龄。

【导读】

《曲礼》本是古代礼书之名。《礼记》各篇多是从篇首的句子中选择两三字用作篇名，故此处即以"曲礼"名篇。《曲礼》所记大多为日常生活中礼仪的细微曲折之处，由于内容较多，竹简太重，所以分为上下两部分。

《曲礼上》记得最为详细的是语言、饮食、洒扫进退等方面需要注意的一些细节。这些细节虽无关礼之大体，却均能从细微处体现中国传统文化中尊老敬长、克己敬人的思想。而且，古人认为，正是从这些礼的细枝末节处做起，才能使学礼的人"谨乎其外，以致养乎其内；循乎其末，以渐及乎其本"。（孙希旦《礼记集解》）

本篇对礼在人们日常生活以及社会政治生活中的重要性也有论述。第5节说："夫礼者，所以定亲疏，决嫌疑，别同异，明是非也。"第6节说："道德仁义，非礼不成；教训正俗，非礼不备；分争辨讼，非礼不决；君臣上下、父子兄弟，非礼不定；宦学事师，非礼不亲；班朝治军，莅官行法，非礼威严不行；祷祠祭祀，供给鬼神，非礼不诚不庄。"礼的应用几乎涉及了人类生活的方方面面，而在社会政治生活中尤其显得重要。作为中国传统文化重要内容的礼，虽然多数只适用于一定时期、一定地域的社会之中，但也有不少礼仪，特别是这些礼仪的基本精神，具有不同时期、不同地域的普适特性。

曲礼下第二

1. 君使士射，不能，则辞以疾①，言曰："某有负薪之忧②。"侍于君子，不顾望而对，非礼也。

【注释】

①辞以疾：射箭为男子之事，故不可以"不能"为辞，而必须以有病为借口。②某：士自称其名。负薪之忧：言因病不能伐薪担樵。

2. 君子行礼，不求变俗①。祭祀之礼，居丧之服，哭泣之位，皆如其国之故，谨修其法而审行之②。去国三世③，爵禄有列于朝④，出入有诏于国⑤；若兄弟宗族犹存，则反告于宗后⑥。去国三世，爵禄无列于朝，出入无诏于国⑦。唯兴之日⑧，从新国之法。

【注释】

①"君子"二句：谓君子居于他国，行礼仍按故国礼俗。②其法：即故国的礼俗制度。审：谨慎小心。③三世：已经三代人。④"爵禄"句：谓自己宗族中仍有人在故国为卿大夫。⑤出入：犹言往来。诏：告。国：指故国。此句谓若有吉凶大事，须（与在故国为卿大夫的族人）往来相告。⑥"若兄弟"二句：谓兄弟宗族仍在故国，则须报告国内的宗子。宗后，宗子。⑦"去国"三句：谓离开故国已经三代，族中无人在故国为官，则吉凶大事可以不向国内报告（因为故国于己无恩）。⑧兴：指被所居之国起用为卿大夫。

3. 君子已孤不更名①。已孤暴贵②，不为父作谥。居丧，未葬，读丧礼；既葬，读祭礼；丧复常③，读乐章。居丧不言乐，祭事不言凶④，公庭不言妇女⑤。

【注释】

①已孤：指父死。②暴贵：指原为士庶，现为诸侯。③丧复常：丧事完毕，恢复正常生活。④不言凶：不谈死丧之类的话题。⑤公庭：堂前之地曰庭，此处指国君的厅堂。

4. 君子将营宫室①，宗庙为先，厩库为次②，居室为后。凡家造③，祭器为先，牺赋为次④，养器为后⑤。无田禄者不设祭器⑥；有田禄者，先为祭服。君子虽贫,不粥祭器⑦;虽寒,不衣祭服;为宫室,不斩于丘木⑧。

【注释】

① 君子:指诸侯。② 厩:马厩。库:仓库。③ 家:指大夫。造:制造(器物之类)。④ 牺赋:牺,祭祀用的牺牲,因系向大夫所食邑百姓征收而来,故曰"牺赋"。此处指畜养牺牲的圈棚。⑤ 养器:供养人的饮食器具。⑥ 田禄:采田俸禄。⑦ 粥:通"鬻",卖。⑧ 丘木:坟墓上的树木。

5. 大夫、士去国①,祭器不逾竟②。大夫寓祭器于大夫③,士寓祭器于士。大夫去国,逾竟,为坛位乡国而哭④。素衣、素裳、素冠;彻缘、鞮屦、素簚⑤;乘髦马⑥,不蚤鬋⑦,不祭食;不说人以无罪;妇人不当御⑧。三月而复服⑨。

【注释】

① 去国:此处指大夫、士三谏而国君不听,因此离开故国。② 竟:通"境"。③ 寓:寄存。④ 为坛位:筑土为坛。乡:通"向"。⑤ 彻缘:除去衣领上的彩色镶边。鞮(dī)屦:一种草鞋。素簚(miè):簚,车上的覆苓。素簚指用素缯缘边的白狗皮为簚。⑥ 髦马:鬃毛未修剪的马。⑦ 蚤:通"爪",指修理手足指甲。鬋(jiǎn):梳理须发。⑧ 御:男女交合。⑨ 复服:恢复正常的服饰。

6. 大夫、士见于国君①,君若劳之②,则还辟③,再拜稽首。君若迎拜,则还辟不敢答拜。大夫士相见,虽贵贱不敌,主人敬客,则先拜客;客敬主人,则先拜主人。凡非吊丧,非见国君,无不答拜者。大夫见于国君,国君拜其辱④。士见于大夫,大夫拜其辱。同国始相见,主人拜其辱。君于士,不答拜也;非其臣,则答拜之。大夫于其臣,虽贱,必答拜之。男女相答拜也⑤。

【注释】

① 大夫士见于国君:此句及下文"大夫见于国君"、"士见于大夫",皆指见他国之君与他国之大夫。② 劳之:指慰问其道路辛劳。③ 还辟:退

避。④ 辱：谦词，谓对方屈辱地来见自己。⑤ 男女相答拜：一本作"男女不相答拜"。按，据郑玄注孔颖达疏，以没有"不"字为是。《史记·孔子世家》载孔子见卫灵公夫人南子，二人互拜，可证。

7. 国君春田不围泽①，大夫不掩群②，士不取麛卵③。岁凶，年谷不登，君膳不祭肺④，马不食谷，驰道不除⑤，祭事不县⑥。大夫不食粱⑦，士饮酒不乐⑧。君无故玉不去身⑨，大夫无故不彻县，士无故不彻琴瑟。

【注释】

① 田：打猎。② 掩：乘其不备的突袭抓捕。群：指共聚在一起的禽兽。③ 麛（mí）：幼鹿，此处泛指动物幼崽。卵：鸟蛋。④ 不祭肺：指不杀牲。周代重肺，盛食之前先祭肺。⑤ 驰道：国君驰走车马之道。除：修治整理。⑥ 不县：县，通"悬"，钟、磬等乐器皆悬挂于架上。不县即不奏乐。⑦ 粱：粟类中优质品种。⑧ 不乐：不奏乐。⑨ 君无故玉不去身："故"指灾患丧病之类。此下三句，"玉不去身"亦包括士在内，"不彻琴瑟"亦包括君在内。

8. 士有献于国君①，他日②，君问之曰："安取彼？"再拜稽首而后对。大夫私行③，出疆必请④，反必有献。士私行，出疆必请，反必告。君劳之，则拜；问其行，拜而后对。

【注释】

① 献：奉献，指赠送物品。② 他日：指若干日以后。可能士献礼时未能亲见国君。③ 私行：因私事外出。④ 疆：国境。请：请求批准。

9. 国君去其国，止之曰："奈何去社稷也①！"大夫②，曰："奈何去宗庙也！"士，曰："奈何去坟墓也！"国君死社稷③，大夫死众④，士死制⑤。

【注释】

① 社稷：社为土神，稷为谷神。诸侯立社稷，故用作国家的代称。

② 大夫:"大夫"后省略"去其国"三字。下文"士"同。③ 国君死社稷:指国家灭亡,则国君应死。④ 大夫死众:此句谓军队溃亡,则统领军队的大夫应死。众,军队。⑤ 士死制:此句谓士应为执行国君的政令法制而死。制,国君的政令法制。

10. 五官之长曰"伯"①,是职方②。其摈于天子也③,曰"天子之吏"。天子同姓,谓之"伯父",异姓谓之"伯舅"。自称于诸侯,曰"天子之老",于外④,曰"公";于其国,曰"君"。九州之长⑤,入天子之国曰"牧"。天子同姓,谓之"叔父",异姓谓之"叔舅",于外曰"侯",于其国曰"君"。

【注释】

① 五官:司徒(主管教育)、司马(主管军事)、司空(主管土木工程)、司士(主管群臣爵禄)、司寇(主管刑狱)。② 职方:分管国家之一方。职,主。③ 摈:通"傧",导引宾客的人。此句谓(伯)经由摈向天子通报(其来朝)。④ 外:指自己封地之外。⑤ 九州之长:中国古代分为九州,每一州有若干诸侯国,天子从中挑选一位贤能诸侯为该州之长。

11. 其在东夷、北狄、西戎、南蛮,虽大曰"子"①。于内自称曰"不穀"②,于外自称曰"王老"。庶方小侯③,入天子之国曰"某人"④,于外曰"子",自称曰"孤"。

【注释】

① 虽大曰"子":"子"为五等封爵(公、侯、伯、子、男)中的倒数第二等。此句谓这些四方少数民族政权即使国土广大,其国君也只能称"子"。② 不穀:国君对臣民讲话时的谦称。穀,善。③ 庶方小侯:谓四方边远地区戎、狄之君。④ 某人:指某国人。

12. 天子之妃曰"后"①,诸侯曰"夫人",大夫曰"孺人",士曰"妇人",庶人曰"妻"。公侯有夫人,有世妇,有妻,有妾②。夫人自称于天子,曰"老妇";自称于诸侯,曰"寡小君";自称于其君,曰"小童"。自世妇以下,

自称曰"婢子"。子于父母③,则自名也。列国之大夫,入天子之国,曰"某士"④;自称曰"陪臣某"⑤。于外曰"子"⑥,于其国曰"寡君之老"。使者自称曰"某"。

【注释】

① 妃:配偶。从天子、诸侯直到士,配偶均可称"妃"。② "公侯"数句:公侯,指各国诸侯。古代诸侯一娶九女,其嫡妻称夫人,次妻曰世妇,又其次曰妻。九女之外另有妾。③ 子:兼指儿子、女儿。④ 某士:"某"为国名。如晋国韩起去朝见周天子,摈者通报时称"晋士起"。⑤ 陪臣:重(chóng)臣。因为该大夫为诸侯之臣,诸侯为天子之臣,故该大夫对天子自称"陪臣"。⑥ 于外曰"子":指其他诸侯国的人称他为"子"。

13. 天子不言出①,诸侯不生名②。君子不亲恶③。诸侯失地④,名;灭同姓⑤,名。

【注释】

① 出:指出奔在外。普天之下,莫非王土,故天子虽出奔在外,史籍记载时只说"居",不说"出"。(但如天子有大恶,则记载时可用"出"字。)② 不生名:诸侯在世时不称名。(称名不敬。但如有大恶,则史籍记载称名。)③ 不亲恶:不亲近这些恶人("恶人"指有大恶的天子、诸侯)。④ 失地:指国家灭亡。⑤ 灭同姓:指灭同姓之诸侯国。按:此皆为春秋公羊学的观点。

14. 为人臣之礼,不显谏①。三谏而不听,则逃之②。子之事亲也③,三谏而不听,则号泣而随之。

【注释】

① 显谏:公开指责国君的过错。② 逃:离开。③ 亲:父母。

15. 君有疾,饮药,臣先尝之。亲有疾,饮药,子先尝之。医不三世①,

不服其药。

【注释】

① 三世：指父子相承三代人为医。

16. 拟人必于其伦①。问天子之年，对曰："闻之，始服衣若干尺矣。"问国君之年，长，曰"能从宗庙社稷之事矣"②；幼，曰"未能从宗庙稷社之事也"。问大夫之子，长，曰"能御矣"③；幼，曰"未能御也"。问士之子，长，曰"能典谒矣"④；幼，曰"未能典谒也"。问庶人之子，长，曰"能负薪矣"；幼，曰"未能负薪也"。问国君之富，数地以对，山泽之所出⑤。问大夫之富，曰："有宰食力⑥，祭器衣服不假⑦。"问士之富，以车数对。问庶人之富，数畜以对。

【注释】

① 拟：比拟。伦：类。按此句当单独作一章，与下文并无联系。② 能从宗庙社稷之事：指能主持宗庙、社稷的祭祀。③ 御：驾车。④ 典谒：接待宾客。⑤ "数地"二句：谓告之土地广狭与山泽物产。⑥ 有宰：宰为管理采邑的家臣，"有宰"即说明有采邑。食力：谓依靠采邑民众的赋税之力生活。⑦ 衣服：指祭服。假：借。

17. 天子祭天地，祭四方，祭山川，祭五祀①，岁遍②。诸侯方祀③，祭山川④，祭五祀，岁遍。大夫祭五祀，岁遍。士祭其先⑤。凡祭，有其废之，莫敢举也⑥；有其举之，莫敢废也。非其所祭而祭之⑦，名曰淫祀⑧。淫祀无福。天子以牺牛⑨，诸侯以肥牛⑩，大夫以索牛⑪，士以羊豕。支子不祭⑫，祭必告于宗子⑬。

【注释】

① 五祀：春祭户、夏祭灶、季夏祭中霤（中霤为屋室正中处，中霤之神即宅神）、秋祭门、冬祭行（行路之神）。② 岁遍：谓一年之内遍祭上述诸神。③ 方祀：谓祭祀大山大河在其国之方位者（如鲁祭泰山，晋祭黄河之

类)。④ 山川：此处指诸侯境内的小山川。⑤ 先：祖先。⑥ "凡祭"三句：谓已经废止的祭祀不可再恢复。⑦ 非其所祭：谓按照祭主的身份或位置所不应祭祀的。⑧ 淫：过。⑨ 牺牛：毛色纯的祭牛。⑩ 肥牛：指祭前曾专门关在圈中三月育肥的牛。⑪ 索牛：临时挑选的牛。索，简择。⑫ 支子：庶子。⑬ 宗子：嫡长子。按此句之"祭"，指宗子因病或其他缘故不能主祭，而由支子代为祭祀。

18. 天子死曰崩，诸侯死曰薨，大夫死曰卒，士曰不禄①，庶人曰死。在床曰尸，在棺曰柩。羽鸟曰降②，四足曰渍③。死寇曰兵④。

【注释】

① 不禄：不再享有俸禄。② 羽鸟曰降：鸟类死称为"降"（降落）。③ 渍：染。（兽类一个死，其余受染渍而死。）④ 死寇：死于敌人兵刃之下。

19. 祭王父曰"皇祖考"①，王母曰"皇祖妣"②。父曰"皇考"，母曰"皇妣"，夫曰"皇辟"③。生曰父、曰母、曰妻，死曰考、曰妣、曰嫔。寿考曰卒④，短折曰不禄⑤。

【注释】

① 王父：祖父。皇：大、盛美，赞美之词。考：成，指在德行方面有所成就。② 王母：祖母。妣：媲，谓与考相媲。③ 辟：法。（夫为妻所取法。）④ 寿考：长寿。此句谓长寿之人死，称之曰"卒"。⑤ 短折：短命夭折。

20. 凡挚①，天子鬯②，诸侯圭，卿羔，大夫雁，士雉，庶人之挚匹③。童子委挚而退④。野外军中无挚，以缨、拾、矢可也⑤。妇人之挚，椇、榛、脯、脩、枣、栗⑥。

【注释】

① 挚：又作"贽"，见面礼。② 鬯(chàng)：用黑秬黍酿成的酒，其气味芬芳调畅，故名为鬯。天子至各诸侯国，住宿其祖庙中，以鬯祭庙神，以

表明天子之至,相当于以凫作为见面礼。③ 匹:家鸭。④ 委挚而退:把见面礼(通常是十条干肉)放在地上就退下。按,童子年幼,不敢自居于宾客,与成人行授受之礼。⑤ 缨:套于马颈部的革带。拾:射箭时所用皮制护袖。⑥ "妇人之挚"句:妇女无外事,此六物仅用于初嫁见公婆时作为见面礼。

【导读】

  本篇共有30余章节(不同版本分章分节多有不同),本书选注了其中20个章节。

  在本篇所选注的章节中,除了可以看到古代在称呼、祭祀等方面显示的等级规定之外,值得注意的还有以下几点:

  一是我们的祖先早就注意到了人与自然的和谐相处。"国君春田不围泽,大夫不掩群,士不取麑卵。"(见第7节)春天正当动物繁殖季节,不围泽、不掩群、不取麑卵,当然是为了让动物能繁衍种群。这也可以称作古人的"可持续发展观"了。

  二是关于君臣父子关系。在后世高度集权的封建社会里,往往把君臣关系看得远比父子关系为重。但从本篇臣对君"三谏而不听"时可以逃走,而子对父"三谏而不听"时却必须"号泣而随之"(第14节),显然当时人认为父子之亲更重于君臣之义。

  第20节叙卿大夫士庶所用见面礼分别为羔、雁、雉、匹(鸭),而妇女所用见面礼以干果为主,从中也依稀透露出古代生产方式男子以狩猎为主、女子以采集为主的信息。

檀弓上第三

  1. 事亲有隐而无犯①,左右就养无方②,服勤至死③,致丧三年④。事君有犯而无隐,左右就养有方⑤,服勤至死,方丧三年⑥。事师无犯无隐,左右就养无方,服勤至死,心丧三年⑦。

【注释】

① 亲：父母。隐：隐蔽，隐藏。此处指不公开说出父母的过失。无犯：不犯颜直谏。② 左右就养：在父母左右伺候奉养。方：常，指常规。"无方"指有什么事就做什么事，没有一定之规。③ 服：从事，承担。勤：指劳辱之事。至死：至父母之死。④ 致丧：谓居丧悲哀至极。致，犹"至"。三年，根据《仪礼》，子女为父亲应守丧三年。若父亲先去世而后母亲去世，则为母亲也守丧三年。⑤ 有方：犹"有常"，指在自己职责范围内做事，不可侵官。⑥ 方丧：谓（为国君服丧）比于父丧。方，比。⑦ 心丧：心中哀戚如父丧而不穿丧服。

2. 季武子成寝①，杜氏之葬在西阶之下②，请合葬焉③，许之。入宫而不敢哭④。武子曰："合葬非古也，自周公以来，未之有改也⑤。吾许其大而不许其细⑥，何居⑦？"命之哭。

【注释】

① 季武子：鲁国大夫季孙夙，"武"是他的谥号。成寝：建成一座寝宫。（古人的寝就是一座屋子，包括堂、室、房等部分，并非今日意义上的卧室。）② "杜氏"句："西阶"指季武子之寝的西阶（古人堂前有二阶，一为西阶，一为阼阶即东阶）。季武子的寝宫建在杜氏先人的坟墓之上。③ 合葬：指将后死者葬于先死者墓穴中。④ 宫：指季武子的寝宫。⑤ "合葬"三句：此为季武子文过之辞。言外之意是我建寝宫时，认为此冢墓是周公以前之事，不须合葬，故我将其夷平以建屋。⑥ 大：指合葬。细：指依礼哀哭。⑦ 何居："居"为语气词，"何居"犹"何也"。

3. 孔子既得合葬于防①，曰："吾闻之，古也墓而不坟。今丘也，东西南北之人也②，不可以弗识也③。"于是封之④，崇四尺。孔子先反，门人后。雨甚，至，孔子问焉，曰："尔来何迟也？"曰："防墓崩⑤"。孔子不应。三⑥，孔子泫然流涕曰："吾闻之，古不修墓。"

【注释】

① 合葬：指孔子将父母合葬。防：山名，在鲁国近郊。② 东西南北之人：指自己周游列国，奔走四方。③ 识（zhì）：加上标志。④ 封：在墓上堆土成坟。⑤ 崩：指新筑的土坟崩塌。⑥ 三：指弟子将"防墓崩"一句话讲了三遍。

4. 孔子哭子路于中庭①。有人吊者，而夫子拜之②。既哭，进使者而问故③。使者曰："醢之矣④。"遂命覆醢⑤。

【注释】

① 子路：孔子弟子，名仲由，子路是他的字，在卫国内乱中被杀，事见哀公十五年《左传》。哭于中庭，据礼，当哭于寝门之外。此哭于寝宫中庭，表示与死者关系亲密。②"有人"二句：孔子答拜吊丧之人，是以丧主自居。③ 使者：从卫国来向孔子通报子路死讯之人。故：指子路被杀的详情。④ 醢（hǎi）：肉酱。此处作动词用。⑤ 覆醢：孔子将自己家中的肉酱倒掉。

5. 曾子曰①："朋友之墓有宿草而不哭焉②。"

【注释】

① 曾子：孔子弟子。② 宿草：去年的草根。此句指过了一周年，即不应再哭。

6. 子思曰①："丧三日而殡②，凡附于身者③，必诚必信，勿之有悔焉耳矣。三月而葬，凡附于棺者④，必诚必信，勿之有悔焉耳矣。丧三年以为极，亡则弗之忘矣⑤。故君子有终身之忧⑥，而无一朝之患⑦。故忌日不乐⑧。"

【注释】

① 子思：孔子之孙。② 殡：殓而未葬，暂时停棺在家。周代是在堂的

西阶上挖一坎穴,置棺于内,不全埋,棺盖仍在地面之上。因为西阶是宾客所登之阶,故称"殡"。③ 附于身者:指死者衣衾等物。④ 附于棺者:指陪葬的明器。⑤ "丧三"二句:意为守丧三年,已是极限,但亲虽已死,孝子之心则无法忘于心。极,极限。⑥ 终身之忧:因时刻不能忘记父母,故有终身之忧。⑦ 一朝之患:不敢以父母遗体(自己的身体)行险为非,故无一朝之患。⑧ 忌日:父母去世之日。不乐:不奏乐。

7. 孔子少孤,不知其墓①,殡于五父之衢②。人之见之者,皆以为葬也。其慎也③,盖殡也。问于郰曼父之母④,然后得合葬于防。

【注释】

① 不知其墓:不知其父之墓。② "殡于"句:指孔子将母亲之柩殡于五父之衢。五父,衢(四通八达之大路)名。按,殡应在家,不当在大路。故下句说:"人之见之者,皆以为葬也。"③ 慎:当作"引",挽引柩车的绳索。殡引与葬引棺饰有所不同,此二句谓孔子当时用的是殡引。④ 郰(zōu)曼父:郰,鲁国地名。曼父,人名。郰曼父之母当是孔子之母的朋友。按,古代学者颇有人怀疑此章的真实性,认为孔子不知父墓及将母亲殡于五父之衢皆为理所必无之事。

8. 邻有丧,舂不相;里有殡,不巷歌①。丧冠不緌②。

【注释】

① "邻有丧"四句:已见《曲礼上》。② 丧冠不緌(ruí):緌,古代冠缨结于下巴,其多余下垂的部分叫"緌",可起装饰作用。不緌,是因为丧冠不应有装饰。

9. 晋献公将杀其世子申生①,公子重耳谓之曰②:"子盖言子之志于公乎③?"世子曰:"不可,君安骊姬,是我伤公之心也④。"曰:"然则盖行乎⑤?"世子曰:"不可,君谓我欲弑君也,天下岂有无父之国哉!吾何行如之⑥?"使人辞于狐突⑦,曰:"申生有罪,不念伯氏之言也⑧,以至于死,申生不敢爱其死。虽然,吾君老矣,子少⑨,国家多难,伯氏不出而图吾君⑩,伯氏苟出而图吾君,申生受赐而死。"再拜稽首,乃卒。是以为"恭世子"也⑪。

【注释】

① 晋献公:春秋时晋国国君。世子:犹"太子",天子或诸侯正妻所生长子。按,晋献公有宠姬骊姬,生子奚齐。骊姬想让自己的儿子继承君位,遂诬陷申生阴谋弑父,故献公欲杀申生。事见《左传》及《国语·晋语》。② 重耳:公子申生的异母弟,即后来春秋五霸之一的晋文公。③ 盍(hé):通"盍",何不。志:意,心意。指为骊姬所谮事。④ "君安"二句:谓献公和骊姬一起生活才感到快乐,如果自己说出实情,骊姬当诛,如此则伤献公之心。安,安乐。⑤ 行:指出奔他国。⑥ 如:往。⑦ 辞:致辞。狐突:晋国大夫,申生的师傅。⑧ 伯氏:即狐突。狐突字伯行,古人常以字称人。狐突曾劝申生出奔,申生不从。"不念伯氏之言"指此。⑨ 子少:此"子"指骊姬之子奚齐。⑩ 出:出山,出来担任工作。当时狐突称病居家。⑪ 恭世子:《谥法》:"敬顺事上曰恭。"按,申生不肯说明事实真相,使晋献公陷于不义,有杀子之恶。古人认为这不能算作孝,只是顺从父意而已,所以谥为"恭"。

10. 鲁人有朝祥而莫歌者①,子路笑之②。夫子曰:"由,尔责于人,终无已夫,三年之丧,亦已久矣夫③。"子路出,夫子曰:"又多乎哉,逾月则其善也④。"

【注释】

① 祥:除丧的祭礼。有"小祥"与"大祥"之别。此处指大祥,守丧满二十五月进行。大祥后除丧服,服常服。莫:通"暮"。② 子路笑之:笑其为乐之速。按礼,大祥之日不应唱歌。③ "由"五句:孔子批评子路,是因为鲁国当时能行三年之丧者不多,故要子路勿苛责于人。④ "又多"二句:此是孔子对其他弟子讲话,谓"鲁国人"若能过一个月再唱歌,就更好了。

11. 鲁庄公及宋人战于乘丘①,县贲父御②,卜国为右③。马惊,败绩④,公队⑤,佐车授绥⑥。公曰:"末之卜也⑦。"县贲父曰:"他日不败绩,而今败绩,是无勇也。"遂死之⑧。圉人浴马⑨,有流矢在白肉⑩。公曰:"非其罪也。"遂诔之⑪。士之有诔,自此始也⑫。

【注释】

① 乘丘:鲁国地名,在今山东曲阜西北。② 县贲父:人名。县为氏,贲父为名。御:驾驭战车。古时一辆战车载三人,御车人一般应在车之正中,但为主帅驾车时,主帅居中,驭手在左。③ 卜国:人名。卜为氏,国为名。右:车右,通常由勇力之士担任。④ 败绩:通常指军队溃败,此处指马受惊狂奔。⑤ 队:通"坠"。⑥ 佐车:副车。授绥:指授绥于鲁庄公,让他拉着上车。⑦ 末之卜:未尝卜。古代战争,主帅对御、右均须通过占卜来选择。鲁庄公说这句话,目的在减轻二人之责。⑧ 死之:赴敌而死。⑨ 圉(yǔ)人:负责养马的人。⑩ 白肉:马大腿内侧的肉。因位置较隐蔽,所以中箭后不易被发现。⑪ 诔:古代用以表彰死者德行并表哀悼的文辞,仅用于上对下。⑫ 自此始:在此之前,根据《周礼》,卿大夫死了以后才有诔。

12. 曾子寝疾①,病。乐正子春坐于床下②,曾元、曾申坐于足③,童子隅坐而执烛④。童子曰:"华而睆⑤,大夫之箦与⑥?"子春曰:"止⑦!"曾子闻之,瞿然曰⑧:"呼⑨!"曰:"华而睆,大夫之箦与?"曾子曰:"然。斯季孙之赐也⑩,我未之能易也。元,起易箦⑪。"曾元曰:"夫子之病革矣⑫,不可以变,幸而至于旦,请敬易之。"曾子曰:"尔之爱我也不如彼。君子之爱人也以德⑬,细人之爱人也以姑息。吾何求哉?吾得正而毙焉,斯已矣。"举扶而易之,反席未安而没。

【注释】

① 寝疾:犹言"卧病"。一般的病叫"疾",重病叫"病"。② 乐正子春:曾子的学生。③ 曾元、曾申:曾子的儿子。④ 隅坐:坐于墙角。⑤ 华而睆(huǎn):华丽而有光泽。⑥ 箦(zé):竹席。与:同"欤",语气词。

⑦ 止：乐正子春叫童子勿言。⑧ 瞿然：惊视貌。⑨ 呼：虚弱的叹气之声。⑩ 季孙：季孙氏，自鲁文公以后世代为鲁大夫，执掌国政。⑪ 易箦：把竹席换掉。季孙氏送给曾子的箦为大夫所用，较华丽。曾子未尝任大夫，不应用此箦，所以要求换掉。此节内容就在表现曾子虽病重将死，仍坚守礼仪，不肯逾越。⑫ 革(jí)：通"亟"，危急。⑬ 以德：谓成就别人的美德。

13. 死而不吊者三：畏、厌、溺①。

【注释】

① 畏：指被胁迫而恐惧自杀。厌：通"压"，指在危险处行走，被坠落的重物压死。溺：游泳淹死。这三种死者都轻视自己的生命，不符合孝的要求。

14. 子路有姊之丧，可以除之矣，而弗除也，孔子曰："何弗除也？"子路曰："吾寡兄弟而弗忍也。"孔子曰："先王制礼，行道之人①，皆弗忍也。"子路闻之，遂除之。

【注释】

① 行道之人：按照道义行事的人。

15. 大公封于营丘①，比及五世，皆反葬于周②。君子曰："乐，乐其所自生③；礼不忘其本。古之人有言曰：'狐死正丘首④。'仁也。"

【注释】

① 大公：即姜太公吕尚。营丘：在今山东临淄附近。② 周：指西周都城镐京。按：顾炎武认为太公无五世反葬之事。③ "乐，乐"二句：意谓音乐是由乐曲反映的事件所引起的快乐而产生的。前一个"乐"音 yuè，后一个"乐"音 lè。④ 正丘首：一作"正首丘"。谓头正对着巢穴所在之小丘。

16. 伯鱼之母死①,期而犹哭②。夫子闻之,曰:"谁与哭者③?"门人曰:"鲤也。"夫子曰:"嘻!其甚也④。"伯鱼闻之,遂除之。

【注释】

① 伯鱼:孔子之子,名鲤,字伯鱼。旧说伯鱼之母为孔子出妻(休弃回娘家的妻子)。② 期(jī):一周年。按礼,父在,为母或出母服丧应满一周年后(十三月)举行祥祭,祥祭之后即不应再哭。③ 与:通"欤"。④ 甚:犹言"过分"。

17. 子张病①,召申祥而语之曰②:"君子曰终,小人曰死;吾今日其庶几乎③?"

【注释】

① 子张:孔子弟子,姓颛孙,名师,字子张。② 申祥:子张的儿子。③ 庶几:差不多。按,"终"的含义是有始有终。子张的意思是:直到今日以前,还不敢自信能善始善终为君子。现在差不多可以这么说了。

18. 曾子谓子思曰①:"伋!吾执亲之丧也,水浆不入于口者七日。"子思曰:"先王之制礼也,过之者俯而就之②,不至焉者跂而及之③。故君子之执亲之丧也,水浆不入于口者三日,杖而后能起④。"

【注释】

① 子思:孔子的孙子,名伋,字子思。相传他曾受业于曾子。② "过之"句:此句谓行礼超过礼之要求的人当对自己有所抑制以符合于礼。③ "不至"句:此句谓行礼未达到礼之要求的人当再努力一下以求合于礼。④ "杖而"句:扶着丧杖才能站起来。

19. 伯高之丧①,孔氏之使者未至②,冉子摄束帛乘马而将之③。孔子曰:"异哉,徒使我不诚于伯高④。"

【注释】

①伯高:子贡的朋友,曾因子贡介绍而见孔子,死于卫国。②使者:孔子派来赠送赗(音 fèng,送给丧家的送葬之物)的使者。③冉子:孔子的学生冉求,字子有,故又称冉有。摄:代。束帛:十端帛,亦即五匹帛,每匹从两端卷起,故为十端。乘马:四匹马。将:带。此句谓冉求假称受孔子之托,带着束帛乘马前去吊丧。④"徒使"句:冉求代吊非孔子本意,这是虚有吊礼。孔子若遣人重吊,则更为不可。故孔子觉得冉求此举徒然使他在死者伯高面前显得没有诚意。

20. 子夏丧其子而丧其明①。曾子吊之②,曰:"吾闻之也,朋友丧明则哭之。"曾子哭,子夏亦哭,曰:"天乎!予之无罪也。"曾子怒曰:"商,女何无罪也③?吾与女事夫子于洙、泗之间④,退而老于西河之上⑤,使西河之民疑女于夫子⑥,尔罪一也;丧尔亲,使民未有闻焉⑦,尔罪二也;丧尔子,丧尔明,尔罪三也⑧。而曰女何无罪与!"子夏投其杖而拜曰:"吾过矣!吾过矣!吾离群而索居⑨,亦已久矣。"

【注释】

①子夏:孔子弟子,姓卜名商,字子夏。丧其明:(因为哭泣)眼睛瞎了。②吊:慰问。③女:通"汝"。④洙泗之间:洙水、泗水,鲁国的两条河流。⑤西河:《史记·仲尼弟子列传》:"子夏居西河教授,为魏文侯师。"西河具体位置有争议,一种说法是在今河南安阳。⑥疑女于夫子:据郑玄注,此句谓子夏教育学生时,不说自己的知识来自孔子,使西河之人疑其水平与孔子相似。⑦"丧尔亲"二句:谓子夏居亲丧期间没有特别的好名声。⑧"丧尔子"三句:谓因子丧而哭瞎眼睛,显得比父母去世还要伤心,因此这也是一项罪过。⑨"吾离"二句:子夏自谓因离开朋友独自居住时间太久,以致有过错而不自知。群,指同门朋友。

21. 夫昼居于内①,问其疾可也;夜居于外②,吊之可也。是故君子非有大故③,不宿于外;非致齐也④,非疾也,不昼夜居于内。

【注释】

①内:指正寝室内。白天呆在正寝室内,使人疑其有病。②外:指中门之外。父母之丧,在中门外搭一个小棚子(倚庐)供孝子居住。夜居于外,使人疑其有丧。③大故:指有丧。④致齐:斋戒。齐,通"斋"。

22. 孔子之卫,遇旧馆人之丧①,入而哭之哀。出,使子贡说骖而赙之②。子贡曰:"于门人之丧,未有所说骖,说骖于旧馆,无乃已重乎③?"夫子曰:"予乡者入而哭之④,遇于一哀而出涕⑤。予恶夫涕之无从也⑥,小子行之。"

【注释】

①旧馆人:以前曾让自己住在他家的房屋主人。②说:通"脱",解下。骖:骖马。古代用四匹马拉车,两边的马叫骖。赙(fù):以财物助人办丧事。③已重:太重。④乡:通"向",之前,刚才。⑤遇于一哀:指主人为孔子尽一哀(不是以普通吊客对待孔子)。出涕:(孔子)流泪。⑥"予恶"句:意谓我不愿意在吊丧时流泪(显得感情很深),却没有(与感情)相应的奠仪。从,跟随,相伴。

23. 孔子蚤作①,负手曳杖,消摇于门②,歌曰:"泰山其颓乎!梁木其坏乎!哲人其萎乎③!"既歌而入,当户而坐。子贡闻之,曰:"泰山其颓,则吾将安仰④?梁木其坏,哲人其萎,则吾将安放⑤?夫子殆将病也。"遂趋而入。夫子曰:"赐!尔来何迟也?夏后氏殡于东阶之上,则犹在阼也⑥;殷人殡于两楹之间⑦,则与宾主夹之也⑧;周人殡于西阶之上,则犹宾之也⑨。而丘也殷人也⑩。予畴昔之夜,梦坐奠于两楹之间⑪。夫明王不兴,而天下其孰能宗予,予殆将死也⑫。"盖寝疾七日而没。

【注释】

①蚤:通"早"。作:起。②消摇:即"逍遥"。③萎:枯萎,凋谢,喻死。④安仰:何仰,仰望什么。⑤安放:何依。⑥阼:东阶,主人升堂之阶。夏人以新死者与生人无异,殡于东阶,表示犹在主人之位。⑦两楹

之间：楹为堂上之柱，东西各一根。两楹之间朝南为堂上最前的位置，殷人以鬼神应居尊位，故殡于两楹之间。⑧ 宾主夹之：两楹之间处于阼阶与西阶之间，故曰"宾主夹之"。⑨ 西阶：宾客所登阶。⑩ 周灭商后，封殷商遗民于宋。孔子祖先是宋国贵族，故孔子自称殷人。⑪ 坐奠：犹言"安坐"。⑫ 两楹之间是人君视朝听政所坐之处。孔子梦坐两楹之间，他认为既然世无明王，不可能有人用己以为人君（"宗予"），那就说明这是自己将死之兆。

24. 孔子之丧，门人疑所服①。子贡曰："昔者夫子之丧颜渊，若丧子而无服，丧子路亦然。请丧夫子，若丧父而无服②。"

【注释】

① 疑所服：依礼，师丧无服。但门人以孔子是圣人，与一般老师不同，所以疑惑该穿何种丧服。② 若丧父而无服：衣服上不缝"衰"（长六寸、宽四寸之麻布，缝于上衣胸口），头上、腰间均以麻为绖，心丧三年。

25. 子夏问于孔子曰："居父母之仇，如之何①？"夫子曰："寝苫枕干不仕②，弗与共天下也。遇诸市朝③，不反兵而斗④。"曰："请问居昆弟之仇如之何？"曰："仕弗与共国，衔君命而使，虽遇之不斗⑤。"曰："请问居从父昆弟之仇⑥，如之何？"曰："不为魁⑦，主人能⑧，则执兵而陪其后。"

【注释】

① 参见《曲礼上》"父之仇，弗与共戴天"一节。② 寝苫：睡在草垫子上。枕干：以盾牌作枕头。③ 市：集市，做交易买卖的场所。朝：官府治事之处。④ 反兵：回去取武器。不反兵，意谓随时携带武器。⑤ "衔君"二句：本与仇人不共在一国做官，不可能相遇。在奉君命出使时，则可能在他国遇到仇人，但这种情况下不可与之相斗。原因是不以私仇废公事。⑥ 从父：父亲的兄弟，即伯父、叔父。⑦ 魁：首。"不为魁"意即不带头。⑧ 主人：指从父兄弟家中承担复仇之责的人。

26. 子路曰："吾闻诸夫子：丧礼，与其哀不足而礼有余也①，不若礼不足而哀有余也。祭礼，与其敬不足而礼有余也②，不若礼不足而敬有余。"

【注释】

①"丧礼"二句：丧礼主哀。丧礼之"礼有余"，指死者身上的衣衾及陪葬品多。②"祭礼"二句：祭礼主敬。祭礼之"礼有余"，指祭品之多。

27. 子夏既除丧而见①，予之琴，和之而不和②，弹之而不成声。作而曰③："哀未忘也，先王制礼，而弗敢过也④。"子张既除丧而见，予之琴，和之而和，弹之而成声。作而曰："先王制礼，不敢不至焉⑤。"

【注释】

① 而见：指去见孔子。② 和之：指调弦。不和：声音不和谐。③ 作：站起来。④ "先王"二句：谓尽管自己心中仍很悲伤，但必须依礼而行，到了时间就将丧服除去。⑤ 不敢不至：子张谓依先王之礼，既已除丧，可以弹琴，自己就不能不努力弹好。

28. 幼名、冠字、五十以伯仲①，死谥②，周道也③。绖也者④，实也⑤。掘中霤而浴⑥，毁灶以缀足⑦，及葬，毁宗躐行⑧，出于大门，殷道也⑨。学者行之⑩。

【注释】

① 幼名：年幼时直呼其名。冠字：加冠（二十岁）以后称其字。伯仲：指按照排行称他为"伯"或"仲"。② 死谥：死后称谥号。③ 周道：周代的制度。④ 绖（dié）：服丧时所系用麻做的带子，在头上的叫首绖，在腰间的叫腰绖。⑤ 实：意谓悲哀很真实。⑥ 中霤：屋室正中处。远古穴居，在穴顶开洞取光，雨水从洞口滴下，故谓之"中霤"。浴：指浴尸。掘中霤而浴，是在室中央挖坑，坑上架床，尸体放在床上洗浴，脏水流入坑中。⑦ 毁灶：表示死者无复饮食之事。缀足：用灶上拆下的砖瓦之类连缀于死者脚上，将脚拉直，便于穿鞋。⑧ 毁宗：宗指宗庙，毁宗是

拆毁庙门西边的墙。躐:越过。行:行神。行神位置在庙门西侧。按,殷人殡于庙,葬时毁庙门西墙而出大门,一则是说此庙于死者无事,二则是可从行神之位经过,以求得行神保佑。⑨ 殷道:(从浴尸至"毁宗躐行,出于大门",均是)殷代的制度。按,周代制度与此有异。⑩ 学者:指学于孔子者。

29. 子柳之母死①,子硕请具②。子柳曰:"何以哉③?"子硕曰:"请粥庶弟之母④。"子柳曰:"如之何其粥人之母以葬其母也?不可。"既葬,子硕欲以赙布之余具祭器⑤。子柳曰:"不可,吾闻之也,君子不家于丧⑥,请班诸兄弟之贫者⑦。"

【注释】

① 子柳:孔子弟子颜幸。② 子硕:子柳之弟。请具:请求置办葬具(如明器之类)。③ 何以:以,用。"何以"谓拿什么钱(来置办葬具)。④ 粥:通"鬻"(yù),卖。"庶弟之母"的身份为妾,可以买卖。⑤ 赙:别人赠送的办丧事用的财物。布:币、钱。⑥ 不家于丧:指不利用丧事购置家业。⑦ 班:分送。

30. 公叔文子升于瑕丘①,蘧伯玉从②。文子曰:"乐哉斯丘也,死则我欲葬焉。"蘧伯玉曰:"吾子乐之,则瑗请前③。"

【注释】

① 公孙文子:卫献公之孙,卫国大夫。升:登。瑕丘:卫国地名,故城在今山东兖州附近。② 蘧伯玉:卫国大夫,名瑗。③ "吾子"二句:前,在你之前。蘧伯玉说自己希望抢在公叔文子之前先葬于瑕丘,据郑玄的解释,是讥刺公叔文子想害人良田。

31. 弁人有其母死而孺子泣者①。孔子曰:"哀则哀矣,而难为继也②。夫礼,为可传也,为可继也,故哭踊有节③。"

【注释】

① 弁:地名,在今山东泗水县。孺子泣:像婴儿一样啼哭。② 难为继:难于这样一直继续下去。③ 踊:顿足、跳跃,丧礼中最哀恸的表示。

32. 丧具①,君子耻具②。一日二日而可为也者③,君子弗为也。

【注释】

① 丧具:指棺木、衣衾等葬具。② 具:具备,指全部办好。"耻具"是表示不愿亲人很快离开。③ 一日二日而可为也者:指绞(扎紧尸体所穿衣服之布带)、衿(单被)、衾(被)、冒(将尸体从头部向下及从足部向上套裹起来的口袋状物)等可以迅速赶制的东西。

33. 丧服,兄弟之子犹子也①,盖引而进之也②;嫂叔之无服也,盖推而远之也③;姑、姊妹之薄也④,盖有受我而厚之者也⑤。

【注释】

① 犹子:谓与己子相同。② 引而进之:谓将叔侄间的关系拉得更近一些。③ 推而远之:指(为了避嫌疑而)将叔嫂间的关系推得远一些。④ 姑、姊妹之薄:指姑、姊妹出嫁以后,娘家为其所服丧服降等(由期降为大功)。⑤ 受我而厚之者:受我,指姑、姊妹之夫家从我处娶得姑、姊妹。厚之,指丧服比姑、姊妹娘家为厚。(夫为妻服齐衰、杖期。)

34. 有子问于曾子曰:"问丧于夫子乎①?"曰:"闻之矣,丧欲速贫,死欲速朽。"有子曰:"是非君子之言也。"曾子曰:"参也闻诸夫子也。"有子又曰:"是非君子之言也。"曾子曰:"参也与子游闻之。"有子曰:"然,然则夫子有为言之也②。"曾子以斯言告于子游。子游曰:"甚哉,有子之言似夫子也。昔者夫子居于宋,见桓司马自为石椁③,三年而不成。夫子曰:'若是其靡也,死不如速朽之愈也。'死之欲速朽,为桓司马言之也。南宫敬叔反④,必载宝而朝⑤。夫子曰:'若是其货也⑥,丧不如速贫之愈也⑦。'丧之欲速贫,为敬叔言之也。"曾子以子游之言告于有子,有子曰:"然,吾固曰非夫子之言也。"曾子曰:"子何以知之?"有子曰:"夫子制于中都⑧,四寸之棺,五寸之椁⑨,以斯知不欲速朽也。昔者夫子失鲁司寇,将之荆⑩,盖先之以子夏⑪,又申之以冉有⑫,以斯知不欲速贫也。"

【注释】

① 丧:指失去官职。② 有为言之:为了某一特定之事而言。③ 桓司马:桓魋,宋国大夫。司马,官名。椁:同"椁",棺外的套棺。④ 南宫敬叔:鲁国大夫。反:同"返"。指其失位离开鲁国后又返回来。⑤ 载宝而朝:带着财宝来朝见国君。⑥ 货:货有"收买"意。此处指南宫敬叔用财货来谋求官位。⑦ 愈:较好,胜过。⑧ 制:订立制度。中都:鲁国地名。孔子曾担任过中都宰。⑨ 四寸、五寸:指棺、椁的厚度。⑩ 荆:楚国。孔子想到楚国应聘。⑪ 先之以子夏:先派子夏(到楚国去了解情况)。⑫ 申:重。此句谓随后又派冉有到楚国去。

35. 仲宪言于曾子曰①:"夏后氏用明器,示民无知也②;殷人用祭器,示民有知也;周人兼用之,示民疑也③。"曾子曰:"其不然乎!其不然乎!夫明器,鬼器也;祭器,人器也。夫古之人,胡为而死其亲乎④?"

【注释】

① 仲宪:即孔子弟子原宪。② 示民无知:(随葬之明器如食具、用具、乐器、兵器等,皆异于生人所用之物,不能实用。这是)让人民知道死者是没有知觉的。③ 示民疑:(周人兼用明器和祭器,这是)向人民表示死者究竟有知还是无知,是一个疑问。④ "夫古"二句:古之人,指夏代人。死其亲,指认定死去的亲人毫无知觉。按:曾子实际对原宪的三种解释都不赞成,但反驳时只举了夏人用明器一例。

36. 子游问丧具①,夫子曰:"称家之有亡②。"子游曰:"有亡恶乎齐?"夫子曰:"有,毋过礼。苟亡矣③,敛首足形④,还葬⑤,县棺而封⑥,人岂有非之者哉?"

【注释】

①问丧具:指询问丧具的标准。②称(chèn):相当,符合。有亡:有无。③苟亡矣:如果家中没有钱财。④敛首足形:指衣衾足以掩藏形体。⑤还葬:敛后即葬,不须殡三月而后葬。还(xuán),通"旋"。⑥县棺而封:用手拉着绳子下棺。封,当作"窆"(biǎn)。按,"敛首"以下三句,皆表示一切从俭。

37. 孟献子之丧①,司徒旅归四布②。夫子曰:"可也③。"

【注释】

①孟献子:鲁国大夫仲孙蔑,当时有贤名。②司徒:官名,此司徒是鲁国司徒抑仲孙氏家臣,不可知。旅:下去。四布:指四方赠送的赙布。"归四布"指将丧事办完后多余的助丧财物归还赠送者。③可也:犹言"做得好"。孔子对此举表示赞许。

38. 成子高寝疾①,庆遗入②,请曰:"子之病革矣③,如至乎大病④,则如之何?"子高曰:"吾闻之也,生有益于人,死不害于人。吾纵生无益于人,吾可以死害于人乎哉?我死,则择不食之地而葬我焉⑤。"

【注释】

①成子高:齐国大夫国成,字子高,"成"是他的谥。寝疾:卧病。②庆遗:齐人。③革(jí):通"亟"。病革即病重。④大病:指死。讳言死,故曰大病。⑤不食之地:不能种庄稼的地。

39. 宾客至,无所馆①。夫子曰:"生,于我乎馆;死,于我乎殡②。"

【注释】

①馆:住宿。②于我乎殡:此指宾客死于"我"的家中,故即殡于"我"家。

40. 国子高曰:"葬也者,藏也。藏也者,欲人之弗得见也。是故衣足以饰身,棺周于衣,椁周于棺,土周于椁。反壤树之哉①?"

【注释】

① 反壤:指堆土造坟。反,覆。树,指在墓地植树。按,国子高此语是说不必堆坟植树。

41. 鲁哀公诔孔丘曰:"天不遗耆老①,莫相予位焉②。呜呼哀哉,尼父③!"

【注释】

① 遗:留。耆老:犹言"老人"。耆亦"老"的意思。② 相:帮助。③ 尼父:孔子字仲尼,父同"甫",古代对男子的美称。

【导读】

檀弓为鲁国熟悉古礼者的名字,因本篇第一节便是记录他的一段话,故用作篇名。全篇共有120余章节,内容主要是讲丧礼。本书选注了其中约三分之一的章节。

在本篇所述古代丧礼中,最值得注意的有如下几点:

一是儒家对待丧礼的中庸态度。第15节子路丧姐、第17节伯鱼哭母、第19节曾子与子思关于执亲之丧的对话、第33节孔子对弁人丧母而孺子泣的批评等章节,均说明儒家制礼行礼所秉持的中庸标准:既不可过,亦不可不及。

与此相联系,颇为后世诟病的厚葬之风,其实也与先秦儒家毫不相干。第38节"子游问丧具",孔子的回答是"称家之有无"。具体地说,就是家境富裕,葬具不要过礼;家境贫寒,则只要衣衾能遮蔽死者形体就可以了。(《檀弓下》第15节孔子对子路语有大意相同的一段话。)这显然也是与孔子极力标举的中庸之德是一致的。第40节记国子高的临终遗言,国子高身为齐国大夫,却要求安葬于不能耕种庄稼的薄瘠之地。《礼记》载此,当然有褒扬称许之意,更说明厚葬本非先秦儒家的主张。

第二点值得注意之处,是古今礼的变化迁移。比如后世墓地以筑坟

为常,而且子孙还往往尽力将坟墓堆得高大,以此为孝。然而孔子明确地说:"古也墓而不坟。"又如夫妇合葬,这也是后世常规,而从第2节季武子语中我们知道了:"合葬非古也。"

本篇中还有不少章节所表述的观点也是很有意义的。"曾子易箦"(第13节)是一个有名的故事。从今天的观点看,一床竹席所表现的封建等级制度的严格当然显得可笑甚至无聊,曾子对这种制度的奉行唯谨也并不值得称赞。但"君子之爱人也以德,细人之爱人也以姑息"这两句话却是至理名言,值得后人永远铭记。

"邻有丧,舂不相;里有殡,不巷歌。"(第8节,亦见于《曲礼上》)这里除了表现对死者的尊重外,也表现了对死者亲属情感的体谅与尊重,这对构建和谐的邻里关系无疑是有益的。

檀弓下第四

1. 五十无车者,不越疆而吊人①。

【注释】

① 越疆:越境(到别国去)。按,五十岁人气力渐衰,不能长途跋涉去吊丧。

2. 季武子寝疾①,蟜固不说齐衰而入见②,曰:"斯道也③,将亡矣:士唯公门说齐衰。"武子曰:"不亦善乎,君子表微④。"及其丧也,曾点倚其门而歌⑤。

【注释】

① 季武子:鲁国大夫季孙夙。② 蟜固:鲁国人。说:通"脱"。齐衰:丧服之一种。按,依礼,只有去见国君时应脱去齐衰这种丧服。但由于季孙氏世为鲁国上卿,专政,国人畏其权势,故去见季孙时皆将丧服脱掉。蟜固有意要矫正国人的行为。③ 斯道:指何种情况下该脱去齐衰的礼仪

规定。④ 表微:此句意谓礼之微小者,只有君子才能表明之。按:脱齐衰于大夫之门,是严重的失礼,并非礼之微小者。季武子这么说是自我文饰。⑤ 曾点:孔子弟子,曾子的父亲。曾点倚在季武子家门上唱歌,也是表示他不畏惧季氏的意思。按,据清代学者万斯大考证:季武子之死在鲁昭公七年,其时孔子才十七岁,曾点年龄当然更小,所以不可能有倚门而歌这样的事。

3. 晋献公之丧,秦穆公使人吊公子重耳①,且曰②:"寡人闻之,亡国恒于斯,得国恒于斯③。虽吾子俨然在忧服之中④,丧亦不可久也⑤,时亦不可失也。孺子其图之。"以告舅犯⑥。舅犯曰:"孺子其辞焉。丧人无宝⑦,仁亲以为宝⑧。父死之谓何?又因以为利,而天下其孰能说之⑨?孺子其辞焉!"公子重耳对客曰:"君惠吊亡臣重耳⑩,身丧父死,不得与于哭泣之哀,以为君忧⑪。父死之谓何?或敢有他志,以辱君义。"稽颡而不拜⑫,哭而起,起而不私⑬。子显以致命于穆公⑭。穆公曰:"仁夫公子重耳!夫稽颡而不拜,则未为后也,故不成拜。哭而起,则爱父也;起而不私,则远利也⑮。"

【注释】

① 秦穆公:秦国国君,春秋五霸之一。重耳:晋献公之子。由于晋献公宠姬骊姬的构陷,晋献公的太子申生被迫自杀,重耳出亡达十九年之久。晋献公死时,重耳流亡在狄,秦穆公派人来吊丧。② 且曰:此下数句,是使者(即下文的子显)致吊辞之后,以秦穆公的口吻另外讲的话。③ "亡国"二句:谓失去君位与获得君位常常就在这个时候。斯,指国君刚刚去世,新旧交替之际。④ 忧服:丁忧服丧。⑤ 丧:指失位。⑥ 舅犯:重耳的舅舅狐偃,字子犯,当时随重耳出亡在外。⑦ 丧人:失位之人。⑧ 仁亲:仁爱其亲。⑨ 说:解说。此句连上谓趁父亲去世之机谋取自己的利益,如何向天下人解说。⑩ 君:指秦穆公。⑪ 以为君忧:以这样的事使您(秦穆公)忧虑。⑫ 稽颡而不拜:稽颡,叩头至地。凡丧礼,丧主对来吊丧者应先稽颡而后拜。重耳对吊客只稽颡而不拜(所以下文秦穆公说"不成拜"),表明他不以丧主自居,也即不以晋献公的继承人自居(所以下文秦穆公说"未为后")。⑬ 不私:不与使者私下交谈。⑭ 子显:秦穆公的

使者公子縶,字子显。致命:复命。⑮ 远利:不与使者私下交谈,亦即不谋求回国继位之事,所以说"远利"。

4. 孔子谓:为明器者①,知丧道矣②,备物而不可用也。哀哉!死者而用生者之器也,不殆于用殉乎哉?其曰明器,神明之也③。涂车刍灵④,自古有之,明器之道也。孔子谓"为刍灵者善",谓"为俑者不仁"⑤,不殆于用人乎哉⑥?

【注释】

① 为明器者:发明、使用明器的人。明器,即冥器,随葬物品。② 知丧道:懂得办丧事的道理。③ 神明之:使死者显得有神明(异于生人)。④ 涂车:泥土做的车。刍灵:用茅草扎的人马。⑤ 俑:木偶。⑥ 殆:几乎。此句连上句意为:孔子说制作木俑陪葬的人不仁,因为那几乎与用人殉葬差不多了。

5. 穆公问于子思曰①:"为旧君反服②,古与?"子思曰:"古之君子,进人以礼,退人以礼,故有旧君反服之礼也。今之君子,进人若将加诸膝③,退人若将队诸渊④,毋为戎首⑤,不亦善乎!又何反服之礼之有?"

【注释】

① 穆公:鲁哀公的曾孙。② 反服:已经去职之臣为故君服丧。③ 加诸膝:抱坐于膝上(以示宠爱)。④ 队:通"坠"。⑤ 戎首:指率领军队来攻打故君。

6. 悼公之丧①,季昭子问于孟敬子曰②:"为君何食③?"敬子曰:"食粥④,天下之达礼也。吾三臣者之不能居公室也⑤,四方莫不闻矣。勉而为瘠⑥,则吾能,毋乃使人疑夫不以情居瘠者乎哉⑦?我则食食⑧。"

【注释】

① 悼公:鲁悼公。② 季昭子:季孙氏,名强。孟敬子:孟孙氏,名捷。

二人皆鲁国大夫。③ 为君何食：为国君服丧期间吃什么。④ 食粥：依礼，国君始死，服丧者三日不食；既殡，食粥；到十三个月祭以后才能如常吃饭。⑤ 吾三臣：世代执掌鲁国政权的孟孙（亦即仲孙）、叔孙、季孙三家。不能居公室：指不能以臣礼事君。⑥ 勉而为瘠：勉强食粥，让自己显得消瘦。⑦ 不以情居瘠：言虚为哀瘠之貌，而无哀戚之心。⑧ 食食：指照常吃饭。

7. 曾子曰："晏子可谓知礼也已①，恭敬之有焉。"有若曰："晏子一狐裘三十年，遣车一乘②，及墓而反③。国君七个④，遣车七乘；大夫五个，遣车五乘。晏子焉知礼？"曾子曰："国无道，君子耻盈礼焉。国奢，则示之以俭；国俭，则示之以礼⑤。"

【注释】

① 晏子：晏婴，春秋时齐国大夫，仕齐景公为相。② 遣车：送葬时载祭牲之体，并在下葬时随棺入圹的车子。大夫之丧，遣车应有五乘。晏子之父是大夫，而晏子葬父唯用一乘。此是俭不中礼。③ 及墓而反：依礼，棺下葬后孝子与宾客还有一番应酬仪节。晏子则是将棺柩放入墓穴即反，宾客亦各散去。④ 个：牲体一段谓之一个。国君七个、大夫五个，指每包牲体的个数。国君之丧遣车七乘，每乘一包，每包七个。大夫之丧遣车五乘，每乘一包，每包五个。⑤ 按，曾子认为晏子之时，齐国风俗奢侈，晏子力行节俭以矫正当时之失，故称赞他"知礼"。有子则是根据礼仪制度，认为晏子太俭不合于礼。

8. 穆伯之丧①，敬姜昼哭②；文伯之丧③，昼夜哭。孔子曰："知礼矣。"文伯之丧，敬姜据其床而不哭④，曰："昔者吾有斯子也，吾以将为贤人也，吾未尝以就公室⑤。今及其死也，朋友诸臣未有出涕者，而内人皆行哭失声⑥。斯子也，必多旷于礼矣夫⑦。"

【注释】

① 穆伯：名靖，鲁国执政大臣季孙意如之弟。② 敬姜：穆伯之妻。昼

哭：只在白天哭。丧夫不夜哭，表示不是为男女之情而哭。③ 文伯：穆伯之子。④ 不哭：指文伯刚死时未哭。⑤ 未尝以就公室：谓未曾到公室去观察过他的行为举止。季孙氏为鲁国宗卿，故敬姜有会见之礼。⑥ 内人：指文伯的妻妾。⑦ 旷：犹"疏"，指疏薄于宾客朋友之礼。

9. 季康子之母死①，陈亵衣②。敬姜曰③："妇人不饰，不敢见舅姑④。将有四方之宾来，亵衣何为陈于斯。"命撤之。

【注释】

① 季康子：季孙氏，名肥，谥康。鲁国大夫。② 亵衣：指内衣。按：小敛（死之第二日，于室中为死者加衣衾）之前，应先将敛衣陈列房中，内衣不应陈列。③ 敬姜为季康子之从祖母。④ 舅姑：公婆。

10. 有子与子游立，见孺子慕者①。有子谓子游曰："予壹不知夫丧之踊也，予欲去之久矣②。情在于斯③，其是也夫？"子游曰："礼有微情者④，有以故兴物者⑤。有直情而径行者，戎狄之道也⑥。礼道则不然，人喜则斯陶⑦，陶斯咏⑧，咏斯犹⑨，犹斯舞，舞斯愠⑩，愠斯戚⑪，戚斯叹，叹斯辟⑫，辟斯踊矣，品节斯⑬，斯之谓礼。人死，斯恶之矣⑭；无能也，斯倍之矣⑮。是故制绞衾⑯，设蒌翣⑰，为使人勿恶也。始死，脯醢之奠，将行⑱，遣而行之⑲，既葬而食之⑳，未有见其飨之者也㉑，自上世以来，未之有舍也㉒，为使人勿倍也。故子之所刺于礼者㉓，亦非礼之訾也㉔。"

【注释】

① 孺子慕：指幼儿因寻找父母而号哭。慕，思念，依恋。②"予壹"二句：意谓我真不知道丧礼中为什么要有"踊"，早就想把它去掉了。壹，专。踊，顿脚、跳跃，丧礼中最哀恸的表示。③ 斯：指上面的"孺子慕"。此句意谓孝子悲哀思亲之情即在于此，这是为人之真情流露，何必要踊呢？④ 微：减弱、降低。"微情"意为节制人的感情，使勿过度悲哀。⑤ 以故兴物：故，故意，有目的地。兴，兴起，引起。物，指衰、绖之类。按，此句是针对对父母之丧毫不在意的不肖之徒而发，意谓礼规定丧服有衰、绖等

物,以此来引发不肖之徒的悲痛思慕之情。⑥"有直"二句:谓居丧完全率情而行,是戎狄之道。⑦陶:郁陶,喜而未畅。⑧咏:唱歌。⑨犹:当作"摇",身体摇动。⑩舞斯愠:此三字为衍文,当删。⑪愠:怒。戚:悲戚。谓愠怒不已,则至于悲戚。⑫辟:通"擗",捶胸。⑬品:区分等级。节:加以节制。斯:指上述各种表达感情的做法。⑭恶(wù):厌恶。指人死则为人厌恶。⑮倍:通"背"。谓人死则无能为,人们就背弃他。⑯绞:为尸体束衣的布带。衾:盖被。⑰翣:棺木上的装饰。⑱将行:将葬。⑲遣:遣奠,出葬时的祭奠,表示为死者送行。⑳食:指下葬以后的虞祭等。朝葬,日中举行虞祭。食(sì),给他人吃。祭必有食物,供死者享用。㉑其:指鬼神。飨:享用。㉒舍:舍弃。指舍弃祭祀鬼神的做法。㉓刺:讥刺,批评。㉔訾:通"疵",缺点、毛病。

11. 知悼子卒①,未葬,平公饮酒②,师旷、李调侍③,鼓钟。杜蒉自外来④,闻钟声,曰:"安在?"曰:"在寝⑤。"杜蒉入寝,历阶而升⑥,酌,曰:"旷饮斯。"又酌,曰:"调饮斯。"又酌,堂上北面坐饮之⑦。降,趋而出。平公呼而进之,曰:"蒉,曩者尔心或开予⑧,是以不与尔言。尔饮旷何也?"曰:"子卯不乐⑨。知悼子在堂⑩,斯其为子卯也大矣。旷也大师也⑪,不以诏⑫,是以饮之也。""尔饮调何也?"曰:"调也君之亵臣也,为一饮一食,忘君之疾,是以饮之也。""尔饮何也?"曰:"蒉也宰夫也,非刀匕是共,又敢与知防,是以饮之也⑬。"平公曰:"寡人亦有过焉,酌而饮寡人。"杜蒉洗而扬觯⑭。公谓侍者曰:"如我死,则必毋废斯爵也。"至于今,既毕献,斯扬觯⑮,谓之杜举。

【注释】

①知悼子:晋国大夫荀盈。②平公:晋平公。③师旷:晋国有名的乐师。李调:晋平公的嬖臣。④杜蒉:平公的膳宰(掌管国君饮食的官员)。《左传》作"屠蒯"。⑤寝:指正寝(即路寝,天子、诸侯治事之处)。⑥历阶:一步一个台阶(两足不同时在一级台阶上,意谓走步急速)。⑦上面酌酒令师旷、李调饮及自饮,皆为罚酒。⑧曩:向,从前。此处作"刚才"解。开:谓谏诤,有所启发。此句意为:刚才我以为你心里一定有

话要谏诤我(所以我没有与你讲话)。⑨ 子卯不乐:古人谓商纣王在甲子日自焚而死,夏桀在乙卯日被放逐,故国君将甲子、乙卯作为忌日,不敢奏乐,作为自我警戒。⑩ 在堂:谓殡于堂上。⑪ 大(tài)师:掌管音乐的官员。⑫ 诏:告。⑬ "蒉也"四句:杜蒉谓已身为宰夫,只应从事与刀、匕(勺)、匙一类取食物之用具)有关的工作,现在却胆敢预知防闲谏诤之事,所以也要饮一杯罚酒。⑭ 扬:举。觯(zhì):酒器。能盛一升酒的叫爵,能盛三升酒的叫觯。⑮ "既毕"二句:指宴饮时向国君及宾客敬酒已毕,然后特举觯于国君。

12. 公叔文子卒①,其子戍请谥于君②,曰:"日月有时③,将葬矣。请所以易其名者④。"君曰:"昔者卫国凶饥⑤,夫子为粥与国之饿者,是不亦惠乎?昔者卫国有难⑥,夫子以其死卫寡人,不亦贞乎?夫子听卫国之政,修其班制⑦,以与四邻交,卫国之社稷不辱,不亦文乎?故谓夫子贞惠文子⑧。"

【注释】

① 公叔文子:卫国大夫。"文"是他的谥号。② 请谥:请国君赐予谥号。君:指卫灵公。③ 有时:犹言有定数。大夫、士死后三月而葬。④ 易其名者:即指谥号。人死以后不能直呼其名,称谥号以代之。⑤ 凶:凶年。饥:饥荒。⑥ 卫国有难:指鲁昭公二十年(前522),卫国司寇齐豹等人作乱事。⑦ 班制:指尊卑等级。⑧ 贞惠文子:按,"文"字在谥法中的含义足以兼包"贞"和"惠",所以在实际称呼时只用一个"文"字。

13. 石骀仲卒①,无適子②,有庶子六人,卜所以为后者③。曰:"沐浴佩玉则兆④。"五人者皆沐浴佩玉。石祁子曰⑤:"孰有执亲之丧,而沐浴佩玉者乎?"不沐浴佩玉。石祁子兆。卫人以龟为有知也。

【注释】

① 石骀仲:卫国大夫。② 適子:即嫡子。③ 卜:烧灼龟甲,根据其裂纹(兆)以定吉凶,决狐疑。后:指继承人。④ "沐浴"句:此句为卜人所

说,"兆"指吉兆。⑤ 石祁子:六个庶子中的一个。

14. 陈子车死于卫①,其妻与其家大夫谋以殉葬②,定,而后陈子亢至③,以告曰:"夫子疾,莫养于下④,请以殉葬。"子亢曰:"以殉葬,非礼也。虽然,则彼疾当养者,孰若妻与宰?得已⑤,则吾欲已;不得已,则吾欲以二子者之为之也。"于是弗果用⑥。

【注释】

① 陈子车:齐国大夫。② 家大夫:陈子车的家宰(管家)。③ 陈子亢:陈子车之弟,亦即孔子弟子陈亢。④ 养:谓伺候、照顾。下:指地下。⑤ 得已:如果能不做(不用人殉葬)。已,止。⑥ 弗果用:没有真的用人殉葬。果,成为事实。

15. 子路曰:"伤哉贫也,生无以为养,死无以为礼也。"孔子曰:"啜菽饮水尽其欢①,斯之谓孝。敛手足形②,还葬而无椁③,称其财,斯之谓礼。"

【注释】

① 啜菽:喝豆粥。尽其欢:谓使父母在精神上愉快满足。② 敛手足形:指父母去世后,有衣衾足以遮裹遗体首足,不让形体外露。手,当作"首"。③ 还(xuán)葬:还,很快。指不到礼所规定的时日即下葬。

16. 卫献公出奔①,反于卫,及郊,将班邑于从者而后入②。柳庄曰③:"如皆守社稷④,则孰执羁靮而从⑤?如皆从,则孰守社稷?君反其国而有私也⑥,毋乃不可乎?"弗果班。

【注释】

① 卫献公:卫国国君,在鲁襄公十四年(前559)被大臣所逐,奔齐,鲁襄公二十六年复归于卫。② 班:通"颁"。班邑,赏赐封地。从者:指随从他出奔的人。③ 柳庄:卫国太史,跟随卫献公出奔的臣子之一。④ 守社稷:指留在卫国。⑤ 羁:马络头。靮(dí):马缰。从:指跟随献公出亡。

⑥ 私:私心。指献公认为只有跟随自己出亡的人才是忠臣,值得赏赐。

17. 卫有大史曰柳庄,寝疾。公曰:"若疾革①,虽当祭必告②。"公再拜稽首请于尸曰③:"有臣柳庄也者,非寡人之臣,社稷之臣也,闻之死,请往。"不释服而往④,遂以襚之⑤。与之邑裘氏与县潘氏⑥,书而纳诸棺,曰:"世世万子孙⑦,毋变也。"

【注释】

① 疾革(jí):病重。革,通"亟",危急。② "虽当"句:即使是我正在举行祭祀,也一定要告诉我。③ "公再"句:此处叙事省去柳庄卒于卫君祭祀时去世。卫君因正当祭祀之时要到柳庄家中哭吊,故向尸报告他离开的缘故。尸,代表鬼神接受祭祀的活人。④ 不释服:未脱下祭服。⑤ 襚:向死者赠送衣被。此句谓卫君即以祭服致襚于柳庄。⑥ 裘氏:邑名。潘氏:县名。⑦ 万子孙:犹言子孙万代。

18. 陈乾昔寝疾①,属其兄弟②,而命其子尊己曰③:"如我死,则必大为我棺,使吾二婢子夹我④。"陈乾昔死,其子曰:"以殉葬,非礼也,况又同棺乎?"弗果杀。

【注释】

① 陈乾昔:未详何人。② 属:同"嘱",嘱咐。③ 尊己:陈乾昔之子的名字。④ 婢子:指妾。夹我:一边躺一个。

19. 战于郎①,公叔禺人遇负杖入保者息②,曰:"使之虽病也,任之虽重也,君子不能为谋也,士弗能死也③,不可!我则既言矣④。"与其邻重汪踦往⑤,皆死焉。鲁人欲勿殇重汪踦⑥,问于仲尼。仲尼曰:"能执干戈以卫社稷,虽欲勿殇也,不亦可乎!"

【注释】

① 战于郎:鲁哀公十一年(前484)齐国与鲁国的一次战争,郎为鲁国

邑名。②公叔禺人:鲁昭公之子(《左传》作"公叔务人")。负杖:(因疲倦而)将杖搁在颈部,两手扶着(而休息)。保:城堡。③"使之"四句:此数句是公叔禺人见负杖入保者的疲倦之状而发的感慨。意谓徭役虽已使人民十分辛苦,赋税虽已使人民负担沉重,(但在上位的人如能竭心尽力体恤人民,则也可以说是无愧。而实际情况是)卿大夫不能为谋,士又没有牺牲精神,这是不行的。使之,指徭役。任之,指赋税。④"我则"句:意谓我既已批评卿大夫不能为国尽忠,则我自己就应实践自己的言论。⑤重:当作"童"。下同。⑥殇:未成年而死曰殇。此处指为未成年者举行的丧礼。

20. 子路去鲁,谓颜渊曰:"何以赠我①?"曰:"吾闻之也,去国则哭于墓而后行②,反其国不哭,展墓而入③。"谓子路曰:"何以处我④?"子路曰:"吾闻之也,过墓则式⑤,过祀则下⑥。"

【注释】

①赠:指赠言。②哭于墓:哭于祖先之墓。③展:省视。④处:对待,安排。⑤过墓:经过别人家的墓地。⑥祀:指土神社坛。下:下车。

21. 工尹商阳与陈弃疾追吴师①,及之,陈弃疾谓工尹商阳曰:"王事也②,子手弓而可③。"手弓。"子射诸④。"射之,毙一人,韔弓⑤。又及,谓之,又毙二人,每毙一人,掩其目。止其御曰⑥:"朝不坐,燕不与⑦,杀三人,亦足以反命矣⑧。"孔子曰:"杀人之中,又有礼焉。"

【注释】

①工尹:楚国官职名。商阳:人名。陈弃疾:即楚公子弃疾,也即后来的楚平王。他在鲁昭公八年帅师灭陈,把陈国变成楚国的一个县。故楚人在他名前冠以"陈"。②王事:犹言国家之事。商阳心地仁爱,不忍杀人,故弃疾用"王事"作为理由来激励他。③手弓:以手执弓。这是弃疾要求商阳拿起弓来放箭。④子射诸:这是弃疾催促商阳射箭。⑤韔(chàng)弓:把弓放进弓套里。⑥止其御:(商阳)叫御者停车(不再追

趋)。⑦"朝不"二句：朝见国君及国君宴飨（燕）臣下时，大夫坐于堂上，士站在堂下，由此看来商阳与御者的身份都是士。商阳此语是说自己地位低下。与，参与。⑧反命：犹言"复命"，回报。

22. 哀公使人吊蒉尚①，遇诸道②。辟于路③，画宫而受吊焉④。曾子曰："蒉尚不如杞梁之妻之知礼也⑤。齐庄公袭莒于夺⑥，杞梁死焉。其妻迎其柩于路而哭之哀。庄公使人吊之。对曰：'君之臣不免于罪，则将肆诸市朝⑦，而妻妾执⑧。君之臣免于罪，则有先人之敝庐在。君无所辱命⑨。'"

【注释】

① 哀公：鲁哀公。吊：谓吊其亲丧。蒉（kuǎi）尚：鲁国人，从本节内容来看，他的身份应是士。② 遇诸道：据礼，对于有职位的士之丧，国君应在既殡以后到其家中吊丧。但哀公却在蒉尚出殡下葬之时方派人去吊，故在半路相遇。③ 辟：同"避"。此及下句主语均是蒉尚。④ 画宫：在地上画了一座房子（以便于丧主与吊客站位）。按，在野外行吊礼是不对的，故下文曾子讥蒉尚而称赞杞梁妻。⑤ 杞梁：齐国大夫杞梁殖。据《左传》，鲁襄公二十二年，齐侯（即齐庄公）袭莒，杞梁殖战死。⑥ 夺：当作"隧"，狭路。⑦ 肆：陈尸。市朝：有罪而死，大夫以上陈尸于朝，士陈尸于市。⑧ 执：逮捕。⑨ 此三句连上是杞梁殖之妻拒绝齐庄公的使者在路上吊其夫之丧，意谓：如果我丈夫有罪，则应陈尸于市朝，并逮捕其妻妾；如果我丈夫无罪，则您应到我家中去吊丧，在这儿我不敢接受您的吊唁。

23. 二名不偏讳①，夫子之母名徵在，言在不称徵，言徵不称在。

【注释】

① 二名：指名由两个字组成。偏：当作"徧"，亦即"遍"字。徧讳，指两个字都避讳。

24. 孔子过泰山侧，有妇人哭于墓者而哀，夫子式而听之。使子路问之曰:"子之哭也,壹似重有忧者①。"而曰:"然,昔者吾舅死于虎②,吾夫又死焉,今吾子又死焉。"夫子曰:"何为不去也?"曰:"无苛政。"夫子曰:"小子识之③,苛政猛于虎也。"

【注释】

① 壹:专。壹似,犹言"很像"。② 舅:妇女称自己丈夫的父亲为舅,即"公公"。③ 识(zhì):通"志",记着。

25. 鲁人有周丰也者①,哀公执挚请见之②,而曰不可③。公曰:"我其已夫④。"使人问焉。曰:"有虞氏未施信于民而民信之⑤,夏后氏未施敬于民而民敬之⑥,何施而得斯于民也?"对曰:"墟墓之间⑦,未施哀于民而民哀;社稷宗庙之中,未施敬于民而民敬。殷人作誓而民始畔⑧,周人作会而民始疑⑨。苟无礼义忠信诚悫之心以莅之⑩,虽固结之,民其不解乎⑪?"

【注释】

① 周丰:鲁国的贤士。② 挚:通"贽",见面礼。鲁哀公以国君身份去见士,所用的赞当是禽类。③ 而曰不可:此句主语是周丰。按,周丰拒绝鲁哀公以尊见卑,这符合古代士礼。④ 已:止。⑤ 有虞氏:舜。⑥ 夏后氏:指禹。⑦ 墟:废墟,指先民生活遗址。⑧ 畔:同"叛",指背弃誓言。⑨ 会:会盟。⑩ 悫(què):诚笃,忠厚。⑪ 解:散。

26. 丧不虑居①,毁不危身②。丧不虑居,为无庙也;毁不危身,为无后也。

【注释】

① 此句谓不可为办丧事而卖掉自住房屋。② 毁:指因居丧而憔悴瘦弱。危身:指有性命之危。

27. 延陵季子适齐①,于其反也,其长子死,葬于嬴、博之间②。孔子曰:"延陵季子,吴之习于礼者也。"往而观其葬焉。其坎深不至于泉③,其

敛以时服④。既葬而封⑤,广轮掩坎⑥,其高可隐也⑦。既封,左袒⑧,右还其封且号者三⑨,曰:"骨肉归复于土,命也。若魂气则无不之也⑩,无不之也。"而遂行。孔子曰:"延陵季子之于礼也,其合矣乎。"

【注释】

① 延陵季子:即吴国公子季札,延陵(今江苏武进)是他的封邑。② 嬴、博:齐国二邑名,在今山东莱芜西北,泰安东北。季札聘齐时,其长子当是与他同行,故死而葬于齐。③ 坎:坑,指墓穴。④ 时服:平时所穿的衣服。⑤ 封:封土,指在墓上堆土成坟。⑥ 广:坟的宽度。轮:坟的长度。掩:掩盖,遮蔽。此句指坟的长宽和墓穴相当,不使过大。⑦ 隐:凭靠。此句指坟的高度刚好可以让手靠在上面,不使过高。⑧ 左袒:袒露左臂。此下数句的主语皆是季札。⑨ "右还"二句:还(xuán),通"旋"。此二句谓季札向右绕其子之坟,边绕边号哭,转了三圈。⑩ 之:往,去。季札哭喊"魂气无不之",意思可能是希望儿子的魂气能随自己而行,回到故乡。

28. 子思之母死于卫,赴于子思①,子思哭于庙。门人至曰:"庶氏之母死②,何为哭于孔氏之庙乎③?"子思曰:"吾过矣,吾过矣。"遂哭于他室。

【注释】

① 赴:通"讣",报丧。② 庶氏:子思之母改嫁后夫家的姓氏。③ "何为"句:妇女改嫁则意味着与前夫家族断绝关系,故子思不能在孔氏庙中哭已嫁为庶氏妇的母亲。

29. 齐大饥,黔敖为食于路,以待饿者而食之①。有饿者蒙袂辑屦②,贸贸然来③。黔敖左奉食,右执饮,曰:"嗟,来食。"扬其目而视之,曰:"予唯不食嗟来之食,以至于斯也。"从而谢焉④,终不食而死。曾子闻之曰:"微与⑤。其嗟也可去,其谢也可食。"

【注释】

① 食(sì)：给……吃。② 蒙袂：以袖蒙面(不想让人认出自己)。辑屦：趿着鞋。③ 贸贸然：眼睛看不清的样子。④ 谢：道歉。此句主语是黔敖。⑤ 微与：犹言"细枝末节"，指"嗟，来食"这样的话虽然不敬，但也不是大过。

30. 邾娄定公之时①，有弑其父者。有司以告。公瞿然失席②，曰："是寡人之罪也。"曰："寡人尝学断斯狱矣：臣弑君，凡在官者杀无赦③；子弑父，凡在宫者杀无赦④。杀其人，坏其室，洿其宫而猪焉⑤。盖君逾月而后举爵⑥。"

【注释】

① 邾娄：春秋时诸侯国名，一作"邾"，位于今山东邹城。定公：邾娄国君。② 瞿然：惊惧貌。失席：犹言"坐不稳"。③ 此句谓凡在官府工作的人均可杀此弑君之臣。④ 在宫者：犹言"在家的人"。古代普通民众的住房也叫"宫"。此句言凡在家的人均可杀此弑父之子。⑤ 洿(wū)：低洼之地。此处作动词用，挖掘之意。猪：通"潴"，水停聚之处。⑥ 爵：酒杯。此句谓发生了这样的事情，国君须过一个月才能举杯饮酒。

31. 晋献文子成室①，晋大夫发焉②。张老曰③："美哉轮焉④，美哉奂焉⑤！歌于斯⑥，哭于斯⑦，聚国族于斯⑧。"文子曰："武也得歌于斯，哭于斯，聚国族于斯，是全要领以从先大夫于九京也⑨。"北面再拜稽首。君子谓之善颂善祷⑩。

【注释】

① 晋：此处指晋国国君。献：犹言庆贺。文子：晋卿赵武，"文"是他的谥。成室：盖成一座新宅。② 发：指发礼(送礼)。③ 张老：晋国大夫。④ 轮：高大。⑤ 奂：指多文饰，犹言鲜明漂亮。⑥ 歌：指祭祀作乐。⑦ 哭：指居丧哭泣。⑧ 聚国族：指与国中亲友及宗族聚会饮食。按，张老称赞赵武新居美轮美奂，实际有讥刺其奢侈之意。"歌于斯"三句，是说

檀弓下第四

在这里举行祭祀、办丧事、宴会,都足够了。⑨ 要:同"腰"。领:头颈。"全要领"指可以善终。九京:当作"九原",今山西新绛县附近,为晋国卿大夫墓地所在。⑩ 善颂:指张老,因其言在赞美中寓讽谏,故曰善颂。善祷:指文子,因其闻义则服,故曰善祷。祷,祈求。

32. 仲尼之畜狗死①,使子贡埋之,曰:"吾闻之也,敝帷不弃,为埋马也;敝盖不弃②,为埋狗也。丘也贫,无盖;于其封也③,亦予之席,毋使其首陷焉④。"路马死⑤,埋之以帷⑥。

【注释】

① 畜狗:畜养的狗。② 盖:车盖。③ 封:当作"窆"(biǎn),落葬。④ 陷:指陷于泥土之中。⑤ 路马:驾路车的马。路车为国君所乘的车。⑥ 按,据礼,埋路马所用的帷不是敝帷。

33. 季孙之母死,哀公吊焉。曾子与子贡吊焉,阍人为君在①,弗内也②。曾子与子贡入于其厩而修容焉③。子贡先入,阍人曰:"乡者已告矣④。"曾子后入,阍人辟之⑤。涉内霤⑥,卿大夫皆辟位,公降一等而揖之⑦。君子言之曰:"尽饰之道,斯其行者远矣。"

【注释】

① 阍人:看门人。② 内:同"纳"。弗内,不让他们进去。③ 厩:马厩。修容:修饰仪容。④ 乡者:"乡"同"向",从前。此处意为"刚才"。告:报告。指向主人(季孙)通报。⑤ 辟:同"避"。按,此数句均表现看门人在曾子、子贡修饰仪容后态度的变化。⑥ 内霤:寝门里边的屋檐。⑦ 降一等:(从台阶上)走下一级。

34. 阳门之介夫死①,司城子罕入而哭之哀②。晋人之觇宋者③,反报于晋侯曰:"阳门之介夫死,而子罕哭之哀,而民说④,殆不可伐也。"孔子闻之曰:"善哉觇国乎!《诗》云:'凡民有丧,扶服救之⑤。'虽微晋而已⑥,天下其孰能当之?"

【注释】

①阳门:宋国城门名。介:甲。介夫,披甲的卫士。②司城子罕:司城即司空,宋国因避宋武公讳改。子罕为宋戴公之子乐甫术的五世孙,据《左传》,他当时正掌管宋国政权。③觇:窥视,侦探。④说:同"悦"。按,子罕以卿相身份哭吊一普通卫士,故民心喜悦。⑤"凡民"二句:见《诗经·邶风·谷风》。扶服,《毛诗》作"匍匐",尽力之意。⑥微:犹"非",此句连下言不仅是晋国,天下各国均不能与宋相抗。

35. 孔子之故人原壤,其母死,夫子助之沐椁①,原壤登木曰②:"久矣予之不托于音也③。"歌曰:"狸首之斑然④,执女手之卷然⑤。"夫子为弗闻也者而过之⑥。从者曰:"子未可以已乎⑦?"夫子曰:"丘闻之,亲者毋失其为亲也,故者毋失其为故也⑧。"

【注释】

①沐:治。沐椁,制作椁。②登木:敲打木头。③托:寄。"托于音"谓通过歌唱来抒发感情。④狸首之斑:指所削椁材,其文采像狸头一样漂亮。⑤"执女"句:谓孔子手执斧斤,如女子之手一般柔软。卷然,柔弱貌。⑥为弗闻:假装没有听见。为,通"伪"。⑦已:止。此句是从者建议孔子不再帮原壤治椁。⑧"亲者"二句:孔子之意即对亲戚及老朋友,非有大故,总宜保持原有的亲情与友谊。

36. 赵文子与叔誉观乎九原①。文子曰:"死者如可作也②,吾谁与归?"叔誉曰:"其阳处父乎③?"文子曰:"行并植于晋国④,不没其身⑤,其知不足称也。""其舅犯乎⑥?"文子曰:"见利不顾其君,其仁不足称也。我则随武子乎⑦,利其君不忘其身,谋其身不遗其友⑧。"晋人谓文子知人。文子其中退然如不胜衣⑨,其言呐呐然如不出诸其口⑩。所举于晋国管库之士七十有余家⑪,生不交利⑫,死不属其子焉⑬。

【注释】

①叔誉:即叔向,晋国大夫。九原:地名,晋国卿大夫墓地所在。见

前"九京"注。② 作:起。③ 阳处父:晋国大夫,曾任晋襄公太傅。④ 并:犹"专",指专权。植:刚。⑤ 没:终。"不没其身"犹言不得善终。阳处父后为人所杀,故云。⑥ 舅犯:即子犯,亦即狐偃。随重耳逃亡多年,在重耳即将返国为君之际,他向重耳请求离开,至重耳立誓决不亏待他,方继续随行。下句"见利不顾其君"指此。⑦ 随武子:晋大夫士会,字季,食邑于随,"武"为其谥号。⑧ "利其"二句:具体事迹不详。按,既为国君谋求利益而又不忘记自身的利益,既为自己考虑而又不忘记朋友,这在古人看来可算既仁且智,是值得称许的。⑨ 中:指身体。退然:柔和貌。⑩ 呐呐然:指说话迟缓声音低微。⑪ 举:推荐。管:锁钥。库:仓库。此句谓将掌管库房锁钥之人荐之于国君,使他们成为大夫士。⑫ 不交利:不与之交往求利。⑬ 属:嘱托。

37. 成人有其兄死而不为衰者①,闻子皋将为成宰②,遂为衰。成人曰:"蚕则绩而蟹有匡③,范则冠而蝉有绥④,兄则死而子皋为之衰。"

【注释】

① 成:鲁国邑名。为衰:按礼,为兄当服齐衰一年。② 子皋:即孔子弟子高柴,有至孝名。③ 匡:同"筐"。蟹壳状如筐。④ 范:蜂。蜂头上有凸出部分似人之冠。绥:冠缨打结后下垂的部分。蝉的长喙从头部延伸至腹下,有似冠之绥。按,丝需用筐以贮,但蟹筐并非为蚕而生;冠宜有绥,但蝉绥并非为蜂冠而长。二句喻子皋为成宰,与成人兄死为衰本不应有关。

38. 乐正子春之母死①,五日而不食②。曰:"吾悔之,自吾母而不得吾情,吾恶乎用吾情③?"

【注释】

① 乐正子春:曾子弟子。② 五日而不食:按礼,应三日不食。③ "吾悔"三句:子春不是真的因为悲哀而五日不食,而是勉强自己如此以表现其孝。他觉得连对母亲都未能表达真实感情,所以后悔。

39. 岁旱,穆公召县子而问然①,曰:"天久不雨,吾欲暴尪而奚若②?"曰:"夫久不雨,而暴人之疾子,虐③,毋乃不可与!""然则吾欲暴巫而奚若④?"曰:"天则不雨,而望之愚妇人,于以求之,毋乃已疏乎⑤?""徙市则奚若⑥?"曰:"天子崩,巷市七日;诸侯薨,巷市三日。为之徙市,不亦可乎⑦。"

【注释】

① 穆公:鲁穆公。县:音 xuán。然:犹"焉"。② 暴:即"曝"字,在太阳下曝晒。尪(wāng):面孔朝天的有病瘦弱之人。将尪放在太阳下曝晒,是希望引起上天怜悯而降雨。奚若:犹言"何如"。③ 虐:残暴。④ 巫:女巫。⑤ 已:太。疏:远,谓远于情理。⑥ 徙市:即下文"巷市"。因天子、诸侯之丧,罢市表示哀悼,而改在里巷中交易。⑦ 不亦可乎:按,有国君之丧才徙市,今以徙市求雨,意谓对旱灾之忧戚有似于国君之丧,故县子对此表示赞许。

【导读】

本篇全文共有80余章节,此处选注了约二分之一。

在《礼记》一书中,《檀弓下》中思想性、文学性较强的章节最多。除了在前言中已经提到过的"孔子过泰山侧"之反对苛政暴敛、"战于郎"之歌颂爱国主义,以及陈子亢、尊己之反对殉葬等故事外,本篇中值得重视的思想还应特别提出一点,那就是对执政者自身道德品质的强调。第25节中周丰对鲁哀公之问治国,提出统治者必须以"礼义忠信诚悫之心"来对待民众,否则是无法将民众团结在自己周围的。"殷人作誓而民始畔,周人作会而民始疑",各种盟誓约束虽然在社会政治生活中也能起一定作用,然而这也正反映了人与人之间的猜疑、背弃。宋国司城子罕在一个普通士兵的丧礼上"哭之哀",由此而使晋人不敢对宋用兵(第34节),其原因就在"哭之哀"反映了他的忠信诚悫之心,使得宋国民众对他心悦诚服。这可以看作是用一个正面之例对周丰之语所加的注释。第37节中死了哥哥的成人,听说子皋将任成宰,于是赶紧为兄服丧,则是从另一个侧面说明执政者自身品德的重要。其他如第30节邾娄定公在听说境内有人

弑父时大惊失色,并自责曰:"是寡人之罪也。"第39节县子建议穆公以徙市的方式求雨,这两个故事多少都反映了《礼记》作者将社会犯罪或自然灾害首先归责于执政者的观点。

与上文相联系,那就是执政之人不可违礼而求利。第13节石祁子在守父丧期间,不肯违礼沐浴佩玉,结果却卜得吉兆,成为天意所选中的继承人。除去这个故事的迷信色彩,它所包含的道德教育意义无疑是值得肯定的。第36节记赵文子"所举于晋国管库之士七十有余家,生不交利,死不属其子焉"。这样的人品于古于今都称得上高风亮节,确实无愧于"文"的谥号。

王 制 第 五

1. 王者之制禄爵①,公、侯、伯、子、男,凡五等。诸侯之上大夫卿、下大夫、上士、中士、下士②,凡五等。天子之田方千里③,公侯田方百里,伯七十里,子、男五十里。不能五十里者,不合于天子④,附于诸侯,曰附庸⑤。天子之三公之田视公侯⑥,天子之卿视伯,天子之大夫视子、男,天子之元士视附庸⑦。

【注释】

① 禄:俸禄。爵:爵位。② 上大夫卿:诸侯之上大夫即是卿。③ 田:犹"地"。"天子之田"即天子所领之地,也称为"畿"。④ 不合:指不去朝会天子。⑤ 附庸:不足五十里见方的小国,不能直接和天子联系,而是将国事附于邻近的大国,叫附庸。庸,城。⑥ 视:犹言参照,比照。⑦ 元士:上士。

2. 制①:农田百亩。百亩之分,上农夫食九人,其次食八人,其次食七人,其次食六人,下农夫食五人②。庶人在官者③,其禄以是为差也④。诸侯之下士视上农夫,禄足以代其耕也。中士倍下士,上士倍中士,下大夫倍上士。卿,四大夫禄。君,十卿禄。次国之卿三大夫禄⑤,君十卿禄。

小国之卿,倍大夫禄,君十卿禄。次国之上卿,位当大国之中,中当其下,下当其上大夫。小国之上卿,位当大国之下卿,中当其上大夫,下当其下大夫。其有中士下士者,数各居其上之三分⑥。

【注释】

①制:按,此节所论之"制",是自庶人在官者至国君的颁禄之制。但因为农田是计算禄之多寡的一个基准,故下文先从农田谈起。②"百亩之分"六句:土地肥瘠不同,所产粮食及所能养活的人口也就不同。土地按肥瘠情况分为五等,"上农夫"实指因需养活九人而分得最上等一百亩地的农夫。其余依此类推。③庶人在官者:指在官府担任府、史、胥、徒等职的平民,他们不是由天子或国君任命,而是由官长任命。④以是为差:指府食八人,史食七人,胥食六人,徒食五人。⑤次国:指中等诸侯国。⑥"其有"二句:此二句与上文不相连属,当系错简。

3. 凡四海之内九州①,州方千里,州建百里之国三十,七十里之国六十,五十里之国百有二十,凡二百一十国,名山大泽不以封②,其余以为附庸闲田③。八州④,州二百一十国。天子之县内⑤,方百里之国九,七十里之国二十有一,五十里之国六十有三,凡九十三国。名山大泽不以盼⑥,其余以禄士⑦,以为闲田。凡九州,千七百七十三国,天子之元士、诸侯之附庸不与⑧。

【注释】

①四海之内:古人以为大陆为方形,四周都是海,故以四海之内指天下。②封:谓分封给各诸侯国。"名山大泽不以封",是因为其所涉地域广阔,不宜专分封给某一诸侯国。③其余:指每州在封建二百一十国以后剩余的土地。闲田:闲置之地,留作备用。④八州:指王畿所在中央一州以外的八州。⑤天子之县内:即天子王畿所在的一州。⑥盼(bān):分封。但封地可以世袭,而盼地不能世袭。⑦禄士:给无地的士分一些土地以当他的禄。⑧不与:犹言不算在内。

4. 凡官民材①,必先论之②。论辨然后使之③,任事然后爵之④,位定然后禄之。爵人于朝⑤,与士共之。刑人于市,与众弃之。是故公家不畜刑人⑥,大夫弗养,士遇之涂弗与言也。屏之四方⑦,唯其所之,不及以政⑧,亦弗故生也⑨。

【注释】

① 官民材:任用平民中有才能的人做官。② 论:考察。③ 辨:明白,清楚。使:谓试之以事。④ 任事:能胜任其事。⑤ 爵人于朝:给士授予爵位当在朝廷之上(大夫以上则授之于庙)。⑥ 公家:天子诸侯之家。畜:收养留用。刑人:受过肉刑(如墨、劓、刖、宫等刑)的人。⑦ 屏:摒弃。屏之四方即流放。⑧ 政:指征役赋税之类。不及以政,即既不要他服劳役,亦不要他交赋税(受刑之人,公家不分与田地)。⑨ 亦:一本作"示"。意为以上种种做法,表示不想让他活下去。

5. 天子五年一巡守①,岁二月②,东巡守,至于岱宗③,柴而望祀山川④;觐诸侯⑤;问百年者就见之⑥。命大师陈诗⑦,以观民风;命市纳贾⑧,以观民之所好恶,志淫好辟⑨;命典礼⑩,考时、月⑪,定日⑫,同律、礼、乐、制度、衣服⑬,正之。山川神祇有不举者为不敬⑭,不敬者,君削以地;宗庙有不顺者为不孝⑮,不孝者,君绌以爵;变礼易乐者为不从,不从者,君流;革制度衣服者为畔⑯,畔者君讨;有功德于民者,加地进律⑰。

【注释】

① 巡守:天子到各地巡视。② 岁:指应当巡守的那一年。③ 岱宗:即东岳泰山。岱,代,古人认为万物相代于东方,故称泰山为岱山。宗,尊。泰山为五岳之首,地位尊贵,故称岱宗。④ 柴:将牺牲玉帛之类祭品放在柴堆上焚烧以祭祀上帝。望祀:对着(大山、大川所在的)方向祭祀。⑤ 觐诸侯:接受诸侯的朝觐。⑥ 问:访问,拜访。百年者:百岁老人。就见之:到老人所居处去见他。⑦ 大师:即太师,朝廷掌管音乐的官员。陈诗:呈送所采集的民歌民谣。⑧ 市:指掌管市场的官员。贾:同"价",指物价。⑨ 志淫好辟:如果民志淫邪,则其所好者即不正(这通过各种物品

价格的高低可以反映出来)。⑩ 典礼:主持礼仪的官员,此处指太史。⑪ 考:考订、校正。时:四时。月:指月之大小。⑫ 定日:指确定日之干支。⑬ 同律:校正音律。⑭ 举:全。不举指没有全部祭祀。⑮ 不顺:指庙中昭穆排列顺序不对。(古人庙中,始祖居中,其后代中二世、四世、六世等位于左,为昭;三世、五世、七世等位于右,为穆。)⑯ 畔:通"叛"。古人对于不同身份的人在不同情况下各穿何种服饰,规定很严;改朝换代以后的重要政治措施中也有"易服色"一条。故擅自变革衣服被看作是"叛"。⑰ 律:法,谓法度。进律,指按照法度提升官员策命的等级及有关的服饰级别。

6. 五月,南巡守,至于南岳①,如东巡守之礼。八月,西巡守,至于西岳②,如南巡守之礼。十有一月,北巡守,至于北岳③,如西巡守之礼。归假于祖、祢④,用特⑤。

【注释】

① 南岳:衡山。② 西岳:华山。③ 北岳:恒山。④ 假(gé):通"格",至。祖:指祖庙,包括始祖、高祖、曾祖及祖父各庙。祢:指父庙。⑤ 特:特牲,此处指牛。"用特"即在祭祀祖庙、祢庙时,每庙均用一只牛做祭品。

7. 天子命之教,然后为学①。小学在公宫南之左②,大学在郊。天子曰辟雍③,诸侯曰頖宫④。

【注释】

① 为学:指设立学校。② 小学:此处是指为世子及贵族子弟所设的小学。南之左:东南。③ 辟(bì)雍:辟,犹"璧"。雍,有环绕之义。周代为世子及贵族子弟所设的大学四周环水,形如玉璧,故名辟雍。④ 頖(pàn)宫:頖宫亦作"泮宫"。泮,半也。诸侯为世子及贵族子弟所设的大学,其外有半圆形的水池,似为辟雍的一半,故称頖(泮)宫。

8. 天子诸侯,无事,则岁三田①。一为乾豆②,二为宾客,三为充君之

庖。无事而不田,曰不敬;田不以礼曰暴天物③。天子不合围④,诸侯不掩群⑤。天子杀则下大绥⑥,诸侯杀则下小绥⑦,大夫杀则止佐车⑧。佐车止,则百姓田猎。獭祭鱼⑨,然后虞人入泽梁⑩。豺祭兽⑪,然后田猎。鸠化为鹰⑫,然后设罻罗⑬。草木零落,然后入山林。昆虫未蛰,不以火田⑭。不麑⑮,不卵⑯,不杀胎⑰,不殀夭⑱,不覆巢。

【注释】

① 田:同"畋",打猎。岁三田,每年打猎三次。② 乾豆:祭祀所用肉食,有的是干的(乾),如脩脯等,盛于笾(一种容器);有的则有较多汤汁,如醢(肉酱),盛于豆(也是一种容器)。③ 礼:如下文所说"天子不合围,诸侯不掩群","不麑,不卵,不杀胎,不殀夭,不覆巢"等,皆是打猎时所应遵循的礼。暴天物:犹言暴殄天物。④ 不合围:打猎时围而不合,意为不可把包围圈中的野兽杀光。⑤ 不掩群:意为不可把整群野兽全部杀死。⑥ 杀:指已杀死猎物,停止打猎。下:放下。大绥:天子打猎时所用的指挥旗。⑦ 小绥:诸侯打猎时的指挥旗,形制如大绥而稍小。⑧ 佐车:帮助驱赶野兽的车。⑨ 獭祭鱼:《礼记·月令》,正月"獭祭鱼"。水獭捕鱼后放在水边,四面陈列,世人遂谓之"祭鱼"。⑩ 虞人:掌管山泽的官员。梁:为捕鱼而筑的水坝。⑪ 豺祭兽:《礼记·月令》,九月"豺乃祭兽"。豺杀死猎物后四面陈放,有如陈列祭品。不过《大戴礼·夏小正》载"豺祭兽"则是在十月。⑫ 鸠化为鹰:《礼记·月令》,二月"鹰化为鸠",古人据此认为"鸠化为鹰"当在八月。⑬ 罻:捕鸟的网。罗:也是一种捕鸟网。⑭ 火田:用放火焚烧的方法打猎。⑮ 麑(mí):幼鹿,亦作幼兽的通称。"不麑"即不捕杀幼兽。⑯ 不卵:不取鸟卵。⑰ 不杀胎:不杀怀孕的母兽。⑱ 不殀夭:不杀未成年的小兽。

9. 冢宰制国用①,必于岁之杪②,五谷皆入,然后制国用。用地小大,视年之丰耗③。以三十年之通制国用④,量入以为出,祭用数之仂⑤。

【注释】

① 冢宰:总管政府事务的官员,即《周礼》中的"太宰"。制国用:制定国

家的收支计划。② 杪(miǎo):树之末梢。岁杪即岁末。③ 耗:凶年。④ 三十年之通:谓三十年收入的平均数。⑤ 仂(lè):零数,余数。祭用数之仂,谓祭祀开支只能用全年经费总数的零头。郑玄说应是指总数的十分之一。

10. 国无九年之蓄曰不足①,无六年之蓄曰急,无三年之蓄曰非其国也。三年耕,必有一年之食②,九年耕必有三年之食。以三十年之通,虽有凶旱水溢,民无菜色③,然后天子食,日举以乐④。

【注释】

① 九年之蓄:此是据"三十年之通"而言,即耕作三十年,当有可供九年使用的余粮。② 食:此处"食"亦指余粮。全句谓耕作三年,必当有可供一年使用的余粮。③ 菜色:因长期饥饿而面色灰暗。④ 举:指杀牲盛馔而食。以乐:谓食时奏乐。

11. 天子七日而殡①,七月而葬②。诸侯五日而殡,五月而葬。大夫、士、庶人,三日而殡,三月而葬。三年之丧③,自天子达④。庶人县封⑤,葬不为雨止,不封不树⑥。丧不贰事⑦,自天子达于庶人。丧从死者⑧,祭从生者⑨。支子不祭⑩。

【注释】

① 七日而殡:指死后七天入殡。② 七月而葬:死后第七个月下葬。③ 三年之丧:凡丧期为三年的丧事(如为父,父没为母等)。④ 自天子达:指从天子直到平民(均应守丧三年)。⑤ 县封:县通"悬",封当作"窆"。悬窆,用绳索将棺柩吊入墓穴,不用碑。⑥ 不封不树:谓墓穴只填平,不堆土为坟,亦不种树。⑦ 丧不贰事:谓服丧期间一心守丧,不做其他事情(如从政之类)。⑧ 丧从死者:指丧事的规格(如衣衾棺椁等)按照死者的身份地位而定。⑨ 祭从生者:此处祭指的是吉祭(非守丧期间的祭祀皆为吉祭)而非丧祭。吉祭的规格按照主祭之人的身份地位而定。⑩ 支子不祭:非嫡长子即不可主持祭祀。

12. 天子七庙,三昭三穆①,与大祖之庙而七②。诸侯五庙,二昭二穆,与大祖之庙而五。大夫三庙,一昭一穆,与大祖之庙而三。士一庙,庶人祭于寝。

【注释】

① 三昭三穆:古代宗庙排列的次序,太祖庙居中,左为昭庙,右为穆庙,第二、四、六等世为昭,第三、五、七等世为穆。② 大祖:大同"太",太祖指始祖,周天子以后稷为始祖,诸侯、大夫以始受封之君为太祖。

13. 天子诸侯宗庙之祭,春曰礿,夏曰禘,秋曰尝,冬曰烝①。天子祭天地,诸侯祭社稷②,大夫祭五祀③。天子祭天下名山大川:五岳视三公④,四渎视诸侯⑤。诸侯祭名山大川之在其地者。天子、诸侯祭因国之在其地而无主后者⑥。

【注释】

① 礿、禘、尝、烝:据郑玄说,这是夏商两代四时祭祀的名称。礿(yào),意为薄,春天万物尚未长成,祭品鲜薄,故曰礿。禘,意为有次第,夏季物虽未成,亦应依时次第而进之。尝,品尝,秋季新谷成熟,可以品尝。烝,意为众多,冬季长成之物众多。② 社稷:社为土神,稷为谷神。③ 五祀:五种祭祀对象,户、灶、中霤、门、行。④ 五岳视三公:五岳的祭祀规格比照三公。周代三公为太师、太傅、太保,其地位在诸侯之上。⑤ 四渎:长江、淮河、黄河、济河。⑥ 因国:因有沿袭、继承之义。因国谓已灭亡之国,而其地为今国所承袭据有。对于今国而言,那已灭亡之国即为因国。此句谓天子、诸侯应祭祀其境内已经灭亡而没有后嗣的古国先君。

14. 天子社稷皆大牢①,诸侯社稷皆少牢②。大夫、士宗庙之祭,有田则祭,无田则荐③。庶人春荐韭,夏荐麦,秋荐黍,冬荐稻④。韭以卵⑤,麦以鱼,黍以豚,稻以雁。祭天地之牛角茧栗⑥,宗庙之牛角握⑦,宾客之牛角尺⑧。诸侯无故不杀牛⑨,大夫无故不杀羊,士无故不杀犬豕,庶人无故不食珍⑩。庶羞不逾牲⑪,燕衣不逾祭服⑫,寝不逾庙。

【注释】

① 大牢:"大"通"太"。牛、羊、豕三牲曰太牢。此句谓天子祭土神、谷神当用牛、羊、豕三牲。② 少牢:羊、豕二牲。③ 无田:田指禄田,国君分给有官职的大夫、士以作俸禄之用。无田,指失去职位而无田禄。荐:犹"献",供献祭品。"荐"本质上也是祭,只是形式上没有祭隆重。④ "庶人春荐韭"四句:庶人祭祖时没有固定的动物作牺牲,只用不同季节的时鲜之物作祭品。⑤ 韭以卵:谓庶人春天用韭菜祭祖时配以鸟蛋。⑥ 角茧栗:牛角像蚕茧或栗子一般大小。⑦ 宗庙之牛角握:用于宗庙祭祀的牛,其角的长度可以握在手中而不露出来。⑧ 宾客之牛:宴享宾客用的牛。⑨ 无故:指没有祭祀宴飨活动。⑩ 珍:养老用的食品。⑪ 庶羞:日常食物。不逾牲:不能超过祭祀用的牲。⑫ 燕衣:日常穿的衣服。

15. 古者公田藉而不税①,市廛而不税②,关讥而不征③。林麓川泽以时入而不禁④。夫圭田无征⑤。用民之力,岁不过三日。田里不粥⑥,墓地不请⑦。

【注释】

① 公田藉而不税:古人认为在井田制时代,一井九百亩,中间一百亩为公田,周围八百亩分属八家,为私田。八家共同耕种公田,公田收获即归公家所有,属于八家的私田不需另外交税。这种做法就叫"藉"。藉,借也,借八家之力以耕种公田。② 市:市场。廛:公家建筑的房屋,供商人居住及存放货物之用。此处作动词用,指收取这些房屋使用费。不税:不收取货物税。③ 关:边界上的关门。讥:稽查(有无违禁之事)。不征:不收税。④ 以时入:按规定的时间进入(砍柴渔猎)。⑤ 夫:犹"治",指耕种。圭田:卿、大夫、士禄田以外另有五十亩圭田,其收获供祭祀用。无征:不收税。⑥ 田里不粥(yù):里指宅地。粥,通"鬻",卖。古人田地及宅地皆公家所分给,不可买卖。⑦ 请:求。家族墓地也是公家所分配的,不得另外再提要求。

16. 司空执度①,度地居民②,山川沮泽③,时四时④,量地远近,兴事任力⑤。凡使民,任老者之事,食壮者之食。凡居民材⑥,必因天地寒暖燥湿。广谷大川异制⑦,民生其间者异俗,刚柔、轻重、迟速异齐⑧,五味异和⑨,器械异制⑩,衣服异宜⑪。修其教,不易其俗;齐其政,不易其宜。

【注释】

① 司空:管理各种工匠,负责营造等事务的官员。度:丈尺之类量度用具。② 度地居民:量度土地,安置人民。③ 沮:低洼潮湿之地。④ 时四时:谓观测一年四季的气温高低。⑤ 兴事任力:兴起建造之事,使用民力。⑥ 民材:指人的天性材质。此连下句谓安置居民,需根据各人天性材质,而安置到寒暖燥湿不同的地方。⑦ 异制:指(宽广的山谷及大河两岸的)寒暖燥湿不同。⑧ 异齐:犹言"不同"。⑨ 五味异和:指口味不同。⑩ 器械异制:器械形制各异。⑪ 衣服异宜:所适宜穿的衣服各不相同。

17. 凡居民,量地以制邑①,度地以居民。地、邑、民、居,必参相得也②。无旷土③,无游民④,食节事时⑤,民咸安其居,乐事劝功,尊君亲上,然后兴学⑥。

【注释】

① 制邑:制定城邑的规模。② 参相得:参同"三"。指地方的广狭大小与城邑的规模、人民的多少三者必须相称。③ 旷土:空闲的土地。④ 游民:没有固定职业的人。⑤ 食节事时:食用有节制,农事、劳役等各有其时。⑥ 兴学:兴办学校(小学、大学)。

18. 司徒修六礼以节民性①,明七教以兴民德②,齐八政以防淫③,一道德以同俗,养耆老以致孝,恤孤独以逮不足④,上贤以崇德⑤,简不肖以绌恶⑥。

【注释】

① 司徒:掌管教育的官员。六礼:根据本篇最后一节,是指冠礼、昏

礼、丧礼、祭礼、乡饮酒礼、相见礼。节：调节、节制。② 七教：根据本篇最后一节，是指父子、兄弟、夫妇、君臣、长幼、朋友、宾客七种人伦关系的处理。③ 八政：根据本篇最后一节，是指饮食、衣服、度量等方面的规定。淫：凡过度、超越制度之规定即为"淫"。④ 孤：少而无父。独：老而无子。逮：及。此句言怜恤孤、独之人，使社会上生活艰难的人都得到帮助。⑤ 上贤：崇尚贤人。⑥ 简：挑选，拣择。绌：通"黜"，贬斥。

19. 司寇正刑明辟①，以听狱讼，必三刺②。有旨无简不听③。附从轻④，赦从重⑤。凡制五刑⑥，必即天论⑦，邮罚丽于事⑧。凡听五刑之讼，必原父子之亲、立君臣之义以权之⑨。意论轻重之序，慎测浅深之量以别之。悉其聪明，致其忠爱以尽之⑩。疑狱⑪，氾与众共之⑫；众疑，赦之。必察小大之比以成之⑬。

【注释】

① 寇：掌管刑法的官员。辟：罪。"正刑明辟"指正定刑书，明断罪法。② 三刺：刺，杀也。"三刺"指凡有死罪的犯人，需三方询问："一曰讯群臣，二曰讯群吏，三曰讯万民。"③ 旨：意。简：诚，犹言事实。此句谓有犯罪之意而无犯罪之实，则不论以为罪。④ 附从轻：附，量刑。量刑在可轻可重时从轻。⑤ 赦从重：所犯之罪在赦免的范围内，虽是重罪也予赦免。⑥ 五刑：墨（在脸上刺字）、劓（割去鼻子）、宫（使犯人失去生殖能力）、刖（断足）、杀（死刑）。⑦ 即：就。"即天论"犹言与天意相合。⑧ 邮：确定罪过。罚：责罚犯人。丽：附，犹言依据。此句言判定罪行大小及确定惩罚的轻重，皆须依据犯罪事实本身。⑨ "必原"二句：原，本，根据。权，权衡。此二句意为在处理刑狱时，必须考虑到父子、君臣这些特殊关系。（比如有些犯罪之人是出于子为父隐、臣为君讳这些原因而触犯刑律。）⑩ 致其忠爱：谓（处理刑狱的人）要以忠恕仁爱之心（办案）。尽之：指完全了解清楚犯罪的情节、原因等。⑪ 疑狱：有怀疑的案件。⑫ 氾：通"泛"，广泛。疑而不能断决的案件应当与民众共同审理。⑬ 小大：犹轻重。比：例。成例，即以前判决的案例。

20. 析言破律①,乱名改作②,执左道以乱政③,杀。作淫声、异服、奇技、奇器以疑众,杀。行伪而坚、言伪而辩、学非而博、顺非而泽以疑众④,杀。假于鬼神、时日、卜筮以疑众,杀。此四诛者,不以听⑤。凡执禁以齐众⑥,不赦过⑦。

【注释】

① 析言:犹巧言,如断章取义、强辞夺理之类。破律:破坏曲解法律之本意。② 乱名:改变职官、事物的名称。改作:变易法度。③ 左道:旁门左道(如巫蛊之类)。古以右为尊,故以左道为邪道。④ 行伪而坚:行事诈伪而坚持不改。言伪而辩:说话诈伪而能言善辩。学非而博:所学不是正道却能旁征博引。顺非而泽:做违法之事而能巧妙地加以文饰。⑤ 不以听:指不听其申诉。⑥ 禁:禁令。⑦ 过:过失,过误。此连上句,意思是凡发布禁令以统一民众的行动,即便是因过误而犯禁也不赦免。

21. 有圭璧金璋①,不粥于市。命服命车②,不粥于市。宗庙之器,不粥于市。牺牲③,不粥于市。戎器④,不粥于市。用器不中度⑤,不粥于市。兵车不中度,不粥于市。布帛精粗不中数⑥,幅广狭不中量⑦,不粥于市。奸色乱正色⑧,不粥于市。锦文珠玉成器⑨,不粥于市。衣服饮食⑩,不粥于市。五谷不时,果实未孰⑪,不粥于市。木不中伐⑫,不粥于市。禽兽鱼鳖不中杀,不粥于市。关执禁以讥⑬,禁异服,识异言⑭。

【注释】

① 金:王引之谓金当作"宗",形近而讹。宗即琮。圭、璧、琮、璋,是《聘礼》所谓四器。(见《经义述闻》卷十四)。按,圭璧琮璋皆是贵重玉器,不是普通民众所宜有,故禁止在市场出售。② 命服命车:天子按等级赐与卿大夫士的制服及车。③ 牺牲:用于祭祀的牲畜。④ 戎器:矛戟一类兵器。⑤ 用器:弓箭、农具、饮食器具等日常用具。不中度:指不合规格。⑥ 布帛精粗:古代不同用途的服装,其用布精粗各有不同规定。如朝服须用十五升布,丧服中的斩衰用三升布,齐衰用四升布之类。不中数:即不合规定。⑦ 幅:指布帛的幅宽。⑧ 奸色:即间色。古代以青、赤、白、

黑、黄五色为正色,其余为间色。奸色乱正色指布帛染色不正。⑨ 锦文:指华丽的丝织品之类。成器:成犹善。成器指制作精美的器具。按,珠玉及精美华丽之物不得在市场出售,意在不示民以奢。⑩ 衣服饮食:此处亦指华丽的服饰及珍稀贵重食品。⑪ 孰:通"熟",成熟。⑫ 木不中伐:指树木幼小,不合砍伐标准。⑬ 关:边境上的关门。讥:稽查。此句谓守卫关门的官员要手持禁令加以稽查。⑭ 异言:当指不同地方的方言。

22. 凡三王养老皆引年①。八十者一子不从政②,九十者其家不从政。废疾非人不养者一人不从政。父母之丧,三年不从政。齐衰、大功之丧,三月不从政。将徙于诸侯③,三月不从政。自诸侯来徙家④,期不从政⑤。

【注释】

① 三王:指夏、商、周三代天子。引年:按照户籍核定年龄。② 政:通"征",指劳役。③ "将徙"句:指从王畿迁往诸侯国居住。④ 来徙:指从诸侯国迁至王畿。⑤ 期:一年。

23. 少而无父者谓之孤,老而无子者谓之独,老而无妻者谓之矜①,老而无夫者谓之寡。此四者,天民之穷而无告者也②,皆有常饩③。喑、聋、跛、躃、断者、侏儒、百工④,各以其器食之⑤。

【注释】

① 矜(guān):亦作"鳏"。② 天民:古人认为民皆天所生,故称为天民。③ 常饩(xì):饩,谷物。常饩指按时供给的粮食。④ 喑:不能讲话。躃(bì):与"跛"同义,皆指瘸腿。断者:四肢断残的人。⑤ 器:器能。此句连上谓喑、聋、跛、躃等类人,各人按照自己的器能供官府役使,从而从官府得到固定的粮食供给。按,喑、聋、跛、躃、断者、侏儒六种人并不属于"天民之穷而无告者",故不可能给予"常饩"。但此六种人既有残疾,政府不可不养,所以"各以其器食之"。百工并非残疾之人,但在"以其器食之"这一点上与上述六种残疾人相同,所以也连类而言及。

【导读】

　　本篇开头第一句为"王者之制爵禄",故即取"王制"二字为篇名。全文共40余章节,本书选注了约二分之一。

　　《王制》是古代今文经学家特别重视的一篇文章,它所讲的古代制度,涉及五等爵禄、天子巡狩、学校设置、财政预算、宗庙祭祀,以及殡葬、刑法、养老等社会政治生活的各个方面。这些制度无论是与《周礼》相比,或是与《左传》、《国语》等史书中可以考见的古代制度相比,都颇有出入,但与《孟子》书中同类论述比较相似。故学者多以为《王制》所述的这些制度并非古代社会的实际情况,而是儒家学者对国家制度的一些设想。

　　这些制度设计的指导思想有不少闪光之处。比如强调用人必须多方考察(第4节"凡官民材,必先论之。论辨然后使之,任事然后爵之");主张国家财政要量入为出(第9节),要有足够的积蓄(第10节)。"天子祭天下名山大川:五岳视三公,四渎视诸侯。诸侯祭名山大川之在其地者。"(第13节)这里固然反映了古人万物有灵的观念,但也体现了他们对大自然的敬畏。"司空执度,度地居民,山川沮泽,时四时,量地远近,兴事任力"(第16节),更体现了古人想与大自然和谐相处的愿望。而在《王制》所设计的刑法制度中,我们既可看到尊重民意、慎用刑罚的一面(第19节"听狱讼,必三刺。有旨无简不听。附从轻,赦从重","疑狱,氾与众共之;众疑,赦之"),又可看到对可能影响封建统治秩序的各种言行的坚决镇压(第20节)。"用器不中度,不粥于市。兵车不中度,不粥于市。布帛精粗不中数,幅广狭不中量,不粥于市。奸色乱正色,不粥于市"、"五谷不时,果实未孰,不粥于市。木不中伐,不粥于市。禽兽鱼鳖不中杀,不粥于市"等语,则让我们知道当时对商品质量已经有了明确的要求。

月令第六

　　1. 孟春之月①……东风解冻,蛰虫始振②,鱼上冰③,獭祭鱼④,鸿雁来。

【注释】

　　① 孟春:春季第一个月。② 蛰虫:蛰伏在泥土中越冬的昆虫。始振:开始活动。③ 鱼上冰:指鱼从深水上浮至冰下。④ 獭祭鱼:水獭将捕获的鱼陈列于河岸,有似祭祀,称为"祭鱼"。

2. 是月也,以立春。先立春三日,大史谒之天子曰:"某日立春,盛德在木①。"天子乃齐②。立春之日,天子亲帅三公九卿诸侯大夫以迎春于东郊③。还反,赏公卿、诸侯、大夫于朝。命相布德和令④,行庆施惠⑤,下及兆民。庆赐遂行,毋有不当。乃命大史,守典奉法⑥,司天日月星辰之行⑦,宿离不贷⑧,毋失经纪⑨,以初为常⑩。

【注释】

　　① 盛德在木:古人将五行(木、火、金、水、土)与四季及方位相配,春天是木德,方位在东,所以下文"迎春于东郊"。② 齐:通"斋",斋戒。③ 迎春于东郊:在东郊祭坛上举行祭祀,迎接春天之神。④ 相:指天子三公,即太师、太傅、太保。布德和令:发布各种教令、禁令。"德"指善教,"令"指时禁。⑤ 行庆:奖励有功德者。施惠:救济生活有困难者。⑥ 守典奉法:指执掌奉行各种典章制度与法律条文。⑦ 司:掌管、负责。此处指负责观察。⑧ 宿(xiǔ):指太阳在天空运行所到之处。离:指月亮在天空运行所到之处。贷:通"忒"(tè),差错。此句谓日、月在天空运行轨迹无偏差。(按,古人根据日、月、星辰在天空的相对位置来判断其运行是否正常。)⑨ 毋失经纪:犹言毋失条理,即不要发生错误。⑩ 以初为常:初,旧也。此句意为当沿用旧法,无所改变。

3. 是月也,天子乃以元日祈谷于上帝①。乃择元辰②,天子亲载耒耜③,措之于参保介之御间④,帅三公九卿诸侯大夫,躬耕帝藉⑤。天子三推⑥,三公五推,卿诸侯九推。反⑦,执爵于大寝⑧,三公九卿诸侯大夫皆御⑨,命曰劳酒⑩。

【注释】

①元日:吉日,此处指正月里的上辛(第一个辛)日。②元辰:也是吉日的意思,此处指正月的亥日。古人将天干(甲乙丙丁戊己庚辛壬癸)称日,故正月上辛称"元日"。将地支(子丑寅卯辰巳午未申酉戌亥)称辰,故正月亥日称"元辰"。③耒耜:耕地用的农具。下端犁头称耜,上面的曲柄部分叫耒。④措:放置。参:参乘。保介:指天子之车的车右(负责保卫的甲士)。此句言将耒耜放在参乘车右与御者之间。⑤帝藉:天子的藉田。按,天子诸侯都有藉田,其收获供祭祀专用。藉犹借,借民力以耕种。天子亲耕藉田只是做一个样子而已。⑥三推:推指推耒入土,三推即三次将耒推入土中,将土翻上来。⑦反:同"返"。⑧爵:酒杯。执爵犹言举行宴会。大寝:路寝,天子处理政事之处。⑨御:侍,指陪侍宴饮。⑩命:名。全句意为:这次宴会名为慰劳之酒。

4. 是月也,天气下降,地气上腾,天地和同①,草木萌动。王命布农事,命田舍东郊②,皆修封疆③,审端经术④。善相丘陵、阪险、原隰⑤,土地所宜,五谷所殖,以教道民,必躬亲之。田事既饬⑥,先定准直⑦,农乃不惑。

【注释】

①天地和同:天气和地气和合混同。②田:指田畯(主管农事的官员)。舍:居住。③封疆:田地的疆界。④经术:经,一本作"径",田间小道。术,当作"遂",小沟。此句谓审察修整田间小路及沟渠。⑤相:看。"善相"犹言认真审视。阪险:斜坡叫阪(坂),陡坡叫险。原隰:高而平的土地叫原,低湿之地叫隰。⑥饬:整顿。⑦准直:犹言标准,即指上文封疆径遂的起迄长短宽狭之类。"田事"以下三句是作记之人解释天子命令田畯居住东郊并从事修封疆等各项工作的缘故。

5. 是月也,命乐正入学习舞①。乃修祭典。命祀山林川泽,牺牲毋用牝②。禁止伐木。毋覆巢③,毋杀孩虫、胎夭、飞鸟④,毋麛、毋卵⑤。毋聚大众,毋置城郭。掩骼埋胔⑥。是月也,不可以称兵,称兵必天殃。兵戎不起,不可从我始。毋变天之道⑦,毋绝地之理⑧,毋乱人之纪⑨。

【注释】

① 乐正:乐官之长。入学习舞:以舞教国子,并让他们练习。学指太学。② 牺牲:供祭祀用的牲畜。牝:母畜。③ 巢:鸟巢。④ 孩虫:幼虫。胎夭:胎指在腹中尚未生出,夭指已生出。飞鸟:此处指刚会飞的鸟。⑤ 毋麛毋卵:不要伤害幼兽,不要拾取鸟蛋。麛,幼鹿,此处指幼兽。按,麛、卵四季均不可伤害,但正月尤须强调。⑥ 胔:肉腐曰胔。此处指腐烂的尸体。⑦ 天之道:指阴阳之道。春天为阳,而用兵打仗属阴。正月用兵,是以阴犯阳。这是"变天之道"。⑧ 地之理:指刚柔之理。春天为柔,而兵事属刚。正月用兵,是以刚犯柔,这是"绝地之理"。⑨ 人之纪:指仁与义。春天为仁,用兵属义,正月用兵,是以义反仁,故曰"乱人之纪"。

6. 仲春之月①……始雨水,桃始华,仓庚鸣②,鹰化为鸠。

【注释】

① 仲春之月:春季第二个月。② 仓庚:即黄鹂鸟。

7. 是月也,安萌芽①,养幼少,存诸孤②。择元日③,命民社④。命有司省囹圄⑤,去桎梏⑥,毋肆掠⑦,止狱讼。

【注释】

① 安萌芽:保护刚发芽之植物。② 存诸孤:慰问救济孤儿。③ 元日:吉日,此处指第一个甲日。④ 社:此处作动词用,祭社(土神)。⑤ 省:减省。囹圄:监狱。"省囹圄"指释放部分犯人。⑥ 桎梏:犯人身上的枷锁类刑具。⑦ 肆掠:肆意捶答(犯人)。

8. 是月也,玄鸟至①。至之日,以大牢祠于高禖②。天子亲往,后妃帅九嫔御③。乃礼天子所御④,带以弓韣⑤,授以弓矢,于高禖之前。

【注释】

①玄鸟:燕子。②高禖:禖同媒。高禖,主管婚配与生育之神。③九嫔:泛指天子嫔妃。御:随从前往。④天子所御:指已为天子所幸,怀有身孕者。⑤韣(dú):弓套。按,给怀孕的嫔妃带上弓套,并授以弓矢,是祈求生儿子的意思。

9. 是月也,日夜分①。雷乃发声,始电,蛰虫咸动,启户始出②。先雷三日③,奋木铎以令兆民④,曰:"雷将发声,有不戒其容止者,生子不备⑥,必有凶灾!"日夜分,则同度量,钧衡石,角斗甬,正权概⑦。

【注释】

①日夜分:指春分之日,昼夜长短相等。②启户始出:指昆虫从洞穴中钻出来。③先雷三日:指春分前三天。④奋:犹振。木铎:木舌的铃,古代施行政教传布命令时所用。⑤戒:警戒。容止:犹言动静,此处指夫妇房事。此句实际是说打雷时,夫妇不可行房事。⑥不备:不完备,指新生儿将有肢体残疾。⑦"则同"四句:同、钧、角、正四字同义,都是"平"的意思,用作动词。石,古代一百二十斤为石。甬,即斛(hú),古代十斗为一斛。权,秤砣。概,量斗斛时用的平尺。此四句谓(因春分之日昼夜平分,所以应)将度量衡器加以校正,使标准统一,无轻重大小多少之分。

10. 是月也,耕者少舍①。乃修阖扇②,寝庙毕备③。毋作大事④,以妨农之事。

【注释】

①少舍:稍作休息。舍,止。②阖扇:门户。用木头做的门称"阖",用竹子、芦苇做的门称"扇"。③寝:居室。庙:宗庙。必备:指门户完备。④大事:指战争及大的劳役。

11. 是月也,毋竭川泽,毋漉陂池①,毋焚山林。天子乃鲜羔开冰②,先荐寝庙③。

【注释】

① 漉:使干涸。陂池:皆为水塘。筑堤蓄水曰陂,挖地蓄水曰池。"毋漉陂池"谓勿使水池干涸(以便鱼类生存)。② 鲜羔开冰:鲜当作"献"。古人冬天将冰藏于冰窖,仲春二月以羔羊祭司寒之神,然后打开冰窖取冰使用。③ 先荐寝庙:指先将冰献于宗庙。(活人用冰,须待孟夏。)

12. 季春之月①……桐始华②,田鼠化为鴽③,虹始见④,萍始生⑤。

【注释】

① 季春之月:春季最后一个月。② 桐:梧桐。华:同"花"。③ 鴽:一种小鸟。④ 见(xiàn):出现。⑤ 萍:水中的浮萍。

13. 是月也,生气方盛,阳气发泄①,句者毕出②,萌者尽达③。不可以内④。天子布德行惠,命有司发仓廪,赐贫穷,振乏绝⑤,开府库⑥,出币帛,周天下⑦。勉诸侯,聘名士⑧,礼贤者。

【注释】

① 阳气发泄:阳气犹上句之"生气"。对天地而言称之为"阳气",对万物而言称之为"生气"。发泄,犹言发舒。② 句(gōu)者:句,同"勾",指刚出土时头部弯曲的幼芽。③ 萌者:指竖直出土的植物幼芽。达:此处指幼苗破土而出。④ 内:同"纳"。此句指春天阳气发舒,不可人为加以收敛。⑤ 振:通"赈",救济。乏绝:暂时没有叫乏,难以为继叫绝。乏绝指生活困难的人。⑥ 府库:收藏布帛等物资的仓库。⑦ 周:通"赒",救济。⑧ 名士:指德行才能均很突出而隐居不仕的人。

14. 是月也,命司空曰:"时雨将降,下水上腾,循行国邑,周视原野,修利堤防,道达沟渎①,开通道路,毋有障塞。田猎,罝罘、罗网、毕翳、餧兽之药②,毋出九门③。"

【注释】

①道达:疏通。道通"导"。②罝罘(jū fú):捕兽用的网。罗网:捕鸟用的网。毕翳:打猎时猎人用来隐蔽自己的用具。餧兽之药:指用来毒野兽之药。餧同"喂"。③九门:古代天子所都之城有十二门,一说为九门。此处指国都所有城门。

15. 是月也,命野虞毋伐桑柘①。鸣鸠拂其羽②,戴胜降于桑③。具曲、植、籧、筐④。后妃齐戒,亲东乡躬桑⑤。禁妇女毋观⑥,省妇使⑦,以劝蚕事。蚕事既登⑧,分茧称丝效功⑨,以共郊庙之服⑩,毋有敢惰。

【注释】

①野虞:主管田地与山林之官。柘(zhè):其叶可以养蚕。②鸣鸠:斑鸠。拂其羽:指两翅互相拍打。③戴胜:鸟名。④具:准备好。曲:蚕箔。植:安放蚕箔的架子。籧:竹筐。⑤东乡:面向东。躬桑:亲自采桑。⑥毋观:指不要修饰打扮。⑦妇使:指缝纫纺织一类的劳作。"省妇使"谓减少妇女这些方面的劳作(以集中精力养蚕)。⑧登:成。⑨效功:效,呈验。功,犹言劳动成果。此句谓按蚕茧多少或所缫丝的轻重来评定各人劳动成果的大小。⑩共:通"供"。郊:指郊天(祭天)。庙:指宗庙祭祀。服:衣服。

16. 是月也,乃合累牛腾马、游牝于牧①。牺牲驹犊,举书其数②。命国难③,九门磔攘④,以毕春气⑤。

【注释】

①累牛:公牛。腾马:公马。游牝:指母牛、母马。②举:皆。将在野外放牧的所有牲畜皆记数,目的在至秋牲畜入栏时知道其原来的数量及新生的数字。③难:通"傩"(nuó),驱除疫鬼的一种仪式。命国傩,命国人举行驱除疫鬼的仪式。④磔:分裂牲体。攘:攘除。此句指在驱附疫鬼之后,在国都九门磔牲以祭国门之神,希望他们攘附凶灾,不让疫鬼进来。⑤毕:止。毕春气谓控制、防止春季的不正之气。

17. 孟夏之月……蝼蝈鸣①,蚯蚓出,王瓜生②,苦菜秀③。

【注释】

① 蝼蝈:蛙的一种。一说:蝼是蝼蛄,蝈是虾蟆。② 王瓜:亦称土瓜,一种药用植物。③ 秀:开花。

18. 是月也,以立夏。先立夏三日,大史谒之天子曰:"某日立夏,盛德在火。"天子乃齐。立夏之日,天子亲帅三公九卿大夫以迎夏于南郊。还反,行赏,封诸侯。庆赐遂行,无不欣说①。乃命乐师,习合礼乐②。命太尉赞桀俊③,遂贤良④,举长大⑤,行爵出禄,必当其位。

【注释】

① 说:通"悦"。② 习合礼乐:将礼仪和音乐配合起来进行练习。③ 太尉:秦时所设的官,掌管军事,相当于周代的司马。赞:助。桀:通"杰"。"赞杰俊"意为帮助俊杰之士得到晋升。④ 遂:进。⑤ 举长大:推举身体高大有力的人。

19. 是月也,继长增高①,毋有坏堕,毋起土功②,毋发大众③,毋伐大树。

【注释】

① 继长增高:指各种植物继续生长。② 土功:指土木工程。③ 发大众:征发大众(从事劳役之类)。

20. 是月也,天子始絺①。命野虞出行田原,为天子劳农劝民②,毋或失时。命司徒巡行县鄙③,命农勉作,毋休于都④。

【注释】

① 絺:细葛布。"始絺"指开始穿细葛布做的衣服。② 劳农:慰劳农民。劝民:劝勉民众。③ 徇行:犹巡行。县鄙:据《周礼》,五家为邻,五邻

为里,四里为酂,五酂为鄙,五鄙为县。鄙五百家,县二千五百家。④ 毋休于都:不要在都邑中休息。

21. 是月也,驱兽毋害五谷,毋大田猎。农乃登麦①,天子乃以彘尝麦②,先荐寝庙。

【注释】

① 登:成。登麦犹言收麦。② 以彘尝麦:(天子)在尝新麦时用猪肉配食。

22. 是月也,聚畜百药①,靡草死②,麦秋至③。断薄刑,决小罪,出轻系④。蚕事毕,后妃献茧。乃收茧税,以桑为均⑤,贵贱长幼如一⑥,以给郊庙之服。是月也,天子饮酎⑦,用礼乐。

【注释】

① 畜:通"蓄",储存。② 靡草:荠类植物。③ 麦秋:犹言麦收。各种谷类植物皆以初生为春,成熟为秋。④ 轻系:因轻罪而系狱的人。⑤ 以桑为均:指收茧税时,按照各人使用桑叶的多少来计算。⑥ 贵贱:贵指公卿大夫之妻,贱指士妻。如一:指按同一标准。⑦ 酎(zhòu):经两次或多次重酿而成的醇酒。

23. 仲夏之月……小暑至,螳螂生,䴗始鸣①,反舌无声②。

【注释】

① 䴗(jú):即伯劳。② 反舌:即百舌鸟,能仿百鸟之鸣,故谓之百舌。一说即虾蟆(蟾蜍),蟾蜍舌根在前,舌尖向内,故称为反舌。

24. 养壮佼①。是月也,命乐师修鼗、鞞、鼓②,均琴、瑟、管、箫③,执干、戚、戈、羽④,调竽、笙、竾、簧⑤,饬钟、磬、柷、敔⑥。命有司为民祈祀山川百源,大雩帝⑦,用盛乐⑧。乃命百县,雩祀百辟卿士有益于民者⑨,以祈谷实。农乃登黍。是月也,天子乃以雏尝黍⑩,羞以含桃⑪,先荐寝庙。

【注释】

① 养壮佼:壮指身体高大强壮,佼指相貌佼好。按,据《月令》叙事通例,此句前应有"是月也"三字。② 鞀(táo):一种长柄摇鼓,即后世之拨浪鼓。鞞(pí):一种小鼓。③ 均:调节音调高低。管:一种竹制吹奏乐器。④ 干:盾。戚:斧。羽:鸟羽。干、戚、戈为跳武舞时的道具,羽为跳文舞时的道具。⑤ 篪(chí):一作"虒",一种竹制吹奏乐器。⑥ 饬:修整。柷(zhù):一种木制打击乐器。敔(yǔ):一作"圄",一种打击乐器。⑦ 大雩(yú)帝:大,指规模大,规格高。雩,古代以祭祀求雨的一种仪式。大雩帝,指在南郊筑坛,向天神求雨。⑧ 用盛乐:指从鞀鞞至柷敔,各种乐器齐奏。按,一般的雩祭只有歌舞,此为"大雩帝",故用盛乐。⑨ 百辟卿士有益于民者:指因平水土而被祀为后土之神的句龙,以及因能殖百谷而被祀为谷神的周人始祖后稷这类人物。辟,君。⑩ 以雏尝黍:品尝新黍,以小鸡作配食。⑪ 羞:进献。含桃:樱桃。

25. 令民毋艾蓝以染①,毋烧灰②,毋暴布③,门闾毋闭④,关市毋索⑤。挺重囚⑥,益其食。游牝别群⑦,则絷腾驹⑧,班马政⑨。

【注释】

① 艾:通"刈",割。蓝:蓝草,古人用来制作染料。② 烧灰:灰用于涷布(对已织成之布的一种后续处理工序)。③ 暴:"曝"之本字。按,仲夏(七月)阳光强烈,烧灰涷布后放在太阳下曝晒,会损伤布之纤维,使脆而易断。④ 门闾:泛指里闾之门。毋闭:指夜间不要关闭。按,古人认为仲夏时阳气太盛,夜不闭门,可以让阳气泄漏一部分。⑤ 关市:关卡与集市。毋索:不搜索(有无商人隐藏货物之类)。⑥ 挺:缓。挺重囚指稍许放松对重囚的禁锢管押(以免其不堪盛夏暑热而死亡)。⑦ 游:放牧。游牝别群指要将母马和公马分开放牧(因为此时母马多已怀孕)。⑧ 腾驹:指公马。⑨ 班:颁布。马政:关于养马的政令。

26. 是月也,日长至①,阴阳争,死生分②。君子齐戒,处必掩身③,毋躁,止声色,毋或进④,薄滋味,毋致和⑤,节嗜欲,定心气。百官静事毋刑⑥,以定晏阴之所成⑦。鹿角解⑧,蝉始鸣。半夏生⑨,木堇荣⑩。

【注释】

① 日长至:白天的长度达到了至极,意即白昼最长。② 死生分:夏至日阳气达到极盛,以后阳气开始衰减,阴气起而相争。古人认为阳气主生,阴气主杀,故以夏至为万物死生的一个分界。③ 处:居处。掩身:犹言藏身,指居于隐蔽之处。④ 毋或进:进指进御,即让嫔妃陪侍过夜。⑤ 毋致和:和指滋味调和。毋致和即不要追求美味。⑥ 静事:犹言省事,指减少公务处理。⑦ 晏阴:晏,安。阴主静,故称"晏阴"。从"君斋戒"至"百官静事无刑",都是为了让初感阴气的身体安定有成。⑧ 解:指脱落。⑨ 半夏:一种药用植物。⑩ 荣:开花。

27. 季夏之月……温风始至①,蟋蟀居壁,鹰乃学习②,腐草为萤③。

【注释】

① 温风:《吕氏春秋》作"凉风"。② 学习:指(幼鹰)学习搏击。③ 腐草为萤:古人认为萤火虫是草腐烂后变成的。

28. 是月也,命妇官染采①,黼黻文章必以法故②,无或差贷③。黑黄仓赤,莫不质良,无敢诈伪,以给郊庙祭祀之服,以为旗章④,以别贵贱等给之度⑤。

【注释】

① 妇官:主管妇功的官员,实即负责织物染色的官员。② 黼黻文章:黼(fǔ),黑白相间的花纹;黻(fú),黑青相间的花纹;文,青与赤相间的花纹;章,赤与白相间的花纹。法故:效法过去(的做法)。③ 差贷:差错。贷通"忒"(tè),差误。④ 章:各种名号的标志。⑤ 等给:《吕氏春秋》作"等级"。贵贱等级不同,祭服旗章也各不相同。

29. 是月也,树木方盛,乃命虞人入山行木①,毋有斩伐。不可以兴土功,不可以合诸侯,不可以起兵动众,毋举大事②,以摇养气③,毋发令而待④,以妨神农之事也⑤。水潦盛昌,神农将持功⑥,举大事则有天殃。

【注释】

① 行木:巡视山林。② 大事:兴土功、合诸侯、起兵动众皆是"大事"。③ 摇:动摇。养气:生养之气。④ 发令而待:指提前发出徭役之令,预先惊动民众。⑤ 神农之事:即指农业生产。神农是传说中主稼穑之官。⑥ 持功:犹言取得成功。

30. 是月也,土润溽暑①,大雨时行,烧薙行水②,利以杀草,如以热汤。可以粪田畴③,可以美土彊④。

【注释】

① 溽:湿润。② 薙(tì):齐根割草。此连下二句谓将农田中的草齐根割断,晒干后放火烧之。至季夏之月(阴历七月),大雨积水,浸泡农田,对消灭杂草十分有利,有如用热水浇烫一般。③ 粪:施肥。④ 土彊:彊同"强",土彊指土地板结,不松软。

31. 孟秋之月……凉风至,白露降,寒蝉鸣①,鹰乃祭鸟②,用始行戮③。

【注释】

① 寒蝉:蝉之一种。② 祭鸟:鹰将捕杀的小鸟四面陈列,有似陈列祭品。③ 行戮:谓鹰之祭鸟有如人君行刑。

32. 是月也,以立秋。先立秋三日,大史谒之天子曰:"某日立秋,盛德在金。"天子乃齐。立秋之日,天子亲帅三公九卿诸侯大夫,以迎秋于西郊①。还反,赏军帅武人于朝②。天子乃命将帅,选士厉兵③,简练桀俊④,

专任有功,以征不义,诘诛暴慢⑤,以明好恶,顺彼远方。

【注释】

①迎秋于西郊:在西郊筑坛祭白帝。②军帅:指诸将。武人:军士中有勇力者。③厉兵:磨砺兵器。④简:挑选。⑤诘:指问罪。诛:讨伐。暴:指暴虐民众。慢:指对上傲慢。

33. 是月也,命有司修法制,缮囹圄①,具桎梏②,禁止奸,慎罪邪,务搏执③。命理瞻伤、察创、视折、审断④。决狱讼,必端平。戮有罪,严断刑。天地始肃,不可以赢⑤。

【注释】

①囹圄(lǐng yǔ):监狱。②桎梏:械系犯人的刑具。③务:努力从事。搏:搏击。执:逮捕。此句言努力打击犯罪。④理:治理刑狱的官员。瞻伤:察看罪犯因受刑而致伤者。下文察、视、审三词义近而重视的程度不同。创:与"伤"义近而程度较重。折:肢体折断。断:与折义近而程度更重。盖折谓骨折,而断谓肢体完全断离。⑤赢:犹言懈,此句谓政令不可松懈。

34. 是月也,农乃登谷。天子尝新。先荐寝庙。命百官,始收敛①。完堤防,谨壅塞,以备水潦。修宫室,坏墙垣②,补城郭。

【注释】

①收敛:指收获公田中的谷物。②坏(péi):通"培",用泥土涂塞墙壁缝隙。

35. 仲秋之月……盲风至①,鸿雁来②,玄鸟归③,群鸟养羞④。

【注释】

①盲风:疾风。②鸿雁来:指大雁从北方飞来。③玄鸟:燕子。

④ 养羞：羞，食物。鸟类以虫为食，"养羞"指不将虫类吃光。

36. 是月也，养衰老，授几杖，行糜粥饮食①。乃命司服②，具饬衣裳③，文绣有恒④，制有小大，度有长短。衣服有量，必循其故，冠带有常。乃命有司，申严百刑⑤，斩杀必当，毋或枉桡⑥；枉桡不当，反受其殃。

【注释】

① 行：犹言赐。② 司服：主管衣服的官员。③ 具饬：整理准备。④ 文绣：指祭服。文，画。祭服上衣画图画，下裳绣图案。⑤ 申严百刑：重申严格执行各种刑罚。⑥ 枉桡：弯曲不直。指枉法杀人或放纵罪人。

37. 是月也，乃命宰祝①，循行牺牲，视全具②，案刍豢③，瞻肥瘠，察物色④。必比类⑤，量小大，视长短，皆中度。五者备当⑥，上帝其飨。天子乃难⑦，以达秋气⑧。以犬尝麻⑨，先荐寝庙。

【注释】

① 宰祝：太宰、太祝，主祭祀的官员。② 全具：指（供祭祀用的牲畜）身体完好，没有损伤。③ 案：检查。饲养牛羊叫"刍"，饲养犬豕叫"豢"。④ 物色：指所养动物的毛色。⑤ 比类：指合于各类不同祭祀的规定。⑥ 五者：指上面所说全具、肥瘠、物色、小大、长短五个方面。备当：全部得当。⑦ 难：通"傩"。⑧ 达：引导。⑨ 以犬尝麻：品尝麻籽，以狗肉配食。按，麻类古代被归属谷类植物。

38. 是月也，可以筑城郭，建都邑，穿窦窖①，修囷仓②。乃命有司，趣民收敛③，务畜菜④，多积聚。乃劝种麦，毋或失时；其有失时，行罪无疑。

【注释】

① 窦窖：椭圆形地窖称窦，方形地窖称窖。② 囷（qūn）仓：收贮粮食的仓库，圆形的叫囷，方形的叫仓。③ 趣（cù）：督促。④ 畜菜：畜通"蓄"，收藏。菜，指干菜。

39. 是月也,日夜分,雷始收声。蛰虫坏户①。杀气浸盛②,阳气日衰,水始涸。日夜分,则同度量,平权衡,正钧石③,角斗甬④。

【注释】

① 坏户:坏通"培",用泥土涂塞墙壁缝隙。此处"坏户"指昆虫用泥土将洞口堵得小一点。② 杀气:秋天的肃杀之气。浸盛:渐盛。③ 钧:三十斤为钧。④ 角斗甬:见本篇第9节注⑦。

40. 是月也,易关市①,来商旅,纳货贿②,以便民事。四方来集,远乡皆至,则财不匮,上无乏用,百事乃遂③。凡举大事④,毋逆大数⑤,必顺其时,慎因其类⑥。

【注释】

① 易关市:减轻关卡、集市的税收。② 贿:财物。此处"货贿"即指各种商品。③ 遂:成。④ 大事:即前文所说兴土功、合诸侯、起兵动众一类活动。⑤ 大数:指天道,亦即自然规律。⑥ 慎因其类:因,顺着。类,指不同季节各有不同的适宜该季节的活动,比如阳宜温,阴宜肃;阳宜发宣,阴宜收敛等等。

41. 季秋之月……鸿雁来宾①,爵入大水为蛤②,鞠有黄华③,豺乃祭兽戮禽④。

【注释】

① 鸿雁来宾:宾犹言作客。此句谓大雁由北方飞来,止息于此处,有如作客。② 爵:同"雀"。大水:此处指大海。蛤:蛤蜊。③ 鞠:即"菊"。华:同"花"。④ 祭兽:指豺将捕杀的猎物四面陈列,有如祭祀。禽:兼包飞鸟与走兽在内。

42. 是月也,申严号令,命百官贵贱无不务内①,以会天地之藏②,无有宣出。乃命冢宰③,农事备收。举五谷之要④,藏帝藉之收于神仓⑤,祗敬必饬⑥。

【注释】

①贵贱:百官中的贵者指卿大夫,贱指士。内:通"纳"。务内指收敛当于本月内完成。② 会:犹"合"。古人认为秋主收,冬主藏,季秋之月(夏历九月)即将进入冬季收藏之时,故曰"以会天地之藏"。③ 冢宰:亦称太宰,负责统领百官。④ 举五谷之要:指将藏之时,核定五谷产量多少。⑤ 帝藉之收:天子藉田中的收获。神仓:天子藉田所收之谷用于祭祀,因此收藏这些谷物的仓库被称为神仓。⑥ 饬:此处犹言(收藏)严密。

43. 是月也,霜始降,则百工休。乃命有司曰:"寒气总至①,民力不堪,其皆入室②。"上丁③,命乐正入学习吹④。

【注释】

① 总至:突然到来。总通"匆"。② 入室:指从田野的庐回到都邑的家中。③ 上丁:本月的第一个丁日。④ 入学习吹:入太学教国子练习吹奏乐。

44. 是月也,大飨帝①,尝②,牺牲告备于天子③。合诸侯,制百县④,为来岁受朔日⑤,与诸侯所税于民轻重之法。贡职之数⑥,以远近土地所宜为度⑦,以给郊庙之事,无有所私。

【注释】

① 大飨帝:在明堂祭上帝。② 尝:宗庙秋祭之名。③ 告备:报告已全部备好。此句的主语是主管祭祀的官员。④ "合诸侯"二句:二句互文,指为诸侯、百县正定有关宫室、车旗、衣服、礼仪等方面的制度。⑤ 来岁:明年。秦以十月为岁首,此时季秋之月(九月),已是岁末。朔日:每月初一。天子于每年年终向诸侯颁布次年十二个月的朔日,诸侯受而藏于祖庙之中。"受朔日"指此。⑥ 贡职之数:交纳给天子的物品数量。⑦ 以远近土地所宜为度:指上文诸侯向百姓收税之轻重及交纳给天子的贡职

之数,均依据诸侯距离京城的远近及土地所适宜种植的作物品种而定。

45. 是月也,草木黄落,乃伐薪为炭。蛰虫咸俯在内,皆墐其户①。乃趣狱刑②,毋留有罪③。收禄秩之不当,供养之不宜者④。是月也,天子乃以犬尝稻,先荐寝庙。

【注释】

① 墐(jìn):用泥涂抹门窗,使不透风。此处指蛰伏越冬的动物将洞口堵塞。② 趣狱刑:催促处理刑狱之事。③ 毋留有罪:指有死罪者皆当于本月处决。秦以十月为岁首,岁首不宜行刑,故死刑皆于九月处决。④ "收禄"二句:指对俸禄、爵位不恰当,官府供养标准不适宜的人,此时应审核收回。

46. 孟冬之月……水始冰,地始冻,雉入大水为蜃①,虹藏不见。

【注释】

① 大水:指淮河。蜃(shèn):大蛤。

47. 是月也,以立冬。先立冬三日,大史谒之天子曰:"某日立冬,盛德在水。"天子乃齐。立冬之日,天子亲帅三公九卿大夫以迎冬于北郊。还反,赏死事①,恤孤寡②。

【注释】

① 死事:死于国事的人。② 孤寡:指死于国事者的孤儿寡妇。

48. 是月也,命大史衅龟策占兆①,审卦吉凶,是察阿党②,则罪无有掩蔽。

【注释】

① 衅:杀牲以其血涂在器物上,叫做衅。龟:指龟甲。策:指蓍草(占

卦时所用)。兆:烧灼龟甲时出现的裂纹,古人认为据此可以卜吉凶。
② 是察:"是"指"是正",即纠正(错误);"察"指审察。阿党:徇私枉法的人。

49. 是月也,天子始裘。命有司曰:"天气上腾,地气下降,天地不通,闭塞而成冬①。"命百官谨盖藏②。命司徒循行积聚③,无有不敛。坏城郭④,戒门闾,修键闭⑤,慎管籥⑥,固封疆,备边竟⑦,完要塞,谨关梁⑧,塞徯径⑨。饬丧纪⑩,辨衣裳⑪,审棺椁之厚薄,茔、丘垄之大小高卑厚薄之度⑫,贵贱之等级。

【注释】

① 闭塞:关闭门户,堵塞窗牖。一说,指天地的阴阳二气闭塞不通。② 谨盖藏:指府库囷仓等均要小心管理好。③ 循行:犹"巡行",巡视检查。积聚:指农民露天堆放的庄稼、柴草等。④ 坏:通"培",已见前注。⑤ 键闭:门闩。⑥ 管籥:钥匙。⑦ 竟:同"境"。⑧ 关梁:关卡桥梁。⑨ 徯径:小路。⑩ 饬丧纪:整顿关于丧事的各项规定。⑪ 辨衣裳:明辨给死者装殓时所穿衣服的尊卑等级、件数多少。⑫ 茔:墓域。丘垄:坟。墓域有大小,坟有高低厚薄。

50. 是月也,命工师效功①,陈祭器,案度程②。毋或作为淫巧③,以荡上心④,必功致为上⑤。物勒工名⑥,以考其诚。功有不当,必行其罪,以穷其情。

【注释】

① 工师:管理百工的人。效功:展示成果。② 案:检验。度:指器之大小。程:器之容积。③ 淫巧:过分精巧华美。④ 荡上心:摇荡天子之心。指使天子因此而追求华丽奢侈。⑤ 功致:做工精致。⑥ 勒:刻。此句言器物要刻上工匠的名字。

51. 是月也,大饮烝①。天子乃祈来年于天宗②,大割祠于公社及门间③,腊先祖五祀④,劳农以休息之⑤。天子乃命将帅讲武,习射御,角力。

【注释】

① 大饮烝:十月农事已毕,天子、诸侯与群臣饮酒于太学,按年齿排定各人位序,叫做大饮。烝,升也,将牲体升于俎上。② 天宗:指日月星辰。③ 大割:大量杀牲。祠:祭祀。公社:祭社(土神)时以上公配祭,称为公社。(一说,公社犹言"官社"。)先祭社而后祭门闾,故曰"及"。④ 腊:指用田猎所获禽兽作祭品祭祀。五祀:指门神、户神、中霤神、灶神、行神。⑤ 劳:慰劳。

52. 是月也,乃命水虞渔师①,收水泉池泽之赋②。毋或敢侵削众庶兆民,以为天子取怨于下。其有若此者,行罪无赦。

【注释】

① 水虞:掌管水利的官员。渔师:掌管水产的官员。② 赋:税。

53. 仲冬之月……冰益壮,地始坼①,鹖旦不鸣②,虎始交③。

【注释】

① 坼(chè):因冻开裂。② 鹖旦:一种山鸟。③ 交:交配。

54. 是月也,农有不收藏积聚者,马牛畜兽有放佚者①,取之不诘②。山林薮泽,有能取蔬食、田猎禽兽者③,野虞教道之④。其有相侵夺者,罪之不赦。

【注释】

① 放佚:指牛马等因散放在外而走失。② 取之不诘:诘,责问。按,冬主收藏,农民若不将自己的谷物、牲畜收藏好,则他人取之无罪。③ 蔬食:山林中的蔬食如榛、栗之类,薮泽的蔬食如菱、芡之类。④ 野虞:主管山林薮泽的官员。

55. 是月也,日短至①。阴阳争②,诸生荡③。君子齐戒④,居必掩身。身欲宁,去声色,禁耆欲⑤。安形性,事欲静,以待阴阳之所定。芸始生⑥,荔挺出⑦,蚯蚓结⑧,麋角解,水泉动。日短至,则伐木,取竹箭。

【注释】

① 日短至:指一年中白昼最短。② 阴阳争:此时阴气正盛,阳气欲起,故曰"争"。③ 诸生:各种生物。荡:动,指即将萌芽。④ 齐戒:指冬至之日斋戒。⑤ 耆:通"嗜"。⑥ 芸:香草名。⑦ 荔挺:草名。⑧ 结:犹屈,指蚯蚓在洞中宛转而动。

56. 是月也,可以罢官之无事,去器之无用者,涂阙廷门闾①,筑囹圄,此以助天地之闭藏也。

【注释】

① 涂阙廷门闾:指用土将阙廷、门闾的凹陷、缝隙填平。阙,宫门外两边对称修筑的高台,亦称"观"(guàn)。

57. 季冬之月……雁北乡①,鹊始巢,雉雊②,鸡乳③。

【注释】

① 乡:通"向","雁北乡"谓雁开始向北飞。② 雉雊(gòu):野鸡鸣叫。③ 乳:产卵。

58. 是月也,命渔师始渔。天子亲往,乃尝鱼,先荐寝庙。冰方盛,水泽腹坚①。命取冰,冰以入②。令告民,出五种③。命农计耦耕事④,修耒耜,具田器。命乐师大合吹而罢⑤。乃命四监收秩薪柴⑥,以共郊庙及百祀之薪燎。

【注释】

① 腹:指水的深处。"腹坚"谓水深处也已结冰坚固。② 冰以入:指

将冰全部存放入凌室（冰窖）之中。③ 五种：五谷的种子。④ 计：计划，考虑。耦耕：耦犹言偶，古人耕地须两人合作，故称耦耕。⑤ 大合吹：指太学中国子从季秋时开始学习吹奏乐，至此时举行一次合奏。罢：指结束学习。⑥ 四监：主管山、林、川、泽的官员。收秩：征收。薪柴：薪指大的木柴，可劈开用于炊煮；柴指细小树枝之类，可以捆扎成束做燎（照明用的火把）。

59. 是月也，日穷于次①，月穷于纪②，星回于天③。数将几终④，岁且更始⑤。专而农民⑥，毋有所使。天子乃与公卿大夫，共饬国典⑦，论时令⑧，以待来岁之宜。乃命大史次诸侯之列⑨，赋之牺牲⑩，以共皇天上帝社稷之飨。乃命同姓之邦，共寝庙之刍豢⑪。命宰历卿大夫至于庶民土田之数⑫，而赋牺牲，以共山林名川之祀。凡在天下九州之民者，无不咸献其力，以共皇天上帝社稷寝庙山林名川之祀。

【注释】

① 日穷于次：古人将太阳一年中在天空运行的轨迹（黄道）分为十二等分，称十二次。"次"的意思是舍、驻扎，意为太阳每月驻扎于其中一个等分之中。季冬之月（夏历十二月），太阳在天空一年运行已毕，十二次将从头开始，故曰"日穷于次"。② 月穷于纪：纪，会，指日月相会。日、月在黄道中相会，一轮已经结束，此时也将从头开始，故曰"月穷于纪"。③ 星回于天：二十八宿随天而行，各月及早晚位置不同，至此回复到一年前原来的位置，所以说"星回于天"。④ 数：指一年天数。几终：将终，近终。⑤ 更始：重新开始。⑥ 专而农民：指让农民专心于农事。而，汝、你，此处犹"你们的"。⑦ 国典：治理国家的法典。⑧ 时令：临时制定的政令。⑨ 次：排列次序。⑩ 赋之牺牲：指确定（诸侯）应贡牺牲的数量多少。⑪ 共：通"供"。刍豢：犹牺牲。⑫ 宰：指小宰。历：犹"次"，排列次序。

【导读】

《月令》是由《吕氏春秋》十二"纪"各篇的首章拼合而成。其主要内容是按照阴阳五行学说将一年十二个月与天象、鬼神、物候、音律、方位乃至数字、色彩、气味等等相互配合,而重在指出每个月的政事、农耕、田猎等活动的宜忌。

强调人类尤其是统治者的一切活动都要顺应自然规律,以保证人类生产活动的正常有序,这是贯穿《月令》全篇始终的一种观念。而且,为了让统治者能够接受这种观念,能够爱惜民力,不误农时,本文作者还借天谴之名对统治者加以警告。如孟春之月,农耕将始,《月令》说:"是月也,不可以称兵,称兵必天殃。"(第5节)季夏之月正是一年中最热的时候,农民刚刚忙完麦收,需要稍事休息,为即将到来的秋忙做准备。《月令》警告说:"不可以兴土功,不可以合诸侯,不可以起兵动众,毋举大事……举大事则有天殃。"(第29节)甚至对统治者执法行刑,《月令》也借天谴之名,警告他们不得徇私枉法:"(仲秋之月)乃命有司,申严百刑,斩杀必当,毋或枉桡;枉桡不当,反受其殃。"(第35节)

中国是一个以农业立国的国家。从《月令》中我们可以清晰地看到古人对农业生产及农田水利的高度重视。在一年中的第一个月,天子所做的一件大事就是挑选黄道吉日,帅三公九卿诸侯大夫亲耕藉田(第3节)。这一仪式性的活动,此后的历代帝王大都遵行如仪。在躬耕藉田以后,天子还要命令田官"善相丘陵、阪险、原隰,土地所宜,五谷所殖,以教导民"。仲春之月,又特别指出"毋作大事,以妨农之事";季春之月,又命令司空"循行国邑,周视原野,修利堤防,道达沟渠"。这种对农事的重视可说贯穿《月令》全篇。

礼运第九

1. 昔者仲尼与于蜡宾①,事毕,出游于观之上②,喟然而叹。仲尼之叹,盖叹鲁也③。言偃在侧曰④:"君子何叹?"孔子曰:"大道之行也⑤,与三代之英⑥,丘未之逮也⑦,而有志焉。"

【注释】

① 与:参与。蜡(zhà):夏历十二月祭万物之有功于民者。一说祭八种

神:先啬、司啬、农、邮表畷、猫虎、坊、水庸、昆虫。宾:在天子或诸侯举行祭祀时的助祭者。一说即指参与蜡祭的来宾。②观(guàn):即阙。③叹鲁:谓为鲁国而叹。④言偃:孔子弟子,字子游。⑤大道之行:指传说中的五帝(黄帝、颛顼、帝喾、尧、舜)时代。大道,谓其道广大,毫无偏私。行,谓通达于天下。⑥三代之英:指夏、商、周三代的杰出人物,即下文所言夏禹、商汤、周文王、周武王、成王、周公等人。⑦逮:及。未之逮犹言没有赶上。

2. "大道之行也,天下为公①。选贤与能②,讲信修睦,故人不独亲其亲,不独子其子,使老有所终,壮有所用,幼有所长,矜寡孤独废疾者,皆有所养。男有分③,女有归④。货,恶其弃于地也,不必藏于己;力,恶其不出于身也,不必为己。是故谋闭而不兴,盗窃乱贼而不作,故外户而不闭⑤,是谓大同⑥。

【注释】

① 天下为公:指天子之位传贤而不传子,不把天下看作是一家的私产。公,犹共。② 选贤与能:指诸侯国不传子孙,而是挑选贤能之人治理国家。③ 男有分:分犹职,此句言男子各有其职(如士、农、工、商)。④ 女有归:指女子嫁不失时。古代女子出嫁叫做"归"。⑤ 外户:把门从外面掩上(挡风沙而已)。⑥ 大同:"同"犹"和"、"平"。普天之下皆是以上所说的这种状况,所以称为"大同"。

3. "今大道既隐①,天下为家②,各亲其亲③,各子其子,货力为己,大人世及以为礼④。城郭沟池以为固,礼义以为纪⑤;以正君臣,以笃父子,以睦兄弟,以和夫妇,以设制度,以立田里,以贤勇知⑦,以功为己⑧。故谋用是作⑨,而兵由此起。禹、汤、文、武、成王、周公由此其选也⑩。此六君子者,未有不谨于礼者也。以著其义⑪,以考其信⑫,著有过,刑仁讲让⑬,示民有常。如有不由此者,在执者去⑭,众以为殃,是谓小康⑮。"

【注释】

① 今:指三代以来。隐:衰微。② 天下为家:指将天子之位传于子

孙。③ 各亲其亲:第一个"亲"为动词,爱。第二个"亲"为名词,指双亲。④ 大人:指诸侯。世:父子相传叫"世"。及:兄弟相传叫"及"。⑤ 礼义以为纪:以礼义为纲纪。⑥ 以立田里:指(按照礼义来)划分土地与住宅。⑦ 以贤勇知:贤,动词,犹推崇。推崇勇猛智能之士。⑧ 以功为己:使(勇猛智能之士)为自己立功。⑨ 用是:犹因此。作:产生。⑩ 由此:由,用,指用礼义治国。选:"选"有高出其他人的意思。此句谓禹、汤、文、武、成王、周公用礼义治国,为三代中的杰出人物。⑪ 著:明。⑫ 考:成。⑬ 刑:犹"则",效法。⑭ 执:通"势"。"在执者"即有势力地位的人。去:指罢免。⑮ 小康:康,安。与大道之行时重视忠、信相比,此时以礼义为治,一旦失礼,就会有乱臣贼子产生,故只能说是小康(小安)。

4. 言偃复问曰:"如此乎礼之急也?"孔子曰:"夫礼,先王以承天之道①,以治人之情。故失之者死,得之者生。《诗》曰:'相鼠有体②,人而无礼,人而无礼,胡不遄死③!'是故夫礼,必本于天,殽于地④,列于鬼神⑤,达于丧、祭、射、御、冠、昏、朝、聘⑥。故圣人以礼示之,故天下国家可得而正也。"

【注释】

① 承天之道:犹言本于天的自然秩序。② 相鼠有体:此下四句引诗见《诗经·鄘风·相鼠》。相,视。③ 遄:快。④ 殽(xiáo):通"效"。效法。⑤ 列于鬼神:犹言效法鬼神。⑥ 射:射箭。御:驾车。冠:男子二十岁时举行加冠之礼,表示成人。昏:通"婚"。朝:诸侯朝见天子、诸侯相会见、臣下去见国君,均可称为"朝"。聘:诸侯使卿大夫问候其他诸侯、天子派使臣至诸侯国、诸侯派使臣问候天子,均可称为"聘"。

5. 言偃复问曰:"夫子之极言礼也,可得而闻与?"孔子曰:"我欲观夏道①,是故之杞②,而不足征也③,吾得《夏时》焉④。我欲观殷道,是故之宋⑤,而不足征也,吾得《坤乾》焉⑥。《坤乾》之义,《夏时》之等,吾以是观之⑦。"

【注释】

①夏道:指夏代的礼。下文"殷道"则指商代的礼。②之:往,到。杞:周代诸侯国,武王伐纣灭商,将夏代君主的后裔封之于杞。③不足征:指由于文献不足,无法考证。④《夏时》:夏代的历书。今存《大戴礼记》中有《夏小正》一篇。⑤宋:周代诸侯国,殷商后裔所居。周公将商纣王的庶兄微子启封于宋。⑥《坤乾》:商代讲阴阳的著作,一说即《归藏》(商代讲占卜的书)。⑦以是观之:指凭借《夏时》、《坤乾》二书考察夏、商二代之礼。

6. 孔子曰:"於呼哀哉①!我观周道②,幽、厉伤之③,吾舍鲁何适矣!鲁之郊禘④,非礼也,周公其衰矣⑤!杞之郊也,禹也⑥;宋之郊也,契也⑦。是天子之事守也。故天子祭天地,诸侯祭社稷。

【注释】

①於呼:同"呜呼"。②周道:指周礼。③幽:周幽王。厉:周厉王。此二人为西周末年两个无道昏君。伤之:指破坏了礼仪法则。④郊:祭天于南郊。禘:在郊祭祀天地,以其始祖配祭,叫做禘。郊、禘均是天子之礼,鲁国不得举行,故曰"非礼"。⑤周公其衰矣:指周公所制定的礼衰落破坏。⑥此句言杞虽诸侯国,而能行郊礼,是因为它是禹的后代。⑦此句言宋虽诸侯国,而能行郊礼,是因为它是契的后代。契(xiè),殷商始祖。

7. "是故礼者,君之大柄也,所以别嫌明微①,傧鬼神②,考制度,别仁义③,所以治政安君也。故政不正,则君位危;君位危,则大臣倍④,小臣窃。刑肃而俗敝,则法无常;法无常,而礼无列,礼无列则士不事也⑤。刑肃而俗敝⑥,则民弗归也。是谓疵国。

【注释】

①别嫌明微:将有嫌疑的事区别清楚,将细小的事物审视明白。②傧:接待客人。"傧鬼神"即接待鬼神。③别仁义:仁主于慈爱,义主

于断决。"别仁义"指君主按礼对待臣下,或用仁,或用义。④ 倍:通"背",背叛。⑤ 礼无列:指礼仪混乱。士不事:指士人无法做事。⑥ 刑肃而俗敝:刑法严肃,而风俗败坏。

8. "故政者君之所以藏身也。是故夫政必本于天,殽以降命①。命降于社之谓殽地②,降于祖庙之谓仁义③,降于山川之谓兴作④,降于五祀之谓制度⑤。此圣人所以藏身之固也。

【注释】

① 殽以降命:殽,通"效"。此句谓国君仿效天来下达政令。② 命降于社:指下达关于祭祀社神(土地之神)的政令。③ 降于祖庙:下达关于祭祀祖庙的政令。④ 兴作:建设。山川有各种资源可供建设之用。⑤ 五祀:指对中霤、门、户、灶、行五神的祭祀。制度:指宫室制度。五祀皆与房屋建筑相关。

9. "何谓人情①?喜、怒、哀、惧、爱、恶、欲,七者,弗学而能。何谓人义②?父慈、子孝、兄良、弟弟、夫义、妇听、长惠、幼顺、君仁、臣忠,十者谓之人义。讲信修睦,谓之人利。争夺相杀,谓之人患。故圣人所以治人七情,修十义,讲信修睦,尚辞让,去争夺,舍礼何以治之?饮食男女,人之大欲存焉。死亡贫苦,人之大恶存焉。故欲恶者,心之大端也③。人藏其心,不可测度也。美恶皆在其心,不见其色也④。欲一以穷之⑤,舍礼何以哉?

【注释】

① 人情:人的天性。② 人义:伦理准则。③ 端:头绪。大端犹言大的方面。④ 见(xiàn):表现。此句谓美、恶都藏在心中,从表面看不出。⑤ 一以穷之:一,专一;穷,穷尽。此句连下言国君想完全了解人心中的美、恶之情,除了礼,别无他法。

10. "故先王患礼之不达于下也,故祭帝于郊①,所以定天位也;祀社

于国，所以列地利也②；祖庙，所以本仁也；山川，所以傧鬼神也；五祀，所以本事也③。故宗祝在庙④，三公在朝⑤，三老在学⑥。王前巫而后史，卜筮瞽侑⑦，皆在左右，王中，心无为也，以守至正。故礼行于郊，而百神受职焉；礼行于社，而百货可极焉⑧；礼行于祖庙，而孝慈服焉；礼行于五祀，而正法则焉。故自郊社、祖庙、山川、五祀，义之修而礼之藏也。

【注释】

①帝：指天帝。②列地利：陈列土地给人民带来的利益。③本事：本，根，此处作动词用。五祀与房屋建筑有关，所以说是"事"。此句意为祭五祀，是为了追踪房屋制度的本源。④宗：大宗伯，掌管祭祀典礼的官员。祝：太祝，祭祀时负责告神之赞辞的官员。⑤三公：周代的三公为太师、太傅、太保，他们的爵位为公，故称。⑥三老：天子所养有德行的老人，设三老、五更各一人。学：指太学。⑦瞽：乐官。侑：四辅（天子左右四个大臣：疑、丞、辅、弼）。⑧极：至。此句言各种货物就会到来。

11. "是故夫礼，必本于大一①，分而为天地，转而为阴阳，变而为四时，列而为鬼神。其降曰命②，其官于天也③。夫礼必本于天，动而之地，列而之事，变而从时④，协于分艺⑤，其居人也曰养⑥，其行之以货力、辞让、饮食、冠昏、丧祭、射御、朝聘⑦。故礼义也者，人之大端也，所以讲信修睦而固人之肌肤之会，筋骸之束也。所以养生送死事鬼神之大端也。所以达天道顺人情之大窦也⑧。故唯圣人为知礼之不可以已也，故坏国、丧家、亡人，必先去其礼。

【注释】

①大一：即太一，指天地未分之前混沌一片的元气。②降：下。命：指人君的政教命令。③官：犹"法"，效法。④变而从时：指礼的变化效法四时。⑤协于分艺：协，合。分，月之分，指各月礼有不同。艺，才，指人之才。此句言制礼以月为量，合于人才之长短。⑥居人：犹言"在人"。此句言礼之在人，可以养其身心。⑦行：推行。按，货力、辞让，是推行礼的物质与精神的凭借。而饮食、冠、昏、丧、祭、射、御、朝、聘则是各项具体

的礼仪。⑧ 窦：孔穴、通道。

12."故礼之于人也，犹酒之有蘖也①，君子以厚，小人以薄。故圣王修义之柄、礼之序，以治人情。故人情者，圣王之田也。修礼以耕之，陈义以种之，讲学以耨之，本仁以聚之，播乐以安之。故礼也者，义之实也。协诸义而协②，则礼虽先王未之有，可以义起也③。义者，艺之分④，仁之节也。协于艺⑤，讲于仁，得之者强。仁者，义之本也，顺之体也，得之者尊。

【注释】

① 蘖：酿酒所用的曲。② 协诸义而协：二"协"字皆作"合"解，但第一个"协"是动词，第二个"协"是形容词。此句言将礼与义合在一起，它们之间是协调的。③ 起：犹言"创制"。此句连上言有些礼虽先王时期未有，但可根据"义"的原则来创制。④ 艺之分：艺，才，指处理事情之才。此句连上言才艺须以义为区分。⑤ 协于艺：协，合。此句主语为"义"，言办事合于义。

13."故治国不以礼，犹无耜而耕也。为礼不本于义，犹耕而弗种也。为义而不讲之以学，犹种而弗耨也。讲之于学而不合之以仁，犹耨而弗获也。合之以仁而不安之以乐，犹获而弗食也。安之以乐而不达于顺①，犹食而弗肥也。

【注释】

① 达于顺：指礼乐教化达到一种顺应人情，毫不勉强的境界。

14."四体既正，肤革充盈，人之肥也。父子笃，兄弟睦，夫妇和，家之肥也。大臣法，小臣廉，官职相序①，君臣相正，国之肥也。天子以德为车，以乐为御。诸侯以礼相与，大夫以法相序②，士以信相考③，百姓以睦相守，天下之肥也。是谓大顺。大顺者，所以养生、送死、事鬼神之常也。故事大积焉而不苑④，并行而不缪⑤，细行而不失⑥，深而通⑦，茂而有间⑧，连而不相及也⑨，动而不相害也，此顺之至也。故明于顺，然后能守危也。

【注释】

① 官职相序:谓官职安排合理有序。② 以法相序:指官府属员多少、职责分工、绩能考核、晋升黜罚等等均依法而行,有条不紊。③ 以信相考:谓考察其守信的情况。④ 事大:犹言大事,指天子之事。积:指多。苑:犹言积滞。此句言(在达到大顺的境界后)虽大事很多,但应之有序,所以不会积滞。⑤ 并行而不缪:指诸侯来朝有序,虽同时到达,但不会有错缪。⑥ 细行而不失:指大夫、士出聘不会有过失。⑦ 深而通:指九州以外的远国也通贡于天子之庭。⑧ 茂而有间:指各国诸侯到天子朝廷进贡,人马物品虽多,但互不干扰。⑨ 连而不相及:指相连而来,但并不相互拥挤。

15. "故礼之不同也①,不丰也②,不杀也③,所以持情而合危也④。故圣王所以顺,山者不使居川,不使渚者居中原⑤,而弗敝也⑥。用水、火、金、木、饮食必时⑦。合男女,颁爵位,必当年德⑧。用民必顺⑨。故无水旱昆虫之灾,民无凶饥妖孽之疾。

【注释】

① 不同:指不同阶层的人有不同的礼。② 丰:指提高等级。③ 杀(shài):指降低等级。④ 持情:维持人情。合危:和合上下,消除危乱。⑤ 渚者:指习惯在水边生活的人。渚,水中小块陆地。⑥ 敝:劳苦疲敝。⑦ "用水"句:"必时"意为一定要按照四时(季节)进行。按,据古代阴阳学说,使用自然资源以及饮食安排,均须适应四时的自然变化,各有具体规定。《月令》对此有反映。⑧ 句谓"合男女"(男女婚配)当根据年龄,"颁爵位"当根据德行。⑨ 此句谓使用民力,不可违农时。

16. "故天不爱其道①,地不爱其宝,人不爱其情。故天降膏露,地出醴泉,山出器车,河出马图②,凤凰麒麟皆在郊棷③,龟龙在宫沼④,其余鸟兽之卵胎,皆可俯而窥也⑤。则是无故⑥,先王能修礼以达义,体信以达顺,故此顺之实也。"

【注释】

① 爱:吝惜;一说,通"薆",隐蔽。此处均可通。② 马图:古代传说,有龙马背负图书从黄河而出,伏牺氏仿其图而画八卦。③ 椒(sǒu):通"薮",草泽之地。④ 沼:池。⑤ 可俯而窥:此连上句谓鸟兽不畏人,可以让人俯身观看鸟蛋或幼兽。⑥ 无故:没有其他缘故。

【导读】

"礼运"意为礼之运行。作者认为礼本源于天地,而且贯彻于人类社会的一切活动之中("本于天,殽于地,列于鬼神,达于丧、祭、射、御、冠、昏、朝、聘。"见第4节,第11节亦有类似表述),又特别指出礼是"君之大柄",是"治政安君"、控制人的情感、调节人际关系的关键所在。圣人顺应天理人情以修礼治政,可以使世间万事万物都达到顺的境界。反过来,圣人(人君)必须体信达顺,然后才能则天道、治人情,而使礼制达于天下。也就是说,圣人须依礼行事,而礼须待圣人而后运行。

本篇最著名的一段话是文章开头孔子关于大同、小康的论述。

大同社会的特点是天下为公。这实际上是古人对传说中的"大道之行"的尧舜时代的一种想象。没有压迫,没有剥削,社会和谐安定。"货恶其弃于地也,不必藏于己;力恶其不出于身也,不必为己。"这已近于现代人关于共产主义社会的论述了。

作者显然明了这种天下为公的社会制度早已远去不返,中国社会自禹传启开始进入了"天下为家"的时代。"天下为家"的特点是"各亲其亲,各子其子,货力为己"以及政权的世袭。但是,在禹、汤、文、武、成王、周公时代,虽说"天下为家",但这些圣王能用礼来调节社会不同阶层、不同个体之间的相互关系,因而可以称为"小康"。

然而,无论是"大道之行也天下为公"的大同社会,或是禹、汤、文、武、成王、周公以礼义为纪,刑仁讲让的小康社会,孔子都叹息道:"丘未之逮也。"这一声叹息,显然包含着对作者所生活时代的严重不满,到今天仍在我们耳边回响。而天下为公的大同社会,从此成为中国历代志士仁人改造社会的共同理想。

礼运第九

礼 器 第 十

1. 礼器,是故大备①。大备,盛德也。礼释回②,增美质,措则正③,施则行④。其在人也,如竹箭之有筠也⑤,如松柏之有心也。二者居天下之大端矣。故贯四时而不改柯易叶。故君子有礼,则外谐而内无怨,故物无不怀仁⑥,鬼神飨德。

【注释】

① "礼器"句:谓人若能以礼为修身之器,则各种美好的品质即可具备。② 释:去除。回:奸回、邪恶。③ 措则正:指将礼用之身,则身正。④ 施则行:指将礼用之于事,则事情可以办成(行得通)。⑤ 箭:小竹。筠:竹子表层的青皮。⑥ 物:此"物"兼包上文"外谐而内无怨"的人在内。怀仁:犹言"归仁",将仁爱之名归聚到君子身上。亦即称许他为仁人。

2. 先王之立礼也,有本有文①。忠信,礼之本也;义理,礼之文也。无本不立,无文不行。礼也者,合于天时,设于地财②,顺于鬼神,合于人心,理万物者也。是故天时有生也,地理有宜也,人官有能也③,物曲有利也④。故天不生⑤,地不养⑥,君子不以为礼,鬼神弗飨也。居山以鱼鳖为礼,居泽以鹿豕为礼,君子谓之不知礼。故必举其定国之数⑦,以为礼之大经⑧。礼之大伦⑨,以地广狭;礼之薄厚,与年之上下。是故年虽大杀⑩,众不匡惧⑪,则上之制礼也节矣⑫。

【注释】

① 文:外表的文采。② 设:犹"合"。地财:指大地上的物产。③ 人官有能:人体器官各有不同功能。④ 物曲有利:指万物各有其适宜的用处。⑤ 天不生:指非其时所生(不是适合时节的物产)。⑥ 地不养:指不是当地的物产。⑦ 定国之数:指一国所入赋税之数。⑧ 大经:常法。⑨ 大伦:指各诸侯国贡赋多少的常数。伦,次第。⑩ 大杀:指年成不好,大歉收。⑪ 匡:通"恇",惧怕。⑫ 节:有节制。

3. 礼,时为大①,顺次之②,体次之③,宜次之④,称次之⑤。尧授舜,舜授禹,汤放桀,武王伐纣,时也。《诗》云:"匪革其犹,聿追来孝⑥。"天地之祭,宗庙之事,父子之道,君臣之义,伦也。社稷山川之事,鬼神之祭,体也。丧祭之用,宾客之交,义也。羔豚而祭⑦,百官皆足⑧;太牢而祭⑨,不必有余。此之谓称也。诸侯以龟为宝,以圭为瑞⑩;家不宝龟⑪,不藏圭,不台门⑫,言有称也。

【注释】

① 时:天时。② 顺:顺序。指符合人伦。③ 体:形体。指各种不同的祭祀对象。④ 宜:各当其宜。凡合于"义"的事情即是宜。⑤ 称:与身份相称。⑥ 引诗见《大雅·文王有声》,今本《毛诗》作"匪棘其欲,遹追来孝"。意为文王(建筑丰邑)并非急于满足自己的欲望,而是追念先人之志,以筑城来表达其孝心。革(jí):同"棘",急迫。犹:通"猷",谋略。聿、遹音同,皆为语气词。⑦ 羔豚而祭:指无禄田的大夫、士的祭祀,亦称"荐"。⑧ 百官皆足:"百官"实际是指助祭之人。荐时助祭人数少,故虽祭品仅为小羊、小猪,但亦足够分给大家。⑨ 太牢而祭:牛、羊、豕三牲为太牢,是天子、诸侯举行的规模较大的祭祀。此句连下谓用太牢祭祀时,(因助祭人多)祭品也没有多余。⑩ 瑞:祥瑞。⑪ 家:指大夫之家。⑫ 台门:天子、诸侯在门的两旁筑土为台,高出于门。亦称"阙"。

4. 礼有以多为贵者:天子七庙,诸侯五,大夫三,士一。天子之豆二十有六①,诸公十有六,诸侯十有二,上大夫八,下大夫六。诸侯七介、七牢②,大夫五介、五牢。天子之席五重③,诸侯之席三重,大夫再重。天子崩,七月而葬,五重八翣④;诸侯五月而葬,三重六翣;大夫三月而葬,再重四翣。此以多为贵也。

【注释】

① 豆:盛放菜肴的器皿。此处所说的豆数,是在某些特定礼仪时的规定,并非平日都如此。② 介:副使,指随同诸侯或大夫朝聘的副手。牢:指太牢,此处为各国招待来聘者所用太牢之数。③ 重:重迭。"五重"

犹言重迭五次,故五重共六张席,三重则四张席。④ 五重八翣(shà):此处"重"指棺、椁之间所垫木头、茵席的层数。翣,为遮蔽棺柩之物,状如扇。

5. 有以少为贵者:天子无介,祭天特牲①。天子适诸侯,诸侯膳以犊。诸侯相朝,灌用郁鬯②,无笾豆之荐③。大夫聘礼以脯醢④。天子一食⑤,诸侯再,大夫、士三,食力无数⑥。大路繁缨一就⑦,次路繁缨七就⑧。圭璋特⑨,琥璜爵⑩。鬼神之祭单席⑪。诸侯视朝,大夫特⑫,士旅之⑬。此以少为贵也。

【注释】

① 特牲:天子祭天的牺牲为一只牛,称"特牲"。② 灌:献,进酒于客人。郁鬯:一种酒,以秬黍酿制,和以郁金香草汁。此句指诸侯相朝聘,在朝享仪式结束时,主人用郁鬯给客人敬酒。③ 笾豆:两种盛放食物的器皿,笾是竹器,盛放干果之类食物;豆是陶器或青铜器,盛放有汤汁的食物。④ 脯:干肉。醢:肉酱。⑤ 一食:只吃一口。下文"再"、"三",指连吃两口、三口。⑥ 食力:依靠体力为生的人,指士以外的农、工、商、庶人等。无数:不计数,吃饱为止。⑦ 大路:殷商祭天用车,仅以木制造,别无装饰。繁(pán):马腹带。缨:鞅。繁、缨皆染丝织成,以五色为一匝,称为"就"("就"的意思是成),"一就"就是一匝。下文"七就"即七匝。⑧ 次路:供杂事使用的车。⑨ 圭璋:两种贵重的玉制礼器,通常用于重大礼仪场合。特:指朝聘时单独以圭璋作为礼物,不用其他东西相配。⑩ 琥璜爵:琥、璜皆玉器名,虎形曰琥,半璧曰璜。其贵重程度次于圭、璋。爵,酒杯,此处指天子、诸侯宴飨时酬酒。琥、璜必须在酬酒时送上,所以说"琥璜爵"。⑪ 单席:只用一层席。⑫ 大夫特:指诸侯向大夫一个一个地作揖。特,独。⑬ 士旅之:指诸侯向众士(不管多少人)只作一个揖。旅,众。

6. 有以大为贵者:宫室之量,器皿之度,棺椁之厚,丘封之大。此以大为贵也。有以小为贵者:宗庙之祭,贵者献以爵,贱者献以散,尊者举觯,卑者举角①。五献之尊②,门外缶,门内壶,君尊瓦甒③。此以小为贵也。

【注释】

① 爵、散、觯、角:皆饮酒用的器皿,但容量大小不同。爵容一升,散容五升,觯容三升,角容四升。② 五献之尊:招待爵位为子、男的国君时,应行五献之礼。献,进酒于客。尊,酒器总称。③ 缶、壶、瓦甒:皆盛酒器。缶最大,壶次之,瓦甒最小。壶容一石,瓦甒容五斗。缶之大小,郑玄注曰"未详"。君尊:国君(包括主人及来访者)所用之尊。

7. 有以高为贵者:天子之堂九尺,诸侯七尺,大夫五尺,士三尺。天子、诸侯台门。此以高为贵也。有以下为贵者:至敬不坛①,埽地而祭。天子、诸侯之尊废禁②,大夫、士,棜、禁③。此以下为贵也。

【注释】

① 至敬不坛:至敬指祭天。不坛,不登坛。按,祭天有坛,燔柴、奏乐皆在坛上,但行祭礼则在坛下扫地而祭,故曰"不坛"。② 废禁:禁为木头制成的几案,用以安放盛酒之器。废禁即不用禁。③ 棜(yù):没有脚的禁,故比禁为低。此句言大夫用棜,士用禁。

8. 礼有以文为贵者:天子龙衮①,诸侯黼②,大夫黻③,士玄衣𫄸裳④。天子之冕,朱绿藻,十有二旒⑤;诸侯九,上大夫七,下大夫五,士三。此以文为贵也。有以素为贵者:至敬无文⑥,父党无容⑦,大圭不琢⑧,大羹不和⑨;大路素而越席⑩,牺尊疏布鼏⑪,樿杓⑫。此以素为贵也。

【注释】

① 龙衮:画有龙的礼服。② 黼(fǔ):白与黑相间的花纹。③ 黻(fú):黑与青相间的花纹。④ 玄衣:黑色的上衣。𫄸裳:绛色的下衣(古代的裳有似后世的裙子)。⑤ 藻:指各种彩色。此句言天子之冕用朱、绿等五色丝绳做成的十二条旒作装饰。⑥ 至敬无文:指祭天时袭大裘而不裼(xī)。

按,古人冬季所服之裘衣,只是一个皮筒子,无里无面,故一般裘外有裼衣,裼衣之外又有上衣。行礼时,去上衣的左袖而露出里面的裼衣,叫做裼。祭天时穿着裘衣而不裼,正是以不见文采来表示"至敬"。⑦ 父党:父亲之族党。无容:因为父党为至亲,故见时不须有趋翔折旋之类的动作。⑧ 大圭:天子朝日、月时所执的圭,长三尺。⑨ 大羹:肉汁。不和:指不加盐、梅等调味品。⑩ 越席:蒲席。⑪ 牺尊:牛形酒尊。疏布:粗布。幂(mì):覆盖。⑫ 樿(shàn)杓:用樿(一种白色文理的树)木制成的勺。

9. 礼也者,犹体也①。体不备,君子谓之不成人。设之不当,犹不备也。礼有大有小,有显有微。大者不可损,小者不可益,显者不可掩,微者不可大也。故经礼三百,曲礼三千②,其致一也③。未有入室而不由户者。君子之于礼也,有所竭情尽慎,致其敬而诚若④,有美而文而诚若。君子之于礼也,有直而行也⑤,有曲而杀也⑥,有经而等也⑦,有顺而讨也⑧,有摲而播也⑨,有推而进也⑩,有放而文也⑪,有放而不致也⑫,有顺而摭也⑬。

【注释】

① 体:身体。② 经礼:指常行之礼,如冠礼、昏礼之类。曲礼:指礼仪的细节,如冠礼有"三加"(加三次不同的冠),昏礼有六礼之类。三百、三千,极言其多,并非确数。③ 致:犹"至",达到。此句言各种礼仪所要达到的目的都是一样的。(此处"一"即指下文的"诚"。)④ 若:顺。⑤ 直而行:直接顺着自己的感情而行。⑥ 曲而杀:指压抑自己的感情,对礼仪有所减杀。⑦ 经而等:指有些礼仪是常规,从天子至庶人都一样。经,常。⑧ 顺而讨:指有的礼仪是从尊到卑顺次降等。讨,犹"去"。⑨ 摲(chàn)而播:指有的礼仪尊者所有,而流布于贱者。摲,芟除。播,布。⑩ 推而进:指有的是将身份低的人推而进之,使可举行身份高的人才可举行的礼仪。⑪ 放而文:指有的礼仪仿效古礼而更加文饰。放,通"仿",效。⑫ 放而不致:指有的礼仪仿效古礼而有所减损。⑬ 顺而摭:指有的礼仪从尊到卑,顺次各有所取。摭,拾取。

10. 三代之礼一也,民共由之。或素或青,夏造殷因①。周坐尸②,诏侑武方③，其礼亦然，其道一也。夏立尸而卒祭④，殷坐尸，周旅酬六尸⑤。曾子曰："周礼其犹醵与⑥？"

【注释】

①"或素"二句：商代尚白，夏代尚黑。此二句言虽黑、白所尚不同，但礼却是前后相承的。素，白，青，黑。②周坐尸：此句言周代让尸坐着，目的在说明周礼因于殷礼。尸，宗庙祭祀时，代死者受祭的人。③诏：告。侑：此处指劝尸饮食。武方：当作"无方"，犹言无常，即没有规定。④立尸：指让尸在无事时站着，只有饮食时才暂时坐到神座上。卒祭：直到祭祀结束。⑤旅酬六尸：旅，序，按次。酬，主人先自饮酒，然后再酌酒劝客人饮，叫做酬。旅酬有似今之接力竞走：甲酬乙饮，乙酬丙饮，丙酬丁饮……六尸，天子七庙，每个庙里的祖先都有尸。周代祫祭时，六庙之尸都集中到太祖(后稷)庙中。此六尸相互依次相酬。⑥醵(jù)：凑钱饮酒。按，众人凑钱喝酒，一定比较均平，旅酬六尸与之有相似处，故云。

11. 君子曰：礼之近人情者，非其至者也①。郊血②，大飨腥③，三献爓④，一献孰⑤。是故君子之于礼也，非作而致其情也，此有由始也⑥。是故七介以相见也，不然则已悫⑦；三辞三让而至⑧，不然则已蹙⑨。故鲁人将有事于上帝，必先有事于頖宫⑩。晋人将有事于河，必先有事于恶池⑪。齐人将有事于泰山，必先有事于配林⑫。三月系⑬，七日戒⑭，三日宿⑮，慎之至也。故礼有摈诏⑯，乐有相步⑰，温之至也。

【注释】

①"礼之"二句：人情，指现在的人情。至，犹言最高、最隆重。②郊血：指祭天之礼以荐血开始。③大飨：指祫祭(在始祖庙里合祭祖先)。腥：指用生肉。④三献：指祭山林川泽之神，因祭祀时献酬三次，故名。爓(xún)：同"燖"。放入沸水中略煮即取出的半生半熟的肉。⑤一献：指祭祀各种低级别的小神。孰：同"熟"，熟肉。⑥"非作"二句：谓礼并非创造出来以表达感情，而是效法古代之礼。⑦已悫：太质朴。⑧三辞三让：

指主客相见时,主人三请,客人三让。⑨ 已蹙:太急促。⑩ 頖宫:即泮宫,指鲁国的学宫。⑪ 恶池:"恶"当作"呼",呼池,并州的一条河。⑫ 配林:树林名。按,"故鲁"以下六句,皆谓祭祀从小至大。⑬ 三月系:指供祭祀用的牺牲须在三个月前即关养在牢圈中。⑭ 七日戒:指祭前第十天至第三天,共有七天。戒,敬斋。按,敬斋七日,可以外出,但不作乐,不吊丧,不可与妻妾同房。⑮ 三日宿:宿犹言"肃"。指祭前三天实行严格的斋戒。⑯ 擯诏:协助宾主行礼的人。宾主相见,由擯通报引导。⑰ 相步:扶持乐师行路的人。古代乐师多为盲人,所以需要"相步"。

12. 礼也者,反本修古①,不忘其初者也。故凶事不诏②,朝事以乐③;醴酒之用,玄酒之尚④;割刀之用,鸾刀之贵⑤;莞簟之安,而稿鞂之设⑥。是故,先王之制礼也,必有主也⑦。故可述而多学也。君子曰:"无节于内者⑧,观物弗之察矣。欲察物而不由礼,弗之得矣。故作事不以礼,弗之敬矣;出言不以礼,弗之信矣。故曰:礼也者,物之致也。"

【注释】

① 反本:返回本性。一说,返回到事物之根本(最初状态)。修古:犹言"按古代的方法行事"。② 凶事:指父母之丧。诏:告。按,父母之丧,不待别人相告,子女自然就会伤心流泪,此是本性使然。这就是"反本"。③ 朝事:朝廷宴乐群臣之事。乐:音乐。④ 玄酒之尚:以玄酒(水)为上。按,远古时期无酒,以水代替。故后来重大礼仪中以水为玄酒,以示不忘根本。⑤ 鸾刀之贵:宗庙祭祀,割牲时以鸾刀(刀上有铃者)为贵。鸾刀也是古代的刀。⑥ "莞簟"二句:莞(guān),即席子草,此处指用莞所编的草席。簟(diàn),竹席。鞂(jiē),即"秸"。稿鞂指用农作物的秸秆编成的垫子。此二句言虽然坐在莞簟上面比较安适,但祭天时设席却用稿鞂。按,玄酒、鸾刀、稿鞂三物,均属于"修古"。⑦ 有主:犹言有一主导思想(即反本修古)。⑧ 无节于内:节犹"验","内"指内心。此句连下言内心若无检验标准,则观察事物即不能做到明察。

13. 是故,昔先王之制礼也,因其财物而致其义焉尔①。故作大事必顺天时,为朝夕必放于日月②,为高必因丘陵,为下必因川泽。是故天时雨泽,君子达亹亹焉③。是故,昔先王尚有德,尊有道,任有能。举贤而置之,聚众而誓之。是故因天事天,因地事地,因名山升中于天④,因吉土以飨帝于郊⑤。升中于天,而凤凰降,龟龙假⑥。飨帝于郊,而风雨节,寒暑时。是故圣人南面而立,而天下大治。

【注释】

① 财物:即本篇开头所说的天时所生、地理所宜、人官所能。② 朝夕:指天子在春分早晨祭日,秋分傍晚祭月。放:仿,效。③ 达:犹"皆"。亹亹(wěi):勤勉的样子。此连上句言天降雨泽时,君子(此处指天子)都勉力报答神祇的功德。④ 升中于天:中,成。指将治国的成功(通过燔柴祭天)升告上天。⑤ 吉土:指天子通过占卜而选择的建都之处。飨帝于郊:指在南郊祭天。⑥ 假:至。

14. 君子曰:"甘受和①,白受采。忠信之人,可以学礼。苟无忠信之人,则礼不虚道②。是以得其人之为贵也。"孔子曰:"诵《诗》三百,不足以一献③;一献之礼,不足以大飨④。大飨之礼,不足以大旅⑤;大旅具矣,不足以飨帝。毋轻议礼!"

【注释】

① 甘受和:此句言甘可以与其他各味相调和。按古人认为甘为五味之本,不偏主一味,故能"受和"。② 道:由,从。"礼不虚道",即礼不虚从其人,指即使学礼也无所得。③ "诵诗"二句:意为虽然熟读《诗经》,似乎很会讲话了。但由于未学礼,故未必能承担一献之礼。④ "一献"二句:一献之礼简单易行,大飨之礼繁重复杂。此二句言虽懂得一献之礼,却不足承担大飨之礼。⑤ 大旅:与下句"飨帝"皆为祭天,而飨帝之礼更隆重。

【导读】

"礼器"二字实际包含两层含义。一是说礼为人修身养德的利器;二是说人若能以礼为修身之具,则自身即可成大器。

文中将礼分为"本"(根本原则)与"文"(外表文采,即形式上的一些表现)两部分。以忠信为礼之本,以义理为礼之文。这两者都很重要。"君子之于礼也,有所竭情尽慎,致其敬而诚若,有美而文而诚若。"(第9节)无论是表达内心的敬意或是外在的美好文饰,都要出自于诚。但相较之下,作者更强调礼之本——忠信。第14节说:"甘受和,白受采。忠信之人,可以学礼。苟无忠信之人,则礼不虚道。"

文中列举了礼以多为贵与以少为贵、以大为贵与以小为贵、以高为贵与以下为贵、以文为贵与以素为贵矛盾对立的众多实例,这些都属于礼之文。大约凡是易于用客观物质的丰俭厚薄来显示程度差异的礼,通常以多、大、高、文为贵;而主要着重于通过内心虔敬来表现礼之隆重者,则通常以少、小、下、素为贵。所谓"至敬不坛"、"至敬无文",也是这个意思。

效特牲第十一

1. 郊之祭也①,迎长日之至也②,大报天而主日也③。……万物本乎天,人本乎祖,此所以配上帝也④。郊之祭也,大报本反始也⑤。

【注释】

① 郊:祭天、地之礼在王城之郊举行,因而都称为"郊"。此处指的是祭天。② 迎长日之至:指冬至祭天。从冬至开始,白天渐长,所以说是"迎长日之至"。③ 报天:报答天给人类的恩惠。主日:祭天之礼以日为主。④ 配上帝:指祭天时以始祖配祭。⑤ 报本反始:报答所受到的恩惠,不忘自己的一切来自何处。

2. 天子大蜡八①。伊耆氏始为蜡②。蜡也者,索也③,岁十二月,合聚万物而索飨之也。蜡之祭也,主先啬而祭司啬也④。祭百种⑤,以报啬也。飨农及邮表畷、禽兽⑥,仁之至,义之尽也。古之君子,使之必报之。迎猫,为其食田鼠也,迎虎,为其食田豕也,迎而祭之也。祭坊与水庸⑦,事也⑧。曰:"土反其宅⑨,水归其壑⑩,昆虫毋作,草木归其泽⑪。"

【注释】

① 蜡(zhà)：年终祭祀诸神。大蜡八，祭祀八神，即下文先啬、司啬、百种、农、邮表畷、禽兽、坊、水庸八神。② 伊耆氏：传说中的古天子之号。③ 索：求，寻找。④ 先啬：指神农。司啬：指后稷。此句谓以先啬为主，而以司啬从祭。⑤ 百种：百谷之种。⑥ 农：指田畯(古代的田官)。邮表畷(chuò)：田间庐舍和阡陌之神。禽兽：即下文猫、虎之类。⑦ 坊：堤防，堤坝。水庸：田间沟渠。⑧ 事：坊与水庸都是人工建筑或开挖的，所以说"事也"。⑨ 土：指坊。"土反其宅"意为堤坝不要崩塌。⑩ 水：指水庸。⑪ 草木：指杂草及荆榛一类树木。"归其泽"指均生长于薮泽之中，不要危害农田。按，"土反"四句当是祭祀坊与水庸时的祝词。

3. 酒醴之美①，玄酒、明水之尚②，贵五味之本也③。黼黻文绣之美④，疏布之尚⑤，反女功之始也。莞簟之安⑥，而蒲越、稿鞂之尚⑦，明之也⑧。大羹不和⑨，贵其质也。大圭不琢⑩，美其质也。丹漆雕几之美⑪，素车之乘⑫，尊其朴也，贵其质而已矣。所以交于神明者，不可同于所安亵之甚也⑬。如是而后宜。

【注释】

① 醴：甜酒。② 玄酒：水。明水：以铜鉴放置月光下所取得的露水。尚：同"上"。此句连上是说酒醴虽美，但祭祀时却以玄酒、明水为上。③ 五味之本：玄酒、明水无味，但没有无味之水，则各种食物的味道就不能形成，所以说水是五味之本。④ 黼黻(fǔ fú)：古代礼服上所绣的花纹。⑤ 疏布：粗布。⑥ 莞簟：见《礼器》第12节注⑥。⑦ 蒲越：用蒲草编结的席子。稿鞂：见《礼器》第12节注⑥。⑧ 明之：意为明确这是神的席位。⑨ 大(tài)羹：煮肉汁。不和：指不加盐菜等调味品。⑩ 大圭：天子所用的圭。不琢：指不雕刻花纹。⑪ 几(qí)：器物上的凹凸纹。⑫ 素车：无任何装饰的车。殷商祭天车名大路，即全无装饰。此句连上，意思是一般的车以涂成红色、刷上油漆并雕刻各种花纹为美，但祭天用的车却没有任何装饰。⑬ 安亵：指日常用品，包括酒醴、莞簟、车辆等等。此连上句谓凡是用于和神灵交往的物品，都不可与日常用品那样讲究装饰。

4. 冠义①：始冠之，缁布之冠也②。大古冠布，齐则缁之③。其緌也④，孔子曰："吾未之闻也。"冠而敝之可也⑤。適子冠于阼⑥，以著代也⑦。醮于客位⑧，加有成⑨。三加弥尊⑩，喻其志也⑪。冠而字之⑫，敬其名也。委貌，周道也；章甫，殷道也；毋追，夏后氏之道也⑬。周弁，殷冔，夏收⑭，三王共皮弁素积⑮。

【注释】

① 冠义：《仪礼》有《士冠礼》一篇，"冠义"即解释《士冠礼》中若干仪式的含义。② 缁(zī)：黑色。缁布冠，黑色麻布冠，这是行冠礼时最先戴的一顶冠。③ "大古"二句：意为：太古时期人们用麻布做冠，斋戒时就把它染成黑色。齐，通"斋"。④ 緌：冠带下垂的部分。⑤ 冠而敝之可也：因缁布冠是模仿太古时期人们的冠饰，今人已不用，所以在行过冠礼以后，即可弃置一旁，任其敝坏。⑥ 適：通"嫡"。適子，指嫡长子。冠于阼：在堂的阼阶(东阶)上举行冠礼。⑦ 著：表明。按阼阶是主人所用，在阼阶上给嫡长子举行冠礼，就是表示他将来要代替父亲成为这一家的主人，所以说"著代"。⑧ 醮：一种尊者对卑者敬酒的简单礼节，尊者敬酒，卑者不回敬。客位：堂的西边为宾客之位。⑨ 加有成：指每加一次冠即醮一次，以表示礼的完成。⑩ 三加：冠礼中共加三次冠，第一次为缁布冠，第二次为皮弁，第三次为爵弁。爵弁比皮弁尊贵，皮弁又比缁布冠尊贵，所以说"三加弥尊"。⑪ 喻其志：(三次加冠，一次比一次尊贵，)这是为了让冠者明白他应当有不断上进之志。⑫ 冠而字之：行冠礼时，由主要的来宾给冠者取一个字，以后大家即称他的字，而不再称名，以表示对他的名的尊重。所以下文说"敬其名也"。⑬ 委貌、章甫、毋追(móu duī)：皆为缁布冠，只是形制不同而已。道：犹言形制。⑭ 弁、冔(xǔ)、收：分别是夏、商、周三代举行冠礼时第三次所加的冠。弁指爵弁。⑮ 三王共皮弁：三代行冠礼时，第二次所加的冠皆为皮弁，所以说"三王共皮弁"。素积：以白缯为裳，所以称"素"。"积"指裳多褶襉。素积也是第二次加冠时所服。

5. 无大夫冠礼而有其昏礼①。古者，五十而后爵，何大夫冠礼之有？

诸侯之有冠礼,夏之末造也②。天子之元子③,士也。天下无生而贵者也。继世以立诸侯④,象贤也⑤。以官爵人,德之杀也⑥。死而谥,今也⑦。古者生无爵,死无谥⑧。

【注释】

① 昏:通"婚"。② 末造:犹言"末世"。作者的意思是:夏朝末年,诸侯开始世袭,有些诸侯幼年即位,至成年时须举行冠礼,所以就产生了诸侯的冠礼。③ 元子:嫡长子。④ 继世以立诸侯:指儿子在父亲去世后继位为诸侯。⑤ 象贤:象,相象;贤,指先世的贤德贤才。⑥ 杀(shài):衰减,降低。按,"继世"以下至此四句,谓在父亲去世以后,立他的一个儿子继位为诸侯,本来是因为"象贤"(即儿子有和父亲相似的德和才),但后世固定为嫡长子继承制,失去了"象贤"的意义,这是道德的衰退。⑦ 今:当是指春秋以来。⑧ "古者"二句:"古"指周初以前。二句谓周初以前,若生时无爵位,则死后即无谥号。

6. 礼之所尊,尊其义也①。失其义,陈其数②,祝史之事也③。故其数可陈也,其义难知也。知其义而敬守之,天子之所以治天下也。

【注释】

① 义:意义,指各种礼节、仪式所包含的特定意义。② 数:指行礼之时所用物品的种类、数量等。③ 祝:掌丧礼、祭礼的人,因为常常要向神祷告,所以称为"祝"。此处祝、史当是泛指负责礼典的官员。

7. 天地合而后万物兴焉。夫昏礼,万世之始也。取于异姓①,所以附远厚别也②。币必诚③,辞无不腆④,告之以直信。信,事人也;信,妇德也。壹与之齐⑤,终身不改。故夫死不嫁。男子亲迎,男先于女,刚柔之义也⑥。天先乎地,君先乎臣,其义一也。执挚以相见⑦,敬章别也。男女有别,然后父子亲。父子亲,然后义生⑧。义生,然后礼作。礼作,然后万物安。无别无义,禽兽之道也。

【注释】

① 取：通"娶"。② 附远：使远人来附，指加强与其他姓氏部族的联系。厚别：严格区别，指不得娶同姓妇女为妻。③ 币必诚："币"指纳徵（婚礼六礼中的第四礼，即定婚之礼）时男方送给女方的皮、帛等礼物。诚，信。此处指皮、帛等礼物不可质量低劣。④ 腆：善。"辞无不腆"意为在送礼时说的话要诚实可信，不要自谦说皮、帛不好。⑤ 壹与之齐：犹言"一旦与之结婚"。古人以"齐"释"妻"，意思是妻子与丈夫地位齐平。⑥ "男子"三句：结婚时，新郎要亲自到女家迎接新娘，这是因为男刚而女柔，男子应处于主导地位。先，指倡导。⑦ 挚：即"贽"，见面礼。此处指亲迎时新郎带到女方家中的大雁。⑧ 义：指君臣之义。

8. 婿亲御授绥①，亲之也。亲之也者，亲之也②。敬而亲之，先王之所以得天下也。出乎大门而先③，男帅女，女从男，夫妇之义由此始也。妇人，从人者也：幼从父兄，嫁从夫，夫死从子。夫也者，夫也④。夫也者，以知帅人者也⑤。

【注释】

① 亲御：亲自驾车。授绥：把登车时用手拉着的一根绳子（绥）交给新娘。② "亲之也者"二句：新郎之所以亲自驾车，这是为了表示对新娘的爱，从而使对方亲近爱戴自己。③ 大门：指女家之大门。先：新郎之车在前。按，亲迎时新郎、新娘各自有车。本节首句"婿亲御授绥"，只是亲迎之礼中的一个仪式，随后新郎就把新娘所乘车交给专门的驾车人，而登上自己来时所乘车。④ "夫也者"二句："夫"的意思，就是丈夫。一说，后一个"夫"当作"傅"，师傅。⑤ 以知帅人：用自己的智慧率领别人。

9. 玄冕斋戒，鬼神阴阳也①。将以为社稷主，为先祖后②，而可以不致敬乎？共牢而食③，同尊卑也。故妇人无爵，从夫之爵，坐以夫之齿④。器用陶匏，尚礼然也⑤。三王作牢，用陶匏⑥。厥明⑦，妇盥馈⑧；舅姑卒食，妇馂余，私之也⑨。舅姑降自西阶，妇降自阼阶，授之室也⑩。昏礼不用乐,幽阴之义也⑪。乐,阳气也。昏礼不贺,人之序也⑫。

【注释】

①"玄冕"二句:意为夫妇皆穿着祭祀用的服装斋戒沐浴而行亲迎之礼,其隆重虔诚有如祭祀鬼神。②"将以"二句:妻主内,国君之妻为社稷内主,所以说"为社稷主"。夫妇结婚,为祖先传宗接代,所以说"为先祖后"。③牢:牛羊豕三牲为太牢,羊豕二牲为少牢。"共牢而食"指夫妇二人共食一牢(或太牢或少牢)。④坐以夫之齿:此句谓饮宴时,根据丈夫(而不是妻子自己)的年龄安排座位。齿,年龄。⑤"器用"二句:婚礼时用陶器、葫芦瓢等作为饮食器具,这是因为上古之礼如此。尚礼,上古之礼。⑥"三王"二句:谓远古时期并无夫妇共牢之礼,是夏、商、周三代才开始兴起此礼,而饮食器具则仍用远古使用的陶器、葫芦瓢。⑦厥:其。厥明,指夫妇共牢而食的第二天。⑧盥馈:指新娘手脸洗得干干净净给公婆送早饭。⑨"妇馂"二句:新娘将公婆(赏赐给她的)吃剩的食物吃掉,以此表示公婆对新娘的偏爱。⑩"舅姑"三句:公婆从西边的台阶下堂,新娘从东边的台阶下堂,这就表示公婆已将家交给新娘。(东边台阶是主人所用。)⑪"昏礼不用乐"二句:婚礼时不演奏音乐,意思是要新娘深思阴静之义,善修妇道。幽,深。⑫"昏礼不贺"二句:序,代。新婚夫妇将孕育新的生命,而公婆将因年老而离开这个世界。"人之序也"指的就是这种新旧代谢。"昏礼不贺"就是为此。

【导读】

祭天为古代最隆重的祭礼,只有天子才有资格举行。祭天时,以一头小牛作为献给天神的牺牲。篇名中的"特牲"意即一头牛。如果是祭社稷(土神和谷神),则牺牲当用"太牢",即牛、羊、豕各一头。这里也体现了《礼器》所说的"以少为贵"。

本书选文中,前三节的内容比较集中反映了古人"报本反始"以及有恩必报的思想。后面的第4至第9节,古人或认为当分属于《冠义》和《昏义》两篇,因错简而误收于此。

内则第十二

1. 在父母舅姑之所,有命之①,应"唯"②,敬对。进退周旋慎齐③,升降出入揖游④,不敢哕噫、嚏咳、欠伸、跛倚、睇视⑤,不敢唾洟⑥。寒不敢袭⑦,痒不敢搔。不有敬事,不敢袒裼⑧。不涉不撅⑨。亵衣衾,不见里⑩。

【注释】

① 有命之:指父母公婆有所吩咐。② 应"唯":答应时要说"唯"。(而不要说"诺",因为说"唯"比说"诺"显得恭敬。)③ 慎齐:"齐"通"斋",肃敬。④ "升降"句:此句谓升降堂阶、出入门户时要俯身而行。揖,指俯身;游,行。⑤ 哕(yuě):打呃。噫:嘘气。欠伸:伸懒腰。跛倚:跛指一脚站立,倚指身体靠着其他东西。睇视:斜视。⑥ 唾:吐唾沫。洟(yí):擤鼻涕。⑦ 袭:此处指添加衣服。⑧ 袒裼:脱去左衣袖,露出臂脯。按,通常情况下,以袒裼为敬。但子女在父母之所应表现的是质朴而非文饰,所以除非有重要的事,不能袒裼。⑨ 撅:揭起衣服。此句说不是涉水就不可揭起衣服。⑩ "亵衣"二句:内衣和被子不要把里子露出来。按,内衣及被子的里子比较脏,如果让父母看见了,这是对父母的不敬。

2. 父母唾洟不见①。冠带垢,和灰请漱②;衣裳垢,和灰请澣③;衣裳绽裂,纫箴请补缀④。五日,则燂汤请浴⑤,三日具沐。其间面垢,燂潘请靧⑥;足垢,燂汤请洗。

【注释】

① 唾洟不见:指父母衣服上不应有唾沫、鼻涕。② 和灰:用草木灰浸汁。按,草木灰水有去污作用。漱:用手洗。③ 澣:用足踏洗。④ 箴:同"针"。纫箴,用针穿好线。⑤ 燂(qián):烧热。燂汤,烧热水。⑥ 潘:淘米水。靧(huì):洗脸。

3. 男不言内,女不言外①。非祭非丧,不相授器②。其相授,则女受以篚③;其无篚,则皆坐奠之而后取之④。外内不共井,不共湢浴⑤,不通寝席⑥,不通乞假⑦。男女不通衣裳,内言不出,外言不入。

【注释】

①"男不"二句:意为男子在外不讲内庭的事(指酒食丝麻等家务事),女子在内不讲门外的事(指家国政事)。② 不相授器:指男女之间不直接用手传递物品。③ 篚:竹筐。④ 坐奠之而后取之:递东西的人坐着把东西放在地上,然后接东西的人坐着从地上取走。⑤ 湢(bì):浴室。不共湢浴,不在同一个浴室洗澡。⑥ 不通寝席:不共用寝席。⑦ 不通乞假:不相互要东西或借东西。

4. 男子入内,不啸不指①,夜行以烛,无烛则止。女子出门,必拥蔽其面②,夜行以烛,无烛则止。道路,男子由右,女子由左。

【注释】

① 不啸不指:不要长啸,不要用手指指点点。② 拥:犹障。拥蔽其面,用东西把脸遮住。

5. 父母有过,下气怡色①,柔声以谏。谏若不入,起敬起孝②,说则复谏,不说,与其得罪于乡党州闾③,宁孰谏④。父母怒不说,而挞之流血,不敢疾怨,起敬起孝。

【注释】

① 下气怡色:低声下气,和颜悦色。② 起敬起孝:犹言更加表现出恭敬和孝顺。③ 乡党州闾:二十五家为闾,五百家为党,二千五百家为州,一万二千五百家为乡。④ 孰谏:反复恳切地劝谏。孰,通"熟"。

6. 父母虽没,将为善,思贻父母令名①,必果②。将为不善,思贻父母羞辱,必不果。

【注释】

① 令名：美名，好名声。② 必果：一定去做，一定做成。

7. 舅没则姑老①，冢妇所祭祀宾客②，每事必请于姑，介妇请于冢妇③。

【注释】

① 老：指不再掌管家政。② 冢妇：嫡长子的妻子。所祭祀宾客：指凡有祭祀鬼神及接待宾客的事。③ 介妇：众妇，指嫡长子以外其他儿子的妻子。

8. 舅姑使冢妇，毋怠①，不友无礼于介妇②。舅姑若使介妇，毋敢敌耦于冢妇③，不敢并行，不敢并命④，不敢并坐。

【注释】

① 毋怠：指冢妇对公婆的使唤不可懈怠。②"不友"句：此句的主语也是冢妇，承前省去"毋"字，谓冢妇不可对介妇不友好或无礼。③"毋敢"句：指介妇不能要求和冢妇匹敌。④ 不敢并命：指介妇不可像冢妇那样命令他人。

9. 凡妇，不命适私室①，不敢退。妇将有事，大小必请于舅姑。

【注释】

① 命适私室：指公婆叫她回自己房间去。

10. 曾子曰："孝子之养老也，乐其心不违其志，乐其耳目，安其寝处，以其饮食忠养之①，孝子之身终②。终身也者，非终父母之身，终其身也。是故父母之所爱亦爱之，父母之所敬亦敬之，至于犬马尽然，而况于人乎！"

【注释】

① 忠养:犹言尽心以养(而不是只要让父母吃饱喝足就算完事)。② 孝子之身终:终孝子一生。此句连下意为父母虽已去世,但孝子必须事死如生,凡父母在世时所敬所爱的,自己也敬之爱之,直到自己身终。

11. 礼,始于谨夫妇①,为宫室,辨内外②。男子居外,女子居内,深宫固门,阍寺守之③,男不入,女不出。

【注释】

① 谨夫妇:慎重地对待夫妻关系。② 内外:"内"指燕寝,"外"指正寝。古代天子有六寝,路寝一,又称正寝,为办公场所;燕寝五,为休息场所。诸侯则三寝。③ 阍寺:阍人掌守中门之禁,寺人掌管内人的禁令。

12. 妻将生子,及月辰,居侧室①,夫使人日再问之。作而自问之②,妻不敢见,使姆衣服而对③,至于子生,夫复使人日再问之。夫齐,则不入侧室之门④。

【注释】

① 侧室:正寝在前,燕寝在后,侧室即燕寝的旁室。因正寝、燕寝地位较尊,故生子须到侧室。② 作:腹动,即将临盆。自问之:丈夫亲自去问候。③ 姆:女师。古人以年五十无子,不再嫁,能以妇道教人的妇女担任女师。衣服:犹言穿戴整齐。④ "夫齐"二句:意为妻子生产时如果适值丈夫斋戒,他就不到侧室去问候。

13. 子生,男子设弧于门左①,女子设帨于门右②。三日,始负子,男射女否③。

【注释】

① 男子:男孩。弧:弓。表示将来能打猎、作战。② 女子:女孩。帨:

佩巾。表示将来能侍奉别人。③"三日"三句:第三天才背着小孩出来,如果是男孩,就行射礼,如果是女孩就不用了。

14. 国君世子生,告于君,接以大牢①,宰掌具②。三日,卜士负之,吉者宿齐,朝服寝门外,诗负之③。射人以桑弧蓬矢六④,射天地四方⑤,保受乃负之⑥,宰醴负子,赐之束帛⑦。卜士之妻、大夫之妾,使食子⑧。

【注释】

① 接以大牢:在房间里陈设太牢(牛、羊、豕三牲)来迎接他的降生。② 宰:膳宰,负责国君膳食的官员。掌具:犹言掌管其事。③ "三日"五句:(生子)第三天,通过占卜选择一个士来背小孩。这个士必须前一天就斋戒,穿着朝服在正寝门外等候,然后把小孩接过来背着。宿,前一晚。齐,通"斋"。诗,通"持"。诗负之,用手把小孩接过来然后背在背上。④ 桑弧:桑木弓。蓬矢:蓬草做的箭。桑弧蓬矢象征远古时期的武器与射猎工具。⑤ 射天地四方:象征男子上事天,下事地,旁御四方之难。⑥ 保:保姆。受:指从士的手上把小孩接过来。⑦ "宰醴"二句:"醴"当作"礼",此处指行一献之礼。主人先敬宾客酒,叫做献;宾客回敬主人酒,叫做酢;主人先自己饮酒,再劝宾客饮酒,叫做酬;献、酢、酬合起来为一献。此二句谓膳宰用一献之礼及五匹帛酬谢背小孩的士。⑧ "卜士"二句:指通过占卜选择一个士的妻或大夫的妾担任小孩的乳母。

15. 三月之末①,择日剪发为鬌②,男角女羁③,否则男左女右④。是日也,妻以子见于父,贵人则为衣服⑤,自命士以下皆漱浣⑥,男女夙兴,沐浴衣服,具视朔食⑦。夫入门,升自阼阶,立于阼,西乡;妻抱子出房,当楣立⑧,东面。

【注释】

① 三月:指小孩出生的第三个月。② 鬌(duǒ):留而不剪的头发。③ 角:指囟门两旁靠近额角的地方头发留而不剪。羁:指头顶部的头发纵、横各留一狭条相交。④ 男左女右:指男孩留左边的头发,女孩留右边

的头发。⑤ 贵人:指卿大夫。为衣服:制作新衣服。⑥ "自命"句:命士以下不须制新衣,但需将衣服洗干净。⑦ 具:馔具,实即指食物,供礼仪结束后夫妇食用。视朔食:言所具备的食物与每月初一天子、诸侯、大夫、士所食之礼相同。天子太牢、诸侯少牢、大夫特豕、士特豚。⑧ 楣:栋下面的一根横木。

16. 姆先①,相曰②:"母某敢用时日祇见孺子③。"夫对曰:"钦有帅④。"父执子之右手,咳而名之⑤。妻对曰:"记有成⑥。"遂左还授师子⑦。师辩告诸妇诸母名⑧,妻遂适寝⑨。夫告宰名⑩,宰辩告诸男名⑪,书曰"某年某月某日生",而藏之。宰告闾史,闾史书为二,其一藏诸闾府,其一献诸州史,州史献诸州伯,州伯命藏诸州府⑫。夫入,食如养礼⑬。

【注释】

① 姆先:指女师站在妻子一侧而稍前的位置上。② 相:助,指帮助妻子传话。③ 母某:孩子的母亲某某。时日:是日,这一天。祇:敬。见(xiàn):引见。④ 钦:敬。帅:循。"钦有帅"意为"你要教导他恭敬地遵循善道"。⑤ 咳(hái):颔,下巴。此句连上谓父亲一手拉着孩子的右手,一手托着孩子的下巴,给他取名。⑥ 记有成:这是妻子代替孩子回答,意为"我要谨记您的话,将来有所成就"。⑦ 还:通"旋"。此句谓妻子说完话后,转身向左,把孩子交给老师。⑧ 辩:通"遍"。诸妇:指同族地位较低者之妇。诸母:众妾。此句谓老师将孩子的名字逐一告诉在场的诸妇、诸母。⑨ 适寝:指到丈夫的燕寝去。⑩ 宰:家臣之长。此句是丈夫把孩子的名字告诉宰。⑪ 诸男:在场的同宗男子。⑫ "宰告"六句:二十五家为闾,闾的长官为闾胥(闾史)。二千五百家为州,州的长官为州伯。州史为州伯的属吏。府,藏物之处。⑬ "夫入"二句:丈夫进入自己的燕寝,按照平时夫妇供养的常礼与妻子一起进食。

17. 庶人无侧室者,及月辰,夫出居群室①。其问之也②,与子见父之礼,无以异也③。

【注释】

① 群室:指夹室之类。庶人(普通老百姓)有的没有侧室,夫妻共一个燕寝,所以妻子生小孩时丈夫必须避居群室。② 问之:指妻子到了月份时,丈夫派人一天问候两次,以及阵痛之时丈夫亲自去问候妻子。③ 无以异:指与大夫、士并无不同。

18. 子能食食,教以右手①。能言,男"唯"女"俞"②。男鞶革③,女鞶丝。

【注释】

① 教以右手:教他使用右手。② "唯"、"俞"都是应答之声,"唯"声较直,"俞"声较婉,故用为男女之别。③ 鞶(pán):小囊,用于装佩巾等。此句言男孩的小囊用皮革做。

19. 六年,教之数与方名①。七年,男女不同席,不共食。八年,出入门户及即席饮食,必后长者,始教之让②。九年,教之数日③。十年,出就外傅,居宿于外,学书计④,衣不帛襦裤⑤,礼帅初⑥,朝夕学幼仪⑦,请肄简、谅⑧。十有三年,学乐,诵诗,舞勺⑨。成童舞象⑩,学射御。

【注释】

① 方名:方向的名称(东西南北)。② 让:礼让。③ 数日:指以干支记日。④ 书计:写字和算术(古代六艺中的"六书"、"九数"等课程)。⑤ "衣不"句:穿的短袄和套裤都不能用帛做。(因为太暖,也为了防奢侈。)⑥ 礼帅初:谓行动都要遵循以前所学的礼节。⑦ 幼仪:幼小时所应奉行的礼节仪法,如上文出入饮食必后长者之类。⑧ 肄:学习。简:指教师所书写的课文。谅:言语信实。这里指应对之辞。⑨ 舞勺:"勺"同"籥"(yuè),一种管乐器,可执之以舞。勺舞是一种文舞。⑩ 成童:十五岁。舞象:武舞,手持竹竿以象干戈而舞。

20. 二十而冠,始学礼①,可以衣裘帛,舞大夏②,惇行孝弟,博学不教③,内而不出④。三十而有室⑤,始理男事⑥,博学无方⑦,孙友视志⑧。四十始仕,方物出谋发虑⑨,道合则服从⑩,不可则去。五十命为大夫,服官政⑪。七十致仕⑫。凡男拜,尚左手⑬。

【注释】

① 礼:指吉、凶、军、宾、嘉五礼。② 大夏:禹乐,一种文舞。③ 不教:指还不能教育别人。④ 内:同"纳",指内心蕴蓄美德。不出:指不能出而担任职务,处理事情。⑤ 有室:结婚成家。⑥ 男事:指接受分给的土地、参加政事、服劳役等。⑦ 方:常。无方,指没有固定的学习内容。⑧ 孙:顺。孙友,与朋友和顺相处。视志:指观察朋友的志向。⑨ 方物:比照事物。此句言根据事物自然之理而定计谋、出主意。⑩ 服从:"服"是服事,指接受某个职务或去做某项工作。"从"是听从、跟从,指听从于国君。⑪ 服官政:参与邦国大事。⑫ 致仕:告老退休。⑬ 尚左手:左手在右手之上。

21. 女子十年不出①,姆教婉娩听从②,执麻枲③,治丝茧,织纴组紃④,学女事以共衣服⑤,观于祭祀,纳酒浆笾豆菹醢,礼相助奠⑥。十有五年而笄⑦,二十而嫁。有故⑧,二十三年而嫁。聘则为妻,奔则为妾⑨。凡女拜,尚右手⑩。

【注释】

① 十年不出:到了十岁就不再外出。② "姆教"句:女师教导女孩言语婉顺、表情柔媚,服从长者。③ 执麻枲(sǐ):指绩麻。④ 纴:缯帛。组紃:两种丝带,组薄而阔,紃似绳。⑤ 女事:上文"执麻枲,治丝茧,织纴组紃"皆为女事。共:通"供"。⑥ "观于"三句:让女孩参观祭祀仪式,把酒、浆、笾、豆、菹、醢一一装好,按照礼节帮助长者安置祭品。菹(zū),腌菜。醢,肉酱。相,帮助。奠,安置,停放。⑦ 笄(jī):簪子,用来固定盘到头上的头发。古代女子十五岁时,如果许嫁,则行笄礼并取字。⑧ 有故:指有父母之丧。⑨ "聘则"二句:如果男方是以礼聘问娶去的,那就是正妻;如果不待礼聘就嫁给对方,那就叫奔,嫁过去只能做妾。⑩ 尚右手:(行拜

礼时)右手在左手上。

【导读】

　　本篇主要记男女居家时侍奉父母公婆的各种礼仪法则,所以名为"内则"。朱熹认为是礼古经。但全篇各章节之间,颇有前后不连贯之处,有些内容亦与侍奉父母公婆无关。故古人多认为文中有脱误,或有他篇的章节误入本篇。

　　从本书选注的20个章节中,我们可以看到古代年轻人在父母公婆面前必须持有的恭敬、谦卑的神态以及对父母的悉心照顾。不过,古人也认为对父母不应一味地服从,而是在父母有过时应坚持劝谏,以免父母得罪于乡党州间。这与后世某些书中所宣扬的"孝"显然是有区别的。

　　在本篇我们还可看到古代对男女接触的严格防闲。"非祭非丧,不相授器。其相授,则女受以篚;其无篚,则皆坐奠之而后取之。"(第3节)这就是对所谓"男女授受不亲"的具体说明。古人确实是曾经这样做的。不过,"道路,男子由右,女子由左"这样的规定,在古籍中找不到佐证。虽有人解释为专指宫中道路,但恐怕只是古人的一种设想,实际生活中并不具有可操作性。

　　在本篇选注的第12至16节中,我们可以了解古代贵族家庭婴儿出生前后的一些风俗习惯。在第17、18两节,则可以了解古代儿童教育的某些细节。

玉藻第十三

　　1. 君无故不杀牛①,大夫无故不杀羊,士无故不杀犬豕。君子远庖厨,凡有血气之类②,弗身践也③。

【注释】

　　① 故:指祭祀及宾客飨食之礼。② 有血气之类:指有血有气的动物。③ 践:当作"翦",音近而误。翦犹杀。

2. 至于八月不雨①,君不举②。年不顺成,君衣布搢本③,关梁不租④,山泽列而不赋⑤,土功不兴⑥,大夫不得造车马。

【注释】

① 八月:八个月。② 举:国君每日吃饭要杀牲,杀牲盛馔就叫做"举"。"不举"即不杀牲。③ 衣布:穿麻布之衣。搢:插。本:指士所用的竹笏,用象牙装饰其下端。按,国君本应用象笏,穿麻布衣、插竹笏都是表示年成不好,国君应贬损自责的意思。④ 关梁不租:关口和桥梁不收租税。⑤ 列:通"迾",遮遏的意思。此句意为禁止在山泽采伐渔猎,不收赋税。⑥ 土功不兴:犹言不搞建筑。

3. 君子之居恒当户①,寝恒东首②。若有疾风迅雷甚雨,则必变③,虽夜必兴④,衣服冠而坐。

【注释】

① 居恒当户:坐的时候总是对着门。② 寝恒东首:睡的时候总是头朝东。③ 变:指整顿仪容、改变姿势之类。④ 兴:起身。

4. 日五盥①,沐稷而靧粱②,栉用樿栉③,发晞用象栉④。进禨进羞⑤,工乃升歌⑥。浴用二巾,上绨下绤⑦,出杅⑧,履蒯席⑨,连用汤⑩,进蒲席,衣布晞身⑪,乃屦,进饮⑫。

【注释】

① 盥:洗手。② 沐稷:用淘稷的水洗头发。靧(huì)粱:用淘粱的水洗脸。靧,洗脸。③ 樿栉:白木梳。此句言用白木梳梳理洗湿了的头发(以去除污垢)。④ 晞:干。此句言头发干了以后用象牙梳梳理。⑤ 禨:酒。羞:指笾、豆里的食物。古人认为沐后气虚,饮酒进食听音乐可以补气。⑥ 工:乐工。升歌:升堂唱歌。⑦ 绨(chī):细葛布。绤(xī):粗葛布。此句言上身用细葛布所制的毛巾,下身用粗葛布所制的毛巾。⑧ 杅(yú):浴盆。⑨ 履蒯席:站在用蒯草做的席子上。(蒯草席粗涩,可将足

底污垢刮去。)⑩ 连用汤：用热水冲洗双脚。⑪ 衣布晞身：穿上麻布浴衣以吸干身上的水。⑫ 进饮：即进礼。同时也应"进羞"、"升歌"，承上文而省。

5. 侍坐①，则必退席②；不退，则必引而去君之党③。登席不由前，为躐席④。徒坐不尽席尺⑤，读书、食则齐⑥。豆去席尺。

【注释】

① 侍坐：指臣子陪侍国君坐。② 退席：把自己（臣）的坐席向侧后方退一点。③ 党：处所。"去君之党"谓离开国君所坐之处稍远一点。④ 躐(liè)：逾越。此句谓登席入座当从后面上，如果从前面登席，那就叫躐席，不合于礼。⑤ 徒坐：空坐，指不在饮食或读书时坐在席上。不尽席尺：身体距离席的前缘一尺。⑥ 齐：指身体与席的边缘平齐，即坐在靠近前缘处。

6. 若赐之食而君客之①，则命之祭然后祭②；先饭辩尝羞③，饮而俟④。

【注释】

① 君客之：国君以客礼待臣。② 祭：指祭食，即在进食前先取一片所食之物，放在俎豆边上，表示对当初发明此食物之人的报答。凡主客共食，都是主人先祭而后客祭。臣侍君食则不祭。但如果国君以客礼待臣，则臣就可以祭食。③ 国君进食时，都有膳宰先尝食。在国君以客礼待臣时，侍食的臣先遍尝各种食物，表示代替膳宰做事。辩，通"遍"。④ 饮而俟：指臣子在遍尝各种食物后，喝一点饮料，等国君先食。

7. 若有尝羞者①，则俟君之食然后食②，饭，饮而俟③。君命之羞，羞近者④；命之品尝之⑤，然后唯所欲。凡尝远食，必顺近食⑥。

【注释】

① 尝羞者：指膳宰，先尝食。②"则俟"句：指在有膳宰尝食的情况

下,侍食的臣就不需要祭食和尝食,只是先喝一点饮料,等国君先吃饭,然后自己再吃。③ 饭,饮而俟:指吃饭以后,还是先喝一点饮料,等待为国君"飧"。④ 羞近者:吃靠近自己的菜肴。⑤ 品尝之:逐一品尝各种菜肴。⑥ "凡尝"二句:凡是尝远处的食物,要从近处的食品顺次吃过去。

8. 君未覆手①,不敢飧②;君既食,又饭飧。饭飧者,三饭也。君既彻③,执饭与酱,乃出授从者④。

【注释】

① 覆手:吃饱以后用手抹拭口边。② 飧(sūn):用饮料浇盛食器中的饭。古人在饭吃好以后,再用饮料浇饭吃三口("三饭")。有时是表示劝食,有时是表示客人赞美主人的食物。此处是臣以"三饭"劝国君吃饱。"君未覆手,不敢飧",是因为国君尚未食毕,所以不能"飧"。③ 彻:把食器撤下去。④ "执饭"二句:主语是臣。臣子把吃剩的饭和酱交给随从带回去,是表示对国君赐饭的重视。

9. 凡侑食①,不尽食②。食于人不饱③。唯水浆不祭,若祭,为已僷卑④。

【注释】

① 侑食:这里指侍食于尊者。侑,劝,劝尊者吃饱。② 不尽食:不能把食物吃光。③ 食于人不饱:此句以下是身份、地位相同的人作客之礼。④ 已:太。僷(yé):通"压",降低身份的意思。此句连上谓如果作客吃饭时连水浆也祭,那就太降低自己的身份了。

10. 凡尊必上玄酒①。唯君面尊②。唯飧野人皆酒③。大夫侧尊用棜,士侧尊用禁④。

【注释】

① 尊:酒尊,酒罈子。玄酒:水。此句是说宴会陈设酒尊,必以玄酒为上。这是表示不忘古的意思。② 唯君面尊:此句是说在国君宴请臣下

时,只有国君才能正对着酒尊。③ 飨野人:指年终蜡祭时宴请乡野平民。皆酒:指全部用酒,而不设玄酒(水)。④ "大夫"二句:侧尊,将酒尊置于旁侧,而不是正对着主人。棜(yù)、禁,都是放置酒尊的木制器具。棜,是无足的长方形木盘,禁形如方案。棜低于禁,见《礼器》第7节注③。

11. 君子狐青裘豹襃①,玄绡衣以裼之②;麑裘青犴襃③,绞衣以裼之④;羔裘豹饰⑤,缁衣以裼之;狐裘,黄衣以裼之。

【注释】

① 君子:指大夫、士。狐青裘:即青狐裘。豹襃:以豹皮为袖口。襃,同"袖"。② 玄绡衣:黑色绡衣。绡为一种丝织品。裼(xī):裼衣是加在裘衣外面的衣服。古人认为裘皮之衣不雅,不宜外露,所以外面要加裼衣。③ 麑:幼鹿。犴(ān):一种野狗,状如狐。④ 绞:苍黄色。⑤ 豹饰:犹言"豹袖"。

12. 锦衣狐裘①,诸侯之服也。犬羊之裘不裼②,不文饰也不裼③。裘之裼也,见美也④。吊则袭⑤,不尽饰也。君在则裼,尽饰也⑥。服之袭也⑦,充美也⑧。是故尸袭,执玉龟袭,无事则裼⑨,弗敢充也。

【注释】

① 锦衣狐裘:指狐白裘,外加锦衣为裼衣。② 犬羊之裘:庶人之服。③ 不文饰也不裼:凡不需文饰的情况下,都不需要露出裼衣。按,"裼"有二义。一指加在裘衣之外的裼衣,如上节各"裼"字。一指在行礼之时,将加在裼衣之外的上衣左袖脱下,以露出裼衣。此句中的"裼"及下文"裘之裼也"、"君在则裼"等"裼"字均为此义。④ 见美:表现出它(裼衣)的华美。⑤ 袭:不脱去裼衣外面所加上衣的左袖,使裼衣的华美不能表露出来,这就叫"袭"。此句连下谓:在吊丧的时候要袭,这是因为吊丧不能表现文饰的缘故。⑥ "君在"二句:凡国君在时,臣子均应袒露裼衣,这是为了尽量表现文饰。⑦ 服之袭也:按,行礼时一般以"裼"为敬。"袭"则有各种不同的原因:吊丧时袭,是因为吊丧以悲哀为主,不应当见美;"尸

袭",是因为尸代表鬼神,地位尊贵,无须向他人示敬;"执玉龟袭",是因为玉、龟为宝物,手执玉或龟甲行礼时内心恭敬严肃,不须见美。⑧ 充:覆盖。⑨ 无事:指行礼结束。裼:袒露裼衣。

13. 古之君子必佩玉①,右徵角,左宫羽②。

【注释】

① 佩玉:上有玉衡二块,下垂三道丝带,中间丝带的末端悬一块三角形的玉,叫"冲牙";另两条丝带末端各悬一块半璧形的玉,叫"璜"。行走时,冲牙碰击左右的璜而发出声音。② "右徵"二句:谓行走时右边的玉发出的声音合于徵和角,左边的玉发出的声音合于宫和羽。

14. 凡带必有佩玉①,唯丧否②。佩玉有冲牙③。君子无故玉不去身,君子于玉比德焉。

【注释】

① 带:指用皮革做的束腰带。② 唯丧否:服丧以悲哀为主,不宜装饰,故不再佩玉。③ 冲牙:见上节"佩玉"注。

15. 侍食于先生、异爵者①,后祭先饭②。客祭,主人辞曰:"不足祭也③。"客飧,主人辞以疏④。主人自置其酱,则客自彻之⑤。一室之人非宾客,一人彻⑥。壹食之人,一人彻⑦。凡燕食,妇人不彻⑧。

【注释】

① 先生:指年长于自己的人。异爵者:指爵位高于自己的人。② 后祭:吃饭时一般应先祭而后食。"后祭"意谓此饭不是为自己而设;"先饭"则是表示为长者、贵人尝食。③ 不足祭:这是主人的谦辞,意为饭食不好,不值得祭。④ "客飧"二句:客人在吃好以后,用饮料浇饭再吃三口,叫"三飧",意为称赞主人饭食味美。这时主人要推辞,说"粗茶淡饭,不值得吃饱"。疏,粗。⑤ "主人"二句:主人自己动手陈设酱,是对客人表示

尊敬,所以客人在吃完以后要自己动手把它撤下去。置,陈设,安置。⑥"一室"二句:同事而共居一室的人一起吃饭,其中并无宾主之分,则在吃完饭以后由其中年纪轻的一个人撤去食具。⑦"壹食"二句:因事而临时聚在一起吃饭,吃完以后也由其中年纪轻的人把食具撤下去。壹犹聚。⑧"凡燕"二句:燕食指日常的朝食、夕食(古人通常一日两餐)。妇女不撤食具,是因为妇女体弱无力。

16. 父命呼,唯而不诺①,手执业则投之②,食在口则吐之,走而不趋③。亲老,出不易方④,复不过时。亲瘠色容不盛⑤,此孝子之疏节也⑥。父没而不能读父之书,手泽存焉尔⑦;母没而杯圈不能饮焉⑧,口泽之气存焉尔⑨。

【注释】

① 唯而不诺:答应时说"唯"比说"诺"显得恭敬。② 手执业:手上有事。投之:(把手上的事)放下来。③ 走:奔跑。趋:快步走。④ 易方:改变原定的方向。⑤ 瘠(jí):病。色容不盛:指面有忧色。⑥ 疏节:疏简之节。此句连上意为:父母有病,此时儿子面有忧色,这只是儿子孝心的一种简单表现,却还谈不上至孝。⑦ 手泽:手汗沾润的痕迹。此句连上意为:父亲去世了,自己不忍心翻阅父亲的书籍,因为上面有他手汗沾润的痕迹。⑧ 杯圈:用木头制成的盛酒浆的器具。⑨ 口泽:口液沾润的痕迹。

【导读】

本篇原文首句曰"天子玉藻"(古代帝王贵族所戴的冕前有垂旒,用五彩丝绳穿玉而成,这就是玉藻),故即用"玉藻"二字作为篇名。原文前半部分主要记天子、诸侯的衣服、饮食、居处等方面的制度规定,后半部分主要记各种情况下的服饰制度,但"逸文错简"很多。本书选注了其中的16个章节。

在本书选注的章节中,我们可以看到在古代生产力十分落后的情况下,贵族的日常饮食其实也是并不丰盛的。遇到荒年,统治者必须有自我贬责的表示。虽然这种规定未必得到切实的遵守执行,但至少它体现了

《礼记》作者企图约束贵族和对民生关怀的一种良苦用心（第1、第2两节）。

从第6至第10节中，我们可以了解一些古代臣下陪侍君上吃饭的礼仪。第11至第14节可以让我们了解古人服饰方面的一些规定。

少仪第十七

1. 尊长于己逾等①，不敢问其年②。燕见不将命③。遇于道，见则面④，不请所之⑤。丧俟事，不犆吊⑥。侍坐，弗使不执琴瑟⑦，不画地⑧。手无容⑨，不翣也⑩。寝则坐而将命⑪。

【注释】

① 逾等：辈分比自己高。② 不敢问其年：按，地位低、年纪轻的人询问尊长年龄，则显得不恭敬。③ 燕见：私下见面，闲暇无事的相见。不将命：不使摈者（负责接待宾客的人）传话。按，不将命，是表示不敢自居于宾客身份，而是有如子弟。④ 见则面：如果尊长看见了，就去和他见面请安。⑤ 不请所之：不问尊长到哪儿去。⑥ "丧俟"二句：指尊长有丧事时，位低年轻者要等主人朝夕哭的时候才去吊唁，而不要在其他时间单独去吊丧。犆，同"特"，单独。⑦ "侍坐"二句：陪侍尊长坐时，尊长不吩咐，就不要弹奏琴瑟。⑧ 不画地：不要无故画地。⑨ 手无容：不要玩弄自己的手指。⑩ 不翣(shà)：不摇扇子。⑪ 寝则坐而将命：当尊长寝卧时，要坐着为尊长传话。（如果站着，就显得居高临下，对尊长不敬。）

2. 侍坐于君子，君子欠伸、运笏、泽剑首、还屦、问日之蚤莫①，虽请退可也。

【注释】

① 欠伸：打呵欠，伸懒腰。运笏：转弄手中的笏板。泽：抚摩。剑首：剑柄。还屦：拔转鞋头（表示想起来穿鞋）。按，一般人应将鞋脱在户

外,只有尊者脱在室内坐席一侧。蚤莫:早暮。

3. 不窥密①,不旁狎②,不道旧故③,不戏色④。

【注释】

① 不窥密:不窥视别人隐秘之处。② 不旁狎:不随便与人亲热。旁,犹妄。③ 不道旧故:指不说熟人以前的过失。④ 不戏色:不要有嬉笑侮慢的神态。

4. 为人臣下者,有谏而无讪,有亡而无疾①;颂而无谄,谏而无骄。怠则张而相之②,废则埽而更之③。谓之社稷之役④。

【注释】

① 亡:去,指离开国君。疾:怨恨。②"怠则"句:国君怠惰时要鼓励他,帮助他。张,使人振奋,即鼓励的意思。相,助。③"废则"句:如果国政已经废坏,则要扫除弊政,更创新政。④ 役:助。"社稷之役"犹言社稷之臣。

5. 毋拔来,毋报往①。毋渎神,毋循枉②,毋测未至③。士依于德,游于艺④;工依于法,游于说⑤。毋訾衣服成器⑥,毋身质言语⑦。

【注释】

①"毋拔"二句:"拔"、"报"(通"赴")都是急速之意。"来"、"往"泛指举动作为,而非指行路。二句意为:凡做一件事,不可仓促动手又随意放弃。亦即为人做事,不可轻率。② 毋循枉:已经做错的事,不要继续错下去。枉,邪曲。③ 毋测未至:对于未来的事不要妄加猜测。④ 艺:六艺,即礼、乐、射、御(驾车)、书(写字)、数(算术)六种技艺。⑤ 说:指关于工匠制造法式等问题的论说。⑥ 訾:批评,诋毁。成器:犹言重器。⑦ 身质言语:指对于可疑的传闻,未加调查,即一口咬定为事实。

6. 问国君之子长幼,长,则曰"能从社稷之事矣"①,幼,则曰"能御"、"未能御"。问大夫之子长幼,长,则曰"能从乐人之事矣"②;幼,则曰"能正于乐人"、"未能正于乐人"③。问士之子长幼,长,则曰"能耕矣";幼,则曰"能负薪"、"未能负薪"。

【注释】

① 社稷之事:指祭祀、军旅等事。② 乐人:大司乐,教国子音乐的人。"能从乐人之事"意即已学会音乐。③ 能正于乐人:意为已经能够接受大司乐的教育了。

7. 执玉、执龟策不趋①,堂上不趋,城上不趋。武车不式②,介者不拜③。

【注释】

① 策:指占筮用的蓍草。② 武车:兵车。式:行轼礼。轼为车前横木,乘车之人俯身以手抚轼,是表示敬意。③ 介者:身穿甲胄者。

8. 燕侍食于君子①,则先饭而后已②。毋放饭③,毋流歠④。小饭而亟之⑤,数噍⑥,毋为口容⑦。客自彻,辞焉则止⑧。

【注释】

①"燕侍"句:平时陪侍尊长吃饭。② 先饭:表示替君子尝食。后已:表示劝君子加餐。已,止。③ 放饭:把手中剩饭拂到盛饭的器皿中。(古人以手抓饭而食。)一说,指大口吃饭。④ 歠(chuò):饮。流歠,大口地喝。⑤"小饭"句:小口小口地吃饭而很快地咽下去。亟,速。⑥ 数噍:多咀嚼。"噍"同"嚼"。⑦ 口容:指鼓腮、咂嘴等不雅的口部动作。⑧ 辞焉:指主人劝阻客人自己撤食具。

9. 洗盥执食饮者勿气①。有问焉,则辟咡而对②。

【注释】

① 洗盥：指为尊长洗足、盥手。勿气：不要使口鼻的气息冲触尊长的手足及食物、饮料。② 辟：通"避"。咡（èr）：口旁，口耳之间。"辟咡而对"即把嘴偏向一侧回话，以免口气冲触尊长。

【导读】

本篇主要讲年轻人侍奉长者的礼节，也包括一些其他方面的细小威仪，故以"少仪"为篇名。

本书仅选注了其中9个章节。从这些章节中，我们既可以了解古人对年长者的尊重，更可以了解古人关于人际交往的一些经验之谈，其中不少内容对我们今天立身处世也仍有启发意义。比如第3节："不窥密，不旁狎，不道旧故，不戏色。"这是一种自重自爱同时又尊重别人的生活态度；"颂而无谄，谏而无骄"（第4节），这是工作人员对待单位领导应有的态度；"士依于德，游于艺"（第5节），这可以说是任何时代知识分子应有的生活态度；"毋拔来，毋报往"（第5节），我们不妨把此二句看作所有人对待学习、工作乃至婚姻、爱情所应有的态度。

学记第十八

1. 发虑宪①，求善良②，足以謏闻③，不足以动众④。就贤体远⑤，足以动众，未足以化民⑥。君子如欲化民成俗，其必由学乎！

【注释】

① 发虑宪：动脑筋思考。虑、宪义近，都是思虑的意思。② 求善良：指招求善良之人（以辅助自己）。③ 謏（xiǎo）：小。謏闻，小有名声。④ 动众：谓感动群众。⑤ 就贤：亲近贤人。体远：体察疏远之士的内心。⑥ 化民：教化人民，使养成良好的习俗。

2. 玉不琢，不成器；人不学，不知道①。是故古之王者建国君民，教学为先。《兑命》曰②:"念终始典于学③。"其此之谓乎!

【注释】

① 道:泛指天地自然及人类社会的规律。②《兑命》:《尚书》篇名,今作《说命》。③ 典:经,常。此句言人君当始终考虑关于学习的事。

3. 虽有嘉肴,弗食不知其旨也①;虽有至道,弗学不知其善也。是故学然后知不足,教然后知困。知不足,然后能自反也②;知困,然后能自强也。故曰:教学相长也。《兑命》曰:"学学半③。"其此之谓乎。

【注释】

① 旨:味美。② 自反:反求诸己,即反过来要求自己加强学习。③ 学学半:今《尚书·说命》作"敩学半"。敩(xiào),教。此句意为,教别人,相当于自己学习功效的一半。

4. 古之教者,家有塾①,党有庠②,术有序③,国有学。比年入学④,中年考校⑤。一年视离经辨志⑥,三年视敬业乐群⑦,五年视博习亲师⑧,七年视论学取友⑨,谓之小成;九年知类通达⑩,强立而不反⑪,谓之大成。夫然后足以化民易俗,近者说服,而远者怀之⑫,此大学之道也。《记》曰⑬:"蛾子时术之⑭。"其此之谓乎。

【注释】

① 塾:古时以二十五家为闾,同在一巷,巷首有门,门侧的堂叫做塾。老百姓居家时,早晚出入都在塾接受教育,故曰"家有塾"。② 党有庠:五百家为党,党的学校叫庠。③ 术有序:"术"当作"遂",一万二千五百家为遂。遂的学校叫序。④ 比年:犹言"每年"。此句言每年都有人入学。⑤ 中年:隔一年。考校:指考核学者的德行道艺。⑥ 离经:给经文断句。辨志:指了解学生的志意趋向。⑦ 敬业:指专心于学业。乐群:乐于与人交往。⑧ 博习:广博地学习。⑨ 论学:能讨论学术是非。⑩ 知类:能触类贯通。⑪ 强立不反:指遇事有主见,不受外界影响。⑫ 怀:归向。

⑬《记》:指古代记载。⑭蛾:蚂蚁。蛾子,小蚂蚁。术:学习。此句言小蚂蚁时时向大蚂蚁学习。

5. 大学始教,皮弁祭菜①,示敬道也。《宵雅》肄三②,官其始也③。入学鼓箧④,孙其业也⑤。夏、楚二物⑥,收其威也⑦。未卜禘⑧,不视学,游其志也⑨。时观而弗语,存其心也⑩。幼者听而弗问,学不躐等也⑪。此七者,教之大伦也。《记》曰:"凡学,官先事⑫,士先志⑬。"其此之谓乎。

【注释】

①皮弁:指天子或诸侯所派负责教育的官员穿着皮弁服。祭菜:指用蘋、藻一类物品祭祀先圣先师。②《宵雅》:即《诗经》中的《小雅》。肄:练习。三:指《小雅》中《鹿鸣》、《四牡》、《皇皇者华》三首诗。此三诗都是关于国君宴乐、慰劳其臣及臣下事奉国君之事。③官其始:指让学生从一开始就明白做官之道。④鼓箧:"鼓"指击鼓召集并警示学生。"箧"指让学生打开书箧(书箱)。⑤孙:同"逊",恭顺。指要学生谦恭谨慎地对待学业。⑥夏:即榎(jiǎ),楸树。楚:荆条。此指用榎、楚二物为笞罚学生之具。⑦收其威:指让学生收敛威仪。⑧卜禘:禘为夏天举行的宗庙大祭,禘祭前必先占卜。⑨游其志:指让学生有时间优游志意,不过于迫蹙。⑩存其心:指让学生自己思考,心有所得。⑪学不躐等:学,同"教"。教。躐等,犹言越级、越进度。⑫官先事:指如果学习做官,就先教与职务有关的事。⑬士先志:如果学做士,就先教做士应有的志向。

6. 大学之教也,时教必有正业①,退息必有居学②。不学操缦③,不能安弦④;不学博依⑤,不能安诗;不学杂服⑥,不能安礼;不兴其艺⑦,不能乐学。故君子之于学也,藏焉、修焉、息焉、游焉⑧。夫然,故安其学而亲其师,乐其友而信其道。是以虽离师辅而不反⑨。《兑命》曰:"敬孙务时敏⑩,厥修乃来⑪。"其此之谓乎。

【注释】

①时教:指不同季节的教学内容,如春夏教礼乐,秋冬教诗书之类。

② 居学:指私居时所学。③ 操缦:指操弄琴瑟之弦。④ 安弦:此及下文"安诗"、"安礼"之"安",均指因熟练而轻松自如地从事某种活动。"安弦"即能熟练地弹奏琴瑟。⑤ 博依:多方譬喻。下句"安诗"意谓诗写得好。⑥ 杂服:服,事。"杂服"指洒扫、应对、投壶、盥洗等细碎之事。下句"安礼"意谓能正确地行礼。⑦ 兴:指喜欢。艺:指礼、乐、射、御、书、数六艺。⑧ 藏焉:指心里想着学习。修焉:指修习功课。息焉:指休息时也在学习。游焉:指闲暇无事时也在学习。⑨ 辅:指朋友。反:指违反自己原来所信仰的道。⑩ 敬孙:敬道孙(恭顺)业。敏:疾。"务时敏"意为时刻努力学习。⑪ 厥:其,他。"厥修乃来"意为其所修的学业就能到来(成功)。

7. 今之教者,呻其佔毕①,多其讯②,言及于数③,进而不顾其安④,使人不由其诚,教人不尽其材。其施之也悖,其求之也佛⑤。夫然,故隐其学而疾其师⑥,苦其难而不知其益也。虽终其业,其去之必速。教之不刑⑦,其此之由乎!

【注释】

① 呻:吟。佔:视。毕:简册。② 讯:问。此连上句,谓今之教者并不了解经文的意思,只是吟诵其所视简册之文,多提问题。③ 言及于数:"数"犹言"法象",古人对天地间一切自然现象的总称。此句言教者不知经文大义,动辄以有法象作解释。④ 进而不顾其安:指但求进度,不管学生能否接受。⑤ 佛:通"拂",违戾。此连上句,意为教师教学既违背情理,学生求学也就不能顺利。⑥ 隐:病痛,引申为厌恶。⑦ 刑:犹"成"。

8. 大学之法,禁于未发之谓豫①,当其可之谓时②,不陵节而施之谓孙③,相观而善之谓摩④。此四者,教之所由兴也。

【注释】

① 豫:预为防备。此句意为:在学生不正当的欲望发生之前就加以禁止,这就叫"豫"。② 当其可:适当其可以教育的时机。③ 陵节:超越正常秩序。孙:顺。④ 摩:相切磋。此句言学生互相观摩,学习他人长处,

学记第十八

这就叫"摩"。

9. 发然后禁,则扞格而不胜①;时过然后学,则勤苦而难成;杂施而不孙②,则坏乱而不修;独学而无友,则孤陋而寡闻;燕朋逆其师③;燕辟废其学④。此六者,教之所由废也。

【注释】

① 扞(hàn)格:相互抵触,格格不入。② 杂施而不孙:指教育杂乱越节,不循序渐进。③ 燕朋:指与自己狎近的朋友,如《论语·季氏》所说"损者三友"("友便辟,友善柔,友便佞,损矣")之类。燕,犹"亵"。④ 燕辟:指私下里的无聊谈话。

10. 君子既知教之所由兴,又知教之所由废,然后可以为人师也。故君子之教喻也①,道而弗牵②,强而弗抑③,开而弗达④。道而弗牵则和,强而弗抑则易,开而弗达则思。和易以思,可谓善喻矣。

【注释】

① 喻:晓喻。② 道:引导,指示前进的道路。牵:牵拉强逼。③ 强:加强,指鼓励。抑:犹"推"。④ 开:开头,启发。达:犹"尽",指将学习内容讲得过透过尽。

11. 学者有四失,教者必知之。人之学也,或失则多,或失则寡,或失则易,或失则止。此四者,心之莫同也。知其心,然后能救其失也。教也者,长善而救其失者也①。

【注释】

① 长:生长。"长善"即发扬学生的优点。

12. 善歌者使人继其声,善教者使人继其志①。其言也约而达②,微而臧③,罕譬而喻④,可谓继志矣。

【注释】

① 继其志：指讲授者只开一个头，并不详细讲解，但使听讲的人通过自己的思考而对所讲内容有透彻理解。② 约：简约。达：指语义明了。③ 微：隐微。臧：善。④ 罕譬而喻：用的比喻不多，但听的人很容易理解。

13. 君子知至学之难易①，而知其美恶②，然后能博喻③，能博喻然后能为师；能为师然后能为长④，能为长然后能为君。故师也者，所以学为君也⑤。是故择师不可不慎也。《记》曰："三王四代唯其师⑥。"此之谓乎？

【注释】

① 至学之难易：指求学的深浅次第。② 美恶：指学生资质的好坏。③ 博喻：指根据学生的不同资质而广博譬喻，进行教育。④ 长：官长。⑤ 学为君：官长、国君皆有教民之责。能做老师，然后能做官长、能做国君。所以说老师是"学为君"。⑥ 三王四代：指夏、商、周三代再加上虞舜时期。唯其师：犹言唯以选择老师为重。

14. 凡学之道，严师为难①。师严然后道尊，道尊然后民知敬学。是故君之所不臣于其臣者二②：当其为尸则弗臣也，当其为师则弗臣也。大学之礼，虽诏于天子③，无北面④，所以尊师也。

【注释】

① 严：尊敬。② 不臣于其臣：不以对待臣子的态度对待他的臣下。③ 诏：告，指授课。④ 无北面：（老师）不面向北。（按古礼，天子为学生，臣为老师时，臣面向西，处于主位；天子面向东，处于宾位。）

15. 善学者，师逸而功倍，又从而庸之①。不善学者，师勤而功半，又从而怨之。善问者，如攻坚木，先其易者，后其节目②，及其久也，相说以解③；不善问者反此。善待问者，如撞钟，叩之以小者则小鸣，叩之以大者则大鸣，待其从容，然后尽其声；不善答问者反此。此皆进学之道也。

【注释】

① 庸:功。指归功于老师。② 节目:树干与树枝之间的节疤。③ 说:通"脱"。解:分解。

16. 记问之学①,不足以为人师。必也其听语乎②?力不能问③,然后语之;语之而不知,虽舍之可也④。

【注释】

① 记问之学:指预先记诵一些论说、辩难性文章作为讲课内容,而自己并无心得。② 听语:指听了学生的问题后,再作讲解。③ 力不能问:指学生提不出问题。④ 舍之:指暂时不再讲解。按,此与《论语》"举一隅不以三隅反,则不复也"意思相近。

17. 良冶之子必学为裘①,良弓之子必学为箕②。始驾马者反之,车在马前③。君子察于此三者,可以有志于学矣。

【注释】

① 良冶:好的铁匠。裘:皮衣。按,铁匠锻造铁器,与将一块块大小不等的毛皮连缀成裘有相似之处,故云。② 良弓:好的弓匠。按,挠曲角干为弓,与用柳条作畚箕有相似之处,故云。③ "始驾"二句:小马学驾车,先跟在大马所驾车的后面走,所以"车在马前"。按,以上三事都意在说明凡事必须长期模仿学习,才能成功。

18. 古之学者,比物丑类①。鼓无当于五声②,五声弗得不和;水无当于五色③,五色弗得不章④;学无当于五官⑤,五官弗得不治⑥;师无当于五服⑦,五服弗得不亲。

【注释】

① 丑:犹比。"比物丑类"即以同类事物相比。按,朱熹认为"古之学者,比物丑类"二句当属上章,而且语意未完,可能有阙文。② 五声:宫、

商、角、徵、羽。此句言鼓声并不相当于五声中的任何一声。③ 五色：赤、青、黄、白、黑。④ 章：同"彰"，彰显。⑤ 五官：《曲礼下》："天子之五官，曰司徒、司马、司空、司士、司寇。"此处泛指各部门的官职。⑥ 不治：指（没有学问）做不好工作。⑦ 五服：斩衰、齐衰、大功、小功、缌麻五种丧服，表示亲属关系的远近亲疏。

19. 君子曰①："大德不官②，大道不器③，大信不约④，大时不齐⑤。"察此四者，可以有志于本矣⑥。三王之祭川也，皆先河而后海，或源也，或委也⑦。此之谓务本。

【注释】

① 原文脱"曰"字，据孔颖达疏补。② 不官：不专门担任某一种官职。③ 不器：不像某一个具体器物（只能有一种用途）。④ 不约：不需订立盟约。⑤ 大时不齐：指天之四时，寒暑错杂，并不整齐划一。（但却年复一年，运转不停，这是最大的守时。）⑥ 本：《十三经注疏》作"学"，据孔颖达疏改。⑦ 委：末尾，水的下流。

【导读】

《学记》是中国古代教育史上最早的一篇教育学专题论文，比较系统地阐述了先秦儒家的教育思想，总结了教育过程中的一些经验得失。其中的若干观点与格言警句，至今仍有现实意义。

《学记》首先充分肯定了教育的重要作用，认为它是"化民成俗"的唯一途径，是"建国君民"的第一要务。我国两千多年前的古人就已经有了这种教育立国的思想，确实是很令人惊异的。

由于教育的作用如此重要，因此教师的地位也就十分崇高。"当其为师则弗臣也"，即国君不可以对待臣下的态度来对待老师。比如中国古代在朝廷之上，国君是"南面而坐"，臣下是"北面而朝"。但当臣下以老师的身份为国君授课时，则是老师居主位，坐东面西；国君居客位，坐西面东。（普通人家请老师正相反：老师坐西面东，而学生坐东面西。这是以宾客之礼对待老师，故古代家塾教师又称"西席"、"西宾"。）

教师地位崇高，对教师的要求也高。"记问之学，不足以为人师。"这实际是要求教师对所教内容有自己的见解和心得体会，这样才能在学生有疑问时，"叩之以小者则小鸣，叩之以大者则大鸣"。教师还必须善于总结教学经验："君子既知教之所由兴，又知教之所由废，然后可以为人师也。"

《学记》介绍了古代学校的设置："家有塾，党有庠，术有序，国有学。"这里塾、庠、序、学，是古代各种不同级别的学校，以教育不同年龄、不同身份的学生。

对教学目标及考核，文中也有粗略的规定："一年视离经辨志，三年视敬业乐群，五年视博习亲师，七年视论学取友，谓之小成；九年知类通达，强立而不反，谓之大成。"从考核的内容看，既包含了知识的积累（如"离经辨志"、"知类通达"），也包含了品德的养成（如"敬业乐群"、"亲师"、"取友"、"强立不反"）。

《学记》最有价值的部分，可能是关于教育规律的论述及教学得失的经验总结。例如"学然后知不足，教然后知困"、"教学相长"，这确实是深有心得之谈，非曾经较长时间从事教学实践并善于总结体会者所不能道。又如它主张"学不躐等"、"不陵节而施"，即教学要循序渐进；主张教师对学生"道而弗牵，强而弗抑，开而弗达"，即启发引导并激励学生的学习积极性；主张教师要了解学生的具体特点，有针对性地进行教育（见第11节）；等等。这些思想观点，对今天的教育工作者仍有借鉴意义。

乐记第十九

1. 凡音之起，由人心生也。人心之动，物使之然也①。感于物而动，故形于声。声相应，故生变②；变成方③，谓之音。比音而乐之④，及干戚羽旄⑤，谓之乐。

【注释】

①"人心之动"二句：谓由于外界事物的感发而使人心动。②"声相

应"二句:谓各种不同的声音相互应和,产生变化。③ 变成方:郑玄注,方犹文章。指声音变化形成长短高低抑扬各不相同的旋律。④ 比音:将各种旋律加以排比编次。乐之:指用乐器来演奏。⑤ 及干戚羽旄:干,盾;戚,斧;羽,翟(长尾野鸡)羽;旄,牛尾。干、戚为武舞的道具,羽、旄为文舞的道具。此句连下言(在乐器演奏时)配上以干戚羽旄为道具的舞蹈,那就是"乐"了。

2. 乐者,音之所由生也,其本在人心之感于物也。是故其哀心感者,其声噍以杀①;其乐心感者,其声啴以缓②;其喜心感者,其声发以散③;其怒心感者,其声粗以厉;其敬心感者,其声直以廉④;其爱心感者,其声和以柔。六者,非性也,感于物而后动。是故先王慎所以感之者。故礼以道其志⑤,乐以和其声,政以一其行,刑以防其奸。礼乐刑政,其极一也⑥,所以同民心而出治道也。

【注释】

① 噍(jiāo)以杀(shài):指声音急促。② 啴以缓:指声音宽缓。③ 发以散:指声音舒畅。④ 直以廉:正直有棱角。⑤ 道:通"导"。此句谓用礼来引导人们的志向。⑥ 极:至。犹言终极目标。

3. 凡音者,生人心者也。情动于中,故形于声。声成文,谓之音。是故治世之音安以乐,其政和;乱世之音怨以怒,其政乖①;亡国之音哀以思②,其民困。声音之道,与政通矣。宫为君,商为臣,角为民,徵为事,羽为物③。五者不乱,则无怗懘之音矣④。

【注释】

① 乖:乖僻,背离。② 亡国:将亡之国。③ 宫、商、角、徵(zhǐ)、羽:中国古代的五个音阶,大致相当于现代音乐中的1、2、3、5、6。④ 怗懘(zhān chì):败散不和谐。

4. 宫乱则荒①,其君骄。商乱则陂②,其官坏。角乱则忧,其民怨。

徵乱则哀,其事勤③。羽乱则危,其财匮。五者皆乱,迭相陵④,谓之慢⑤。如此,则国之灭亡无日矣。郑卫之音,乱世之音也,比于慢矣⑥。桑间濮上之音⑦,亡国之音也。其政散,其民流,诬上行私而不可止也⑧。

【注释】

① 荒:散。此句连下言宫音乱,则音乐就会显得散乱,这是由于国君骄横的缘故。② 陂(bēi):倾斜。③ 勤:勤苦。④ 迭相陵:相互陵侮。⑤ 慢:散漫无所统纪。⑥ 比:接近。⑦ 桑间濮上之音:濮上指濮水之上,桑间为濮上之地名(一说为桑林之间)。据说商纣王曾让乐官师延作靡靡之乐,后来师延自投濮水而死。春秋时师涓路过此地,夜间听到音乐之声,就把它记录下来。商纣王是亡国之君,好淫乐,所以古人认为师延为他作的靡靡之乐是亡国之音。⑧ 诬上:在下位的人诬罔在上位的人。行私:按自己的私意行动。

5. 凡音者,生于人心者也;乐者,通伦理者也①。是故,知声而不知音者,禽兽是也;知音而不知乐者,众庶是也。唯君子为能知乐。是故,审声以知音,审音以知乐,审乐以知政,而治道备矣。是故,不知声者不可与言音,不知音者不可与言乐。知乐,则几于知礼矣②。礼乐皆得③,谓之有德。德者得也④。

【注释】

① 伦理:指君、臣、民、事、物五者之理。② 几:接近。③ 得:得当。④ 德者得也:按,用"得"来解释"德",这是古人常用的"声训"(用声音相同或相近的一个字来解释另一个字)。

6. 是故,乐之隆①,非极音也②;食飨之礼③,非致味也④。《清庙》之瑟⑤,朱弦而疏越⑥,壹倡而三叹⑦,有遗音者矣⑧。大飨之礼,尚玄酒而俎腥鱼⑨,大羹不和⑩,有遗味者矣⑪。是故先王之制礼乐也,非以极口腹耳目之欲也,将以教民平好恶而反人道之正也⑫。

【注释】

① 隆：盛。指盛大的音乐演奏。② 极音：音乐的极致（最高水准）。③ 食飨之礼：指大的宴飨之礼。④ 致味：美味的极致。⑤《清庙》：《诗经·周颂》篇名，是周人祭祀祖先的乐歌。⑥ 朱弦：用煮练过的朱丝为弦，声音比较浑厚。越：瑟的底孔。疏越，疏通底孔，使声音比较迟缓。⑦ 壹倡而三叹：一人领唱，三人和。⑧ 遗音：余音。指并不把美妙的音乐包括无遗。⑨ 尚玄酒：以玄酒（水）为上。俎腥鱼：将生的鱼肉置于俎上。腥，生。⑩ 大(tài)羹：肉汁。不和：不加盐、梅等调料。⑪ 遗味：余味。指不将美味食品全部奉上。⑫ 平好恶：均平好恶。反：返归。

7. 人生而静，天之性也；感于物而动，性之欲也。物至知知①，然后好恶形焉②。好恶无节于内，知诱于外，不能反躬③，天理灭矣。夫物之感人无穷，而人之好恶无节④，则是物至而人化物也⑤。人化物也者，灭天理而穷人欲者也⑥。于是有悖逆诈伪之心，有淫泆作乱之事。是故，强者胁弱，众者暴寡⑦，知者诈愚⑧，勇者苦怯⑨，疾病不养⑩，老幼孤独不得其所，此大乱之道也。

【注释】

① 物至：外物来到。知知：第一个"知"同"智"，智识；第二个"知"为动词。② 形：形成。此处指表现出来。③ 反躬：反省自我。④ 节：节制。⑤ 人化物：人为外物所化。指人为外物所支配。⑥ 穷：尽。"穷人欲"犹言放纵人欲。⑦ 暴：欺负。此句言人多的（一方）欺负人少的（一方）。⑧ 诈：欺骗。此句言聪明人欺骗愚笨的人。⑨ 苦：使困苦。⑩ 疾病不养：有病之人无人照料。

8. 是故先王之制礼乐，人为之节，衰麻、哭泣①，所以节丧纪也；钟鼓、干戚，所以和安乐也；昏姻、冠笄②，所以别男女也；射、乡、食、飨③，所以正交接也④。礼节民心，乐和民声，政以行之，刑以防之。礼乐刑政，四达而不悖，则王道备矣。

【注释】

① 衰(cuī)麻:指丧服。此句连下言关于丧服、哭泣的规定,是用来调节居丧时人们的行为的。② 冠笄:古代男子二十岁行冠礼,表示成人。女子则在许嫁之后行笄礼,表示成人。③ 射:大射礼。乡:乡饮酒礼。食:食礼(烹太牢食宾之礼,无酒,以饭为主,《仪礼》有《公食大夫礼》)。飨:飨礼(烹太牢享宾之礼,有酒)。④ 正交接:使人际交往的行为符合正道。

9. 乐者为同①,礼者为异②。同则相亲,异则相敬。乐胜则流③,礼胜则离④。合情饰貌者⑤,礼乐之事也。礼义立,则贵贱等矣⑥;乐文同,则上下和矣;好恶著,则贤不肖别矣。刑禁暴,爵举贤,则政均矣。仁以爱之,义以正之,如此,则民治行矣。

【注释】

① 乐者为同:"同"指协调人的好恶之情,使趋一致,这是音乐所起的作用,故曰"乐者为同"。② 礼者为异:礼的作用是区分贵贱等级,故曰"为异"。③ 乐胜:胜犹过。"乐胜"指乐超过了和、同的要求(而无礼)。流:散漫随便(不再有尊卑之敬)。④ 礼胜则离:指过于强调礼对贵贱的区别,则亲属离隔。⑤ 合情:(用乐)使感情和合。饰貌:(用礼)使仪容得到修饰。⑥ 等:有等级区别。

10. 乐由中出①,礼自外作②。乐由中出,故静;礼自外作,故文③。大乐必易,大礼必简。乐至则无怨,礼至则不争。揖让而治天下者④,礼乐之谓也。暴民不作,诸侯宾服,兵革不试,五刑不用,百姓无患,天子不怒⑤,如此,则乐达矣⑥。合父子之亲,明长幼之序,以敬四海之内。天子如此⑦,则礼行矣。

【注释】

① 中:指内心。② 礼自外作:礼用来分别亲疏贵贱,这种区分要通过外表的服饰动作等表现出来,所以说"礼自外作"。③ 文:郑玄注,文犹动

也。指行礼时各种文饰性的动作。④ 揖：作揖。让：谦让。"揖让而治天下"指天下之人都讲究礼貌谦让，（古代圣王）在这种氛围里治理天下。⑤ 不怒：指天子无可怒之事。⑥ 乐达：音乐的作用就达到了。⑦ 如此：指上文"合父子之亲"三句。

11. 大乐与天地同和，大礼与天地同节①。和故百物不失②，节故祀天祭地，明则有礼乐，幽则有鬼神。如此，则四海之内，合敬同爱矣。礼者殊事合敬者也③，乐者异文合爱者也④。礼乐之情同，故明王以相沿也⑤。故事与时并⑥，名与功偕⑦。

【注释】

① "大乐"二句：同和、同节，和指和谐，节指节律、秩序。同和同节，犹言符合天地的自然规律。② 不失：不失其本性。③ 殊事合敬：谓礼形式各异，但在表敬这一点上是相同的。④ 异文合爱：谓乐音律各异，但在表爱这一点上是相同的。⑤ 沿：沿袭。指夏、商、周三代在"礼乐之情"上都是相沿袭的。⑥ 事与时并："事"指礼的具体形式，"与时并"是说不同时期具体形式会有所变化。⑦ 名与功偕："名"指乐的名称，"功"指王者的功绩。此句言乐名是根据王者的功绩而确定的。（比如《韶》为舜乐，表示舜能继承尧德；《武》为武王伐纣的乐舞之类。）

12. 故钟、鼓、管、磬①，羽、籥、干、戚②，乐之器也。屈伸俯仰③，缀、兆、舒、疾④，乐之文也。簠、簋、俎、豆⑤，制度、文章⑥，礼之器也。升降上下，周还、裼、袭⑦，礼之文也。故知礼乐之情者能作⑧，识礼乐之文者能述⑨。作者之谓圣，述者之谓明。明圣者，述作之谓也。

【注释】

① 钟、鼓、管、磬：皆乐器名，此处代指各种乐器。② 羽、籥、干、戚：皆乐舞时的道具，代指各种舞蹈道具。③ 屈伸俯仰：指舞蹈时身体的各种动作。④ 缀：舞者的位置。兆：舞者的活动范围。舒、疾：跳舞时的快慢节奏。⑤ 簠、簋、俎、豆：盛放饭食菜肴的器皿。⑥ 文章：指各种礼仪形

式。⑦周还:即周旋,与上文"升降上下"皆为行礼时的人体动作。裼(xī):冬季服裘,裘外有裼衣,裼衣之外又有上衣。行礼时,去上衣之左袖而露其裼衣,叫做裼。袭:不袒礼服,不露裼衣。⑧作:制作。⑨述:转述。

13. 乐者,天地之和也。礼者,天地之序也。和故百物皆化,序故群物皆别。乐由天作,礼以地制①。过制则乱,过作则暴②。明于天地,然后能兴礼乐也。论伦无患③,乐之情也;欣喜欢爱,乐之官也④。中正无邪,礼之质也;庄敬恭顺,礼之制也。若夫礼乐之施于金石⑤,越于声音⑥,用于宗庙社稷,事乎山川鬼神,则此所与民同也。

【注释】

①"乐由"二句:古人认为乐动而属阳,效法于天;礼静而属阴,效法于地,所以说"乐由天作,礼以地制"。②"过制"二句:指礼乐的制作超过了一定的限度就会走向反面。礼本是讲究尊卑等级秩序的,过头了就反引起混乱。乐本是为了和合人心的,过头了就反显得粗暴。③论伦无患:伦犹"类";患,害。此句连下言乐主和同,所以在论说同类时不相损害,这是乐的本情。④ 官:官能,功能。⑤金石:指钟、磬等乐器。⑥越:发。

14. 王者功成作乐,治定制礼。其功大者其乐备,其治辩者其礼具①。干戚之舞,非备乐也②;孰亨而祀③,非达礼也④。五帝殊时,不相沿乐;三王异世,不相袭礼⑤。乐极则忧,礼粗则偏矣⑥。及夫敦乐而无忧⑦,礼备而不偏者,其唯大圣乎?

【注释】

①辩:同"遍",普遍,遍及全国。②备乐:完备的音乐。干戚之舞只是武舞,没有文舞相配合,所以说"非备乐"。③孰:同"熟"。亨:同"烹"。"孰亨而祀"指用煮熟了的肉食祭祀。④ 达:具。"达礼"犹言完备的礼。隆重的祭祀以血腥生肉为重,所以说"孰亨而祀非达礼"。⑤"五帝"四

句:指时代不同,礼乐各有损益,并非完全不同。⑥ 粗:指超过限度。
⑦ 敦:厚,指音乐完备盛大。

15. 天高地下,万物散殊①,而礼制行矣。流而不息,合同而化②,而乐兴焉。春作夏长,仁也;秋敛冬藏,义也。仁近于乐,义近于礼。乐者敦和,率神而从天③;礼者别宜④,居鬼而从地⑤。故圣人作乐以应天,制礼以配地。礼乐明备,天地官矣⑥。

【注释】

① 散殊:不同。② "流而"二句:指天地之气流动不息,使万物和谐相处,同受天地之气的化育。③ 率神而从天:率、从皆有遵循、顺从之义。④ 别宜:区别各自所宜(有的等级、待遇)。⑤ 居:此处犹上文的"率",遵循。⑥ 官:官能、职能。此句连上言圣人能使礼乐显明具备,则天地就各自体现了它的职能了。

16. 天尊地卑,君臣定矣。卑高已陈①,贵贱位矣。动静有常,小大殊矣。方以类聚②,物以群分,则性命不同矣。在天成象,在地成形,如此,则礼者天地之别也。地气上齐③,天气下降,阴阳相摩,天地相荡,鼓之以雷霆,奋之以风雨,动之以四时,暖之以日月④,而百化兴焉⑤。如此,则乐者天地之和也。化不时则不生,男女无辨则乱升⑥,天地之情也。

【注释】

① 卑高:卑指水泽,高指山。② 方以类聚:方指世间万物的自然属性(如刚、柔、燥、湿之类),属性相同相近者聚集在一起。③ 齐:通"跻",上升。④ 鼓之、奋之、动之、暖之:此四句中的"之"都是指天地间的万物。⑤ 百化:百物(犹言万物)的化育。兴:产生。⑥ 辨:分别。

17. 及夫礼乐之极乎天而蟠乎地①,行乎阴阳而通乎鬼神,穷高极远而测深厚②。乐著大始③,而礼居成物④。著不息者,天也;著不动者,地也。一动一静者,天地之间也。故圣人曰礼乐云⑤。

【注释】

① 及夫:至于。极乎天:上达于天。蟠乎地:下蟠据于地。按,此句言礼乐的功用遍满于天地之间。② 穷高极远:指礼乐功用远达日月星辰。测深厚:指礼乐功用达于高山(厚)大河(深)。③ 著:著明、显示。大始:万物之始生,此处指创造万物的天。④ 居:处。成物:指生成万物的地。⑤ 云:语气辞。

18. 昔者,舜作五弦之琴以歌《南风》①,夔始制乐以赏诸侯②。故天子之为乐也,以赏诸侯之有德者也。德盛而教尊③,五谷时孰④,然后赏之以乐。故其治民劳者⑤,其舞行缀远⑥;其治民逸者,其舞行缀短。故观其舞,知其德;闻其谥,知其行也。《大章》⑦,章之也⑧。《咸池》⑨,备矣。《韶》⑩,继也。《夏》⑪,大也。殷周之乐,尽矣。

【注释】

①《南风》:据说是舜所作的诗歌,歌辞是:"南风之薰兮,可以解吾民之愠兮。南风之时兮,可以阜吾民之财兮。"② 夔:传说是舜时的乐官。③ 教尊:指政治教化做得好。④ 时孰:按季节成熟,指谷物丰收。⑤ 治民劳:谓在他(诸侯)治下的民众十分劳苦。⑥ 舞行:舞者的行列。缀远:指各舞者间的间隔较大,亦即跳舞的人较少。下文"缀短"则正相反。⑦《大章》:尧时乐名。⑧ 章之:意为表彰尧的德行。⑨《咸池》:黄帝所作乐名。咸,都、皆;池,犹"施"。"咸池"二字的含义是说黄帝之德无所不施,所以说"备矣"。⑩《韶》:舜乐名。"韶"犹"绍",继承的意思,意谓舜能继承尧的德行,所以说"继也"。⑪《夏》:禹乐名。"夏"的意思是"大",意谓禹能发扬光大尧、舜的德行。

19. 天地之道,寒暑不时则疾,风雨不节则饥。教者①,民之寒暑也,教不时则伤世。事者,民之风雨也,事不节则无功②。然则先王之为乐也,以法治也③,善则行象德矣④。夫豢豕为酒⑤,非以为祸也,而狱讼益繁⑥,则酒之流生祸也⑦。是故先王因为酒礼,一献之礼⑧,宾主百拜⑨,终日饮酒而不得醉焉,此先王所以备酒祸也。

【注释】

①教:指用音乐教化民众。②事不节则无功:此处的"事",即前文"礼者殊事合敬者也"的"事",指礼仪;此处的"节",即前文"大礼与天地同节"的"节",指节律、秩序。此句言礼仪若不合于自然秩序,就不会有功效。③以法治:指以乐为治国之法。④行象德:指民众的行为表现出国君之德。⑤豢豕:养猪。为酒:酿酒。⑥狱讼益繁:指小人因酗酒而致狱讼。⑦流:流湎,指饮酒过度。⑧一献之礼:主人进酒于宾客曰献,客人回敬主人曰酢,主人再先饮然后劝客饮,叫做酬。献、酢、酬合起来为一献。士饮酒,只有一献。⑨百拜:这里是夸张宾主互拜次数之多。

20. 故酒食者所以合欢也,乐者所以象德也,礼者,所以缀淫也①。是故先王有大事②,必有礼以哀之;有大福③,必有礼以乐之。哀乐之分,皆以礼终。乐也者,圣人之所乐也,而可以善民心,其感人深,其移风易俗(易)④,故先王著其教焉。

【注释】

①缀:犹止。缀淫,防止淫乱。②大事:指死丧之事。③大福:指祭祀吉庆。④《汉书·礼乐志》"易俗"后有"易"字,当据增。

21. 故曰:乐者乐也①。君子乐得其道,小人乐得其欲。以道制欲,则乐而不乱;以欲忘道,则惑而不乐。是故君子反情以和其志②,广乐以成其教③。乐行,而民乡方④,可以观德矣⑤。德者,性之端也;乐者,德之华也⑥。金石丝竹,乐之器也。诗,言其志也;歌,咏其声也;舞,动其容也。三者本于心,然后乐器从之。是故情深而文明⑦,气盛而化神⑧,和顺积中而英华发外⑨,唯乐不可以为伪。

【注释】

①乐者乐也:第一个"乐"指音乐,第二个"乐"为快乐。②反情:返回人本来的性情。和其志:使心志和谐。③广乐:推广音乐。④乡方:乡同"向",方犹"道"。此句言如果乐教得到施行,则人民就会归向仁义之道。

⑤ 观德:指由乐教的施行情况而了解国君的德行。⑥ 华:光华。⑦ 文明:指音乐文采鲜明。⑧ 化神:变化神妙。按,此二句中"情深"、"气盛"皆指德而言,"文明"、"化神"皆指音乐而言。⑨ 和顺积中,指德;英华发外,指乐。此句谓和顺之德聚积于胸,音乐之美才能在外面表现出来。

22. 乐也者施也①,礼也者报也②。乐,乐其所自生③;而礼,反其所自始④。乐章德⑤,礼报情、反始也⑥。

【注释】

① 乐也者施也:作乐之时,众人皆听,但并无回报,所以说乐只有施予。② 礼也者报也:礼尚往来,受人之礼,必当回报,所以说礼是报答。③ 乐其所自生:"其"即指乐。"所自生"指音乐产生的缘由。比如周武王伐纣,由武功而生王业,这就是周乐《武》所产生的缘由。④ 反其所自始:"其"指制定礼的王者,"所自始"指王者祖先。如周人以后稷为始祖,故周人追祭后稷,这就是"反其所自始"。⑤ 章德:彰显功德。⑥ 报情、反始:报答恩情,追念始祖。

23. 乐也者,情之不可变者也。礼也者,理之不可易者也。乐统同①,礼辨异②,礼乐之说,管乎人情矣③。穷本知变④,乐之情也;著诚去伪,礼之经也。礼乐偩天地之情⑤,达神明之德⑥,降兴上下之神⑦,而凝是精粗之体⑧,领父子君臣之节⑨。是故,大人举礼乐,则天地将为昭焉⑩。天地䜣合⑪,阴阳相得,煦妪覆育万物⑫,然后草木茂,区萌达⑬,羽翼奋⑭,角骼生⑮,蛰虫昭苏⑯,羽者妪伏⑰,毛者孕鬻⑱,胎生者不殰⑲,而卵生者不殈⑳,则乐之道归焉耳。

【注释】

① 乐统同:"同"指和谐、和同。乐主相亲,所以说它统领和同。② 礼辨异:辨别尊卑之异。③ 管:犹"包"。此句言礼乐一统同,一辨异,人情都包括在内了。④ 穷本:乐本于心,"穷本"意为追究音乐之本,亦即追究人的心灵。知变:指懂得声音的各种变化。⑤ 偩(fù):依从、仿照。此句

言礼乐依从于天地自然的规律。⑥ 达神明之德：言礼乐通于神明之德。⑦ 降兴上下之神：言礼乐用于祭祀，可以感动、召至天地神祇。天神从天而至，故曰"降"，地祇由地面升起，故曰"兴"。⑧ 凝是精粗之体："精"指形而上的道，"粗"指形而下的器。礼乐是"道"与"器"的结合，精粗之体皆凝聚于其中。⑨ 领：统领。节：指父子、君臣之间的各种规矩、礼节。⑩ 昭：明。⑪ 䜣(xī)合：䜣，蒸的意思。"䜣合"指天气下降，地气上升，天地之气交合。⑫ 煦妪：犹"覆育"。此句言天地覆盖养育万物。⑬ 区萌：植物萌芽形体弯屈，故称"区萌"。区，犹"曲"。达：指顺利生长。⑭ 羽翼奋：指鸟类都能奋飞。⑮ 角觡生：指走兽类动物都生长得很好。⑯ 昭苏：苏醒。⑰ 羽者：指飞禽类。妪伏：指伏地孵卵。⑱ 毛者：指走兽类。孕鬻：即孕育。⑲ 殰(dú)：内败，即胎死腹中。⑳ 殈(xù)：裂。指禽蛋破裂。

24. 乐者，非谓黄钟大吕弦歌干扬也①，乐之末节也，故童者舞之。铺筵席，陈尊俎，列笾豆，以升降为礼者，礼之末节也，故有司掌之。乐师辨乎声诗②，故北面而弦③；宗祝辨乎宗庙之礼④，故后尸⑤；商祝辨乎丧礼⑥，故后主人⑦。是故，德成而上，艺成而下；行成而先，事成而后⑧。是故先王有上有下，有先有后，然后可以制于天下也。

【注释】

① 黄钟、大吕：皆古代乐律的名称，即代指乐律。弦歌：用琴、瑟等弦乐器伴奏歌唱。干：盾。扬：钺。皆武舞的道具。② 声诗：指曲调和歌词。③ 北面而弦：在堂上面朝北弹奏乐器。④ 宗：宗人。祝：太祝。皆为负责宗庙祭祀行礼等的官员。⑤ 后尸：在尸之后。⑥ 商祝：熟悉商代礼仪的太祝。周代丧礼沿袭商人，故用商祝主持丧礼。⑦ 后主人：在丧礼主人之后。⑧ "是故"五句：意谓德、行高于艺、事。上文所列举的黄钟大吕弦歌干扬、铺筵席陈尊俎、辨声诗、辨宗庙之礼等等，皆属于"艺"和"事"。

25. 君子曰：礼乐不可斯须去身。致乐以治心①，则易、直、子、谅之心

油然生矣^②。易、直、子、谅之心生则乐,乐则安,安则久,久则天^③,天则神^④。天则不言而信,神则不怒而威,致乐以治心者也。致礼以治躬则庄敬^⑤,庄敬则严威。心中斯须不和不乐,而鄙诈之心入之矣。外貌斯须不庄不敬,而易慢之心入之矣^⑥。故乐也者,动于内者也;礼也者,动于外者也。乐极和^⑦,礼极顺^⑧。内和而外顺,则民瞻其颜色,而弗与争也;望其容貌,而民不生易慢焉。故德辉动于内,而民莫不承听;理发诸外,而民莫不承顺。故曰:致礼乐之道,举而错之天下^⑨,无难矣。

【注释】

① 致乐:指仔细地审察音乐。治心:陶冶心灵。② 易、直、子、谅:和易、正直、子爱(像关爱子女一般的爱)、诚信。③ 久则天:谓一个人志向明、品行成,久而不改,则人信之如天。④ 天则神:谓既为人信之如天,故又为人畏之如神。⑤ 治躬:修饰容貌、仪表。躬,身。⑥ 易:轻易,犹言随便,不庄重。慢:指怠慢。⑦ 乐极和:乐的准则为和。极,极则(准则)。⑧ 礼极顺:礼的准则为顺。⑨ 错:同"措",放置。此句中犹言施行。

26. 乐也者,动于内者也;礼也者,动于外者也。故礼主其减^①,乐主其盈^②。礼减而进^③,以进为文^④;乐盈而反^⑤,以反为文。礼减而不进则销^⑥,乐盈而不反则放^⑦。故礼有报而乐有反^⑧。礼得其报则乐,乐得其反则安;礼之报,乐之反,其义一也。

【注释】

① 礼主其减:礼主要用于与人打交道,以克制退让为敬,所以说"主其减"。② 乐主其盈:乐动于内,以欣喜欢爱为和,故"主其盈"。③ 礼减而进:"进"谓自我勉励(去做)。因为"礼主其减",总是要自我克让,易生倦怠之心,所以要自我勉励。④ 文:此处是"美"的意思。⑤ 乐盈而反:"反"谓自我抑止。因为"乐主其盈",若一味欢乐而不加抑止,则易流宕忘返,所以要"反"。⑥ 销:消亡。⑦ 放:放纵。⑧ 报:读为"褒",义与上文"进"相同,勉励的意思。

27. 夫乐者乐也,人情之所不能免也。乐必发于声音,形于动静,人之道也①。声音动静,性术之变尽于此矣②。故人不耐无乐③,乐不耐无形,形而不为道④,不耐无乱。先王耻其乱,故制雅颂之声以道之,使其声足乐而不流,使其文足论而不息⑤,使其曲直、繁瘠、廉肉、节奏足以感动人之善心而已矣⑥。不使放心邪气得接焉,是先王立乐之方也。

【注释】

① 人之道:指乐发于声音,形于动静,是人道自然之理。② 性术:术指道路。此句言人性道路的变动全在于此。③ 耐:读为"能",下同。④ 道:通"导",引导。⑤ 文:乐歌的文辞。足论:足以谈论义理。息:止息。⑥ 曲直:指音乐旋律或回曲或平直。繁瘠:指音乐或繁多或简约。廉肉:指音乐或富有棱角或丰满圆润。

28. 是故乐在宗庙之中,君臣上下同听之,则莫不和敬;在族长乡里之中,长幼同听之,则莫不和顺;在闺门之内,父子兄弟同听之,则莫不和亲。故乐者,审一以定和①,比物以饰节②;节奏合以成文③。所以合和父子君臣,附亲万民也,是先王立乐之方也。故听其雅颂之声,志意得广焉;执其干戚,习其俯仰诎伸,容貌得庄焉;行其缀兆④,要其节奏⑤,行列是正焉,进退得齐焉。故乐者,天地之命,中和之纪,人情之所不能免也。

【注释】

① 审一以定和:"一"指宫声,审定宫声以确定众声的调和。② 比物:"比"犹"合","物"指乐器。"比物"指将金、石、丝、竹、匏、土、革、木各种乐器配合演奏。饰节:犹言形成节奏。③ 成文:指五声八音和谐相应,成为乐章。④ 缀:犹言行列。兆:域,指舞者进退的范围。⑤ 要:犹"会"。"会其节奏"也就是配合其节奏。

29. 夫乐者,先王之所以饰喜也①;军旅铁钺者,先王所以饰怒也。故先王之喜怒,皆得其侪焉②。喜则天下和之,怒则暴乱者畏之。先王之道,礼乐可谓盛矣。

【注释】

① 饰喜:表达其喜悦之情。② 侪(chái):类。此处指相应的表达手段。

【导读】

《乐记》是一篇关于音乐理论的专论。唐张守节《史记正义》认为是孔子弟子公孙尼子所作。(司马迁《史记》有《乐书》一篇,内容与《乐记》基本相同。)又有人因《荀子·乐论》有不少章节与《乐记》文字相似,故认为是荀子所传,但均无确切证据。据《汉书·艺文志》,汉武帝时河间献王刘德好古,与手下儒家学者毛生等人一起杂采先秦古籍中与音乐有关的文章,编成《乐记》。这个叙述比较具体,可信度较大。

《乐记》全文甚长,据东汉郑玄说,其中包括《乐本》、《乐论》、《乐施》、《乐言》、《乐礼》、《乐情》、《乐化》、《乐象》、《宾牟贾》、《师乙》及《魏文侯》11篇,共约50个章节。本书选注了全文约五分之三的篇幅。

在本书选注的内容中,我们可以了解先秦汉初的儒家学者关于音乐起源的看法。他们认为"凡音之起,由人心生也",而"人心之动,物使之然也,感于物而动,故形于声"。实即是说音乐是人心受外在环境的激发而产生,这是一种唯物主义的认识论。

《乐记》非常强调音乐与政治的关系:"治世之音安以乐,其政和;乱世之音怨以怒,其政乖;亡国之音哀以思,其民困。声音之道,与政通矣。"(第3节)这种把文学艺术与政治紧密联系在一起的观点,是自孔子以来儒家学者的一贯看法。

由于音乐与政治关系如此紧密,所以儒家学者在治国方略上也就非常重视音乐的作用:"礼节民心,乐和民声,政以行之,刑以防之。礼乐刑政,四达而不悖,则王道备矣。"(第8节)"礼义立,则贵贱等矣;乐文同,则上下和矣;好恶著,则贤不肖别矣。刑禁暴,爵举贤,则政均矣。仁以爱之,义以正之,如此,则民治行矣。"(第9节)而且,与其他政教手段相比,乐"可以善民心,其感人深,其移风易俗易"(第20节),在治政安民方面更有其特别的优势。

除了治政安民以外,《乐记》认为音乐对于个人修养及调节宗族乡党的人际关系也有重要作用。一个人如果用音乐来陶冶心灵,就能使"易(平和)、直(正直)、子(慈爱)、谅(诚信)之心油然生矣"(第25节),就能够"不使放心邪气得接焉"(第27节)。而在乡党家族、闺门之内一起接受音乐的熏陶,则可以使长幼和顺,父子兄弟相亲(第28节)。这些说法虽然有些夸大,说得有些绝对,但音乐能够影响人的性情,则是现代科学已经证明了的事实。

杂记下第二十一

1. 子贡问丧①,子曰:"敬为上,哀次之,瘠为下②。颜色称其情③。戚容称其服④。"请问兄弟之丧。子曰:"兄弟之丧,则存乎书策矣。"君子不夺人之丧⑤,亦不可夺丧也⑥。孔子曰:"少连、大连善居丧⑦,三日不怠,三月不解⑧,期悲哀⑨,三年忧。东夷之子也。"

【注释】

① 问丧:指问如何为父母守丧。② 瘠:瘦瘠。指因悲哀不食而憔悴瘦弱。按,孔子为什么说"瘠为下",有两种解释:一是说守丧者既无敬,又无哀,只是勉强使自己瘦弱下来,所以"为下";另一说是指守丧者过于憔悴瘦弱以至不能守丧,这也是不孝,所以"为下"。③ 颜色:脸色,面部表情。④ 服:丧服。⑤ 不夺人之丧:不剥夺别人按礼守丧的权利。⑥ 夺丧:指因故而使自己不能按礼守丧。⑦ 少连、大连:皆人名,孔子认为他们虽生于夷狄,但十分知礼。⑧ 解:通"懈"。⑨ 期(jī):一周年。按,此处三日、三月、期、三年,都是指守父母之丧的不同阶段。

2. 丧食虽恶,必充饥,饥而废事,非礼也。饱而忘哀,亦非礼也。视不明,听不聪,行不正,不知哀,君子病之①。故有疾饮酒食肉,五十不致毁②,六十不毁③,七十饮酒食肉,皆为疑死④。有服,人召之食,不往。大功以下,既葬,适人。人食之;其党也⑤,食之;非其党,弗食也。功衰⑥,食菜果,饮水浆,无盐酪⑦。不能食食,盐酪可也⑧。孔子曰:"身有疡则浴,

首有创则沐,病则饮酒食肉。毁瘠为病,君子弗为也。毁而死,君子谓之无子⑨。"

【注释】

①"视不明"五句:此五句意思是如果守丧期间因饥饿而致视力、听力受损,行走不稳,乃至不知悲哀,这是君子所不赞成的。病之,以之为病,即认为是不对的。②不致毁:指不做可能招致毁瘠的事。毁,与"瘠"义近,指身体憔悴瘦弱。③不毁:不可使身体毁瘠。④疑死:恐怕(因毁瘠而)死。⑤党:指亲属。⑥功衰:指斩衰、齐衰之丧的末期。⑦盐酪:指醢酱一类食物,与菜果相比,滋味较重。⑧"不能"二句:谓身体不好吃不下饭的人,在饮食中可以有盐酪。⑨"毁而死"二句:谓如果在守丧期间因毁瘠而死,君子就认为他的父母没有儿子(意即其人不孝)。

3. 孔子曰:"管仲镂簋而朱纮①,旅树而反坫②,山节而藻棁③。贤大夫也,而难为上也④。晏平仲祀其先人,豚肩不掩豆⑤,贤大夫也,而难为下也⑥。君子上不僭上,下不逼下。"

【注释】

①镂簋:"簋"为竹制食器,"镂簋"指在簋上雕刻花纹。朱纮(hóng):纮,系于冠上的丝带。朱纮为天子所用,管仲为大夫,只应用缁组纮。②旅树:门屏,犹后世之照壁。以土筑墙为之,在门内(诸侯所用)或门外(天子所用)。管仲为大夫,不应有旅树,只能用帘。反坫(diàn):放置空酒器的小木台。宾主宴饮献酬,饮毕将酒器放在坫上,故称为反坫。根据周礼,只有诸侯以上行礼才可以用反坫。③山节:刻屋柱之头为斗拱,形如山。藻棁(zhuó):棁,屋梁上的短柱。"藻棁"指在棁上画水藻之形。④难为上:指他人难于做他的上级(国君)。⑤豚肩:猪蹄髈。豆为食器,不掩豆,指豚肩太小,装不满豆。根据周礼,晏平仲(晏子)作为齐国大夫,祭祀当用少牢(一猪一羊)。此句是说他过于节俭,不合于礼。⑥难为下:难于做他的下级。按,《礼器》中有一段文字与此节相似,但本书在《礼器》篇中未加选注。

4. 君子有三患：未之闻①，患弗得闻也；既闻之，患弗得学也；既学之，患弗能行也。君子有五耻：居其位，无其言②，君子耻之；有其言，无其行，君子耻之；既得之而又失之③，君子耻之；地有余而民不足④，君子耻之；众寡均而倍焉⑤，君子耻之。

【注释】

① 未之闻：此及以下五句中的"之"字，都是指学问或道理。② 无其言：此处的"言"指与职位相应的政治主张。③ 失之：指由于自己德、能方面的欠缺而失去已得之职位。④ 地有余而民不足：指由于自己治理无方，民众逃亡。⑤ 众寡均而倍焉：指与其他官员相比，役用民众人数相同，但他人所完成的工程量倍多于己。

5. 孔子曰："凶年则乘驽马①，祀以下牲②。"

恤由之丧，哀公使孺悲之孔子学士丧礼③，《士丧礼》于是乎书。

子贡观于蜡④。孔子曰："赐也乐乎⑤？"对曰："一国之人皆若狂，赐未知其乐也！"子曰："百日之蜡⑥，一日之泽⑦，非尔所知也。张而不弛，文武弗能也⑧；弛而不张，文武弗为也。一张一弛，文武之道也。"

【注释】

① 凶年：荒年。驽马：最下等的马。此句谓国君在灾荒年份只能用驽马驾车。② 下牲：指比平常年份的祭祀所用牲降低规格。如平常用太牢，则降一等用少牢；平常用少牢，则降一等用特豕或特豚。③ 恤由、孺悲：皆人名。④ 蜡（zhà）：年终祭祀万物之有功于民者。⑤ 赐：子贡姓端木，名赐。⑥ 百日之蜡：意为蜡祭饮酒，是回报民众一年的辛苦劳动。百日，代指全年。⑦ 一日之泽：意为由于国君的恩泽，民众方能有此一日之欢乐宴饮。⑧ "张而"二句：张，张弓，将弦绷于弓上。弛，落弦。文，周文王。武，周武王。按，孔子以弓喻民，意为民众如长久劳苦而不得休息，则损伤民力，即使是周文王、武王治理国家，也不能将民众管理好。

6. 厩焚，孔子拜乡人为火来者①。拜之，士一，大夫再。亦相吊之

道也②。

孔子曰:"管仲遇盗,取二人焉,上以为公臣③,曰:'其所与游辟也④,可人也⑤!'管仲死,桓公使为之服⑥。宦于大夫者之为之服也⑦,自管仲始也,有君命焉尔也。"

【注释】

① 为火来者:因火灾而来慰问孔子的人。② 相吊之道:按周礼,慰问灾祸所用礼节与吊丧相同。③ 上以为公臣:推荐给国君(齐桓公)为臣。④ 其所与游辟也:指此二人因与邪恶之人交往而变坏。辟,邪辟。⑤ 可人:犹言可用之人。⑥ 使为之服:使此二人为管仲服丧。⑦ 宦:犹仕。"宦于大夫"即曾在大夫手下为臣。

7. 过而举君之讳则起①。与君之讳同则称字②。
内乱不与焉,外患弗辟也③。

【注释】

① 过:过失,指一时疏忽。举:言。起:站起来(表示歉意)。② 与君之讳同:指臣下与君同名。称字:古人自称称名,但在与君同名时,为避君讳,则自称字。③ 外患:指外国入侵。辟:通"避"。

8. 诸侯出夫人①,夫人比至于其国②,以夫人之礼行。至,以夫人入,使者将命曰③:"寡君不敏,不能从而事社稷宗庙④,使使臣某,敢告于执事。"主人对曰⑤:"寡君固前辞不教矣⑥,寡君敢不敬须以俟命⑦。"有司官陈器皿⑧,主人有司亦官受之。

【注释】

① 出夫人:休妻,将妻子遣送回娘家。② 比至于其国:指到达夫人娘家之国以前。③ 使者:遣送夫人回娘家的官员。将命:犹言致词。④ 从:使之从。谓不能使夫人随从国君祭祀社稷宗庙。⑤ 主人:夫人娘家所委派的官员。⑥ 前:以前,指纳采之时。辞:拒绝。不教:缺少教养。此句

意为:我们国君本来在你们求亲的时候就说过,她是一个缺少教养的女孩子。按,这实际是应答求亲时所说的客气话。⑦ 须:等待。⑧ 官陈器皿:"器皿"指夫人的嫁妆。"官陈"犹言按规定陈列。

9. 妻出①,夫使人致之②,曰:"某不敏,不能从而共粢盛③,使某也敢告于侍者。"主人对曰:"某之子不肖,不敢辟诛④,敢不敬须以俟命。"使者退,主人拜送之。如舅在,则称舅⑤;舅没,则称兄;无兄,则称夫。主人之辞曰:"某之子不肖。"如姑、姊妹,亦皆称之⑥。

【注释】

① 妻出:此节讲士大夫休妻之词。② 使人致之:派人送妻回娘家。③ 从:使之从。共:供。粢盛:祭祖的谷物。"共粢盛"即祭祖。④ 辟诛:逃避责罚。⑤ 舅:公公。舅在则称舅,意思是如公公健在,则休妻必须以公公的名义进行。⑥ 如姑、姊妹亦皆称之:指如果是姑、姊妹被休弃,主人之辞也这样说(说:"某之姑不肖"或"某之姊不肖"等)。

10. 孔子曰:"吾食于少施氏而饱①,少施氏食我以礼。吾祭②,作而辞曰③:'疏食不足祭也④。'吾飧⑤,作而辞曰:'疏食也,不敢以伤吾子。'"

【注释】

① 少施氏:鲁惠公的儿子施父的后代。② 祭:按古礼,饮食必祭。在吃饭之前,先将食物取出一点放在俎豆的一边,表示对当初创造这一食物的人的敬意,这就叫"祭"。③ 作而辞曰:(主人少施氏)站起来推辞说。④ 疏食:粗食。此是主人谦词。⑤ 飧(sūn):在吃好后,用饮料浇于饭中,再吃三口。按,孔子这样做是表示赞美主人的饭食,故下句少施氏"作而辞曰"云云。

【导读】

《礼记》中有《丧服小记》,因其所记丧礼内容的琐碎细小而得名;又有《丧大记》,因其所记内容繁重而得名。《杂记》的内容,有的与《丧服小记》

相似,有的与《丧大记》相似,又有与丧事无关亦记之者,所以名之为"杂记"。

《杂记》分上、下,篇幅甚长,本书只选注了《杂记下》的10个章节。其中1、2两节是有关丧礼的一般性原则,主要说明服丧时"敬为上,哀次之,瘠为下"。其余8个章节中,第4节讲君子应努力追求儒家之道并贯穿于行动之中:"未之闻,患弗得闻也;既闻之,患弗得学也;既学之,患弗能行也。"将"居其位,无其言"、"有其言,无其行"作为君子之耻。这些话是后世知识分子尤其是在位之人应当牢记并力行的。第6节记管仲推荐两名小偷做齐桓公的臣下,认为他们本非坏人,只是因为与邪僻之人交往才变坏的。这对我们看人、用人也可有所启发。第8、第9两节,则可让我们了解有关古人休妻的一些规定。

祭法第二十三

1. 夫圣王之制祭祀也:法施于民则祀之①,以死勤事则祀之②,以劳定国则祀之③,能御大菑则祀之,能捍大患则祀之④。是故,厉山氏之有天下也⑤,其子曰农,能殖百谷;夏之衰也,周弃继之⑥,故祀以为稷。共工氏之霸九州也,其子曰后土,能平九州⑦,故祀之以为社。帝喾能序星辰以著众⑧,尧能赏均刑法以义终⑨,舜勤众事而野死⑩。鲧障鸿水而殛死⑪,禹能修鲧之功。黄帝正名百物⑫,以明民共财⑬,颛顼能修之⑭。契为司徒而民成⑮,冥勤其官而水死⑯。汤以宽治民而除其虐。文王以文治,武王以武功,去民之菑。此皆有功烈于民者也。及夫日月星辰,民所瞻仰也,山林、川谷、丘陵,民所取材用也。非此族也,不在祀典⑰。

【注释】

① 法施于民:制定的法令、制度、规章等等在民众间得以施行(这样的人就应给予祭祀,如下文的神农、后土、黄帝、颛顼、帝喾、尧等人)。② 以死勤事:如舜、鲧等人。③ 以劳定国:如大禹。④ 能御大菑,能捍大

患,如商汤及周文王、周武王。⑤ 厉山氏:一作"烈山氏",即炎帝神农氏。⑥ 弃:人名,周人始祖,即后稷。他和厉山氏之子农都受到后人的祭祀,以配稷之神。⑦ 平:犹"治"。⑧ 序星辰:指记录星辰在天空的运行并据以确定一年的季节时序。著众:使民众了解。⑨ 赏均刑法:奖赏有功之人很均平,惩处坏人有法可依。以义终:指让位于舜(而不是传位于子),自己以高寿善终。⑩ 舜勤众事:舜征讨叛乱的有苗,并在全国巡视,这是勤众事。野死:舜巡视途中死于苍梧,故称野死。⑪ 障:堵。鸿水:即洪水。殛死:传说鲧治水无功,被尧在羽山处死。⑫ 正名百物:为各种事物确定名称。⑬ 明民:使百姓明了。共财:指山川湖泽的物产让百姓共享。⑭ 修之:指能修黄帝之法,即按黄帝的做法去做。⑮ 民成:司徒是掌教化民众的官员,"民成"即指教化成功。⑯ 水死:传说冥担任玄冥之官(水官),溺死于黄河。⑰ "非此"二句:意为不属于上述种类的,便不在祭祀之典之内。

【导读】

　　本文主要记从虞舜以来至周天子及诸侯等人祭神的有关规定。清孙希旦因其所讲内容与其他经传多有不合,故以为不可信。

　　本书只选注了其中论祭祀一般原则的一节。所谓"法施于民则祀之,以死勤事则祀之,以劳定国则祀之,能御大菑则祀之,能捍大患则祀之",这与《礼记》中多处提到的"报本反始"说相一致,充分反映了中国古人知恩图报的朴素思想。

祭义第二十四

1. 祭不欲数①,数则烦,烦则不敬。祭不欲疏②,疏则怠,怠则忘。是故君子合诸天道,春禘、秋尝③。霜露既降④,君子履之,必有凄怆之心,非其寒之谓也。春,雨露既濡,君子履之,必有怵惕之心⑤,如将见之。乐以迎来,哀以送往,故禘有乐而尝无乐⑥。

【注释】

①数:频繁。②疏:"数"的反义词,指次数少,间隔久。③禘、尝:古代天子、诸侯四季均须到宗庙祭祖。据《礼记·王制》:"春曰礿(yuè),夏曰禘,秋曰尝,冬曰烝。"此处说"春禘",郑玄注认为是夏殷之礼。④霜露既降:据下文,"霜"字前脱去"秋"字。⑤怵惕之心:谓心中有所震动,其原因是"如将见之"(似乎将要见到死去的亲人)。上文"有凄怆之心"也是同样原因。⑥禘有乐而尝无乐:按,天子四时之祭皆奏乐。秋天尝祭不用乐,可能是诸侯之礼。

2. 文王之祭也,事死者如事生,思死者如不欲生,忌日必哀,称讳如见亲①,祀之忠也。如见亲之所爱,如欲色然②,其文王与?《诗》云:"明发不寐,有怀二人③。"文王之诗也。祭之明日,明发不寐,飨而致之,又从而思之。祭之日,乐与哀半。飨之必乐,已至必哀④。

【注释】

①讳:指父母之名。亲:父母。此句是说提到父母的名字,就好像见到了父母。②如欲色然:谓文王祭祀之诚,就像普通人爱好美色那样。③此二句诗出于《小雅·小宛》,意思是从夜至明,我都睡不着,思念周文王、武王二人。这本是讽刺周幽王的诗,这里作者把它说成是写周文王的诗,"有怀二人"是文王怀念死去的父母,属于古人习用的"断章取义"。④"飨之"二句:意为祭祀之时,想到父母的灵魂来接受自己的祭飨,心中就十分快乐;但一想到父母亡灵在受祭之后马上又要离去,就又十分悲哀。

3. 子曰:"立爱自亲始,教民睦也。立敬自长始①,教民顺也。教以慈睦,而民贵有亲;教以敬长,而民贵用命②。教以事亲,顺以听命,错诸天下③,无所不行。"

【注释】

①长:年长者。②用命:服从尊者、长者的命令。③错:通"措",放置。

4. 君子曰①：礼乐不可斯须去身。致乐以治心，则易、直、子、谅之心油然生矣。易、直、子、谅之心生则乐，乐则安，安则久，久则天，天则神。天则不言而信，神则不怒而威。致乐以治心者也。致礼以治躬则庄敬，庄敬则严威。心中斯须不和不乐，而鄙诈之心入之矣。外貌斯须不庄不敬，而慢易之心入之矣。故乐也者，动于内者也；礼也者，动于外者也。乐极和，礼极顺。内和而外顺，则民瞻其颜色而不与争也，望其容貌，而众不生慢易焉。

【注释】

① 此下二节（从"君子曰"到"其义一也"），已见于《乐记》，文字基本相同。《礼记》中这类重复出现而文字大同小异的章节并不少见，复选于此，以见一斑。

5. 故德辉动乎内，而民莫不承听；理发乎外，而众莫不承顺。故曰："礼乐之道，而天下塞焉，举而错之无难矣。"乐也者，动于内者也；礼也者，动于外者也。故礼主其减，乐主其盈。礼减而进，以进为文；乐盈而反，以反为文。礼减而不进则销，乐盈而不反则放。故礼有报而乐有反。礼得其报则乐，乐得其反则安。礼之报，乐之反，其义一也。

6. 曾子曰："孝有三，大孝尊亲，其次弗辱，其下能养。"公仪明问于曾子①："夫子可以为孝乎②？"曾子曰："是何言与？是何言与？君子之所谓孝者，先意承志③，谕父母于道④。参直养者也⑤！安能为孝乎？"

【注释】

① 公明仪：曾子的弟子。② 夫子：指曾子。③ 先意承志：在父母的意愿明确表述之前就能按照他们的意愿做事。④ 谕父母于道：讲道理给父母听，使他们的行为合于正道。谕，晓谕。⑤ 参：曾子之名。直：只。此句说"我只是一个能赡养父母的人"。

7. 曾子曰："身也者，父母之遗体也。行父母之遗体①，敢不敬乎？居处不庄，非孝也；事君不忠，非孝也；莅官不敬②，非孝也；朋友不信，非孝也;战阵无勇,非孝也。五者不遂③,菑及于亲,敢不敬乎?亨孰膻芗④,尝而荐之⑤,非孝也,养也。

【注释】

① 行:犹言对待。父母之遗体:即指自己的身体。② 莅:临,到。官:官职、官位。"莅官"犹言做官。③ 遂:做到。④ 亨孰膻芗:亨同"烹",孰同"熟",膻指羊肉等肉食,芗指谷类食物。⑤ 尝而荐之:自己先尝一下,然后进奉给父母。

8. "君子之所谓孝也者,国人称愿然①,曰:'幸哉有子!'如此,所谓孝也已。众之本教曰孝②,其行曰养。养,可能也,敬为难;敬,可能也,安为难③。安,可能也,卒为难④。父母既没,慎行其身⑤,不遗父母恶名,可谓能终矣。仁者,仁此者也⑥;礼者,履此者也⑦;义者,宜此者也⑧;信者,信此者也;强者,强此者也。乐自顺此生,刑自反此作⑨。"

【注释】

① 称愿然:称颂羡慕的样子。② 众之本教:教化民众的根本。③ 安:指安于敬养父母。④ 卒:指终身敬养父母。⑤ 慎行其身:自身行为小心谨慎。⑥ 此:指孝。以下诸句的"此"字也均指孝。此句意为:仁,首先就是以孝为仁。⑦ 履:古代"履"和"礼"读音相似,故以"履"释"礼"。履,履行、实践。此句意为:礼,首先就是要实践孝。⑧ 宜:"宜"、"义"读音相似,故以"宜"释"义"。此句意为:义,首先就是在孝顺父母方面行为适宜。⑨ 作:产生。此句意为:刑罚就是因违反孝道而招致的。

9. 曾子曰:"夫孝,置之而塞乎天地①,溥之而横乎四海②,施诸后世而无朝夕③。推而放诸东海而准④,推而放诸西海而准,推而放诸南海而准,推而放诸北海而准。《诗》云:'自西自东,自南自北,无思不服⑤。'此之谓也。"

【注释】

① 置:指直立。塞:充满。② 溥:通"敷",平铺。③ 无朝夕:没有时间限制。④ 放:至。准:正确。⑤ 引诗见于《大雅·文王有声》,这几句是赞美周武王的诗句。思,语助词。"无思不服"即无不归服。

10. 乐正子春下堂而伤其足①,数月不出,犹有忧色。门弟子曰:"夫子之足瘳矣②,数月不出,犹有忧色,何也?"

【注释】

① 乐正子春:曾子弟子。② 夫子:指乐正子春。瘳:痊愈。

11. 乐正子春曰:"善如尔之问也!善如尔之问也!吾闻诸曾子,曾子闻诸夫子曰①:'天之所生,地之所养,无人为大②。父母全而生之,子全而归之,可谓孝矣。不亏其体,不辱其身,可谓全矣。故君子顷步而弗敢忘孝也③。'今予忘孝之道,是以有忧色也。一举足而不敢忘父母,一出言而不敢忘父母。一举足而不敢忘父母,是故道而不径④,舟而不游⑤,不敢以先父母之遗体行殆⑥。一出言而不敢忘父母,是故恶言不出于口,忿言不反于身。不辱其身,不羞其亲,可谓孝矣。"

【注释】

① 夫子:此处"夫子"指孔子。② 无人为大:没有比人更大的。③ 顷步:半步。④ 道而不径:走大路而不走小路。径,小路、捷径。⑤ 舟而不游:指过河时乘船而不游泳。⑥ 行殆:行险。

12. 昔者,有虞氏贵德而尚齿①,夏后氏贵爵而尚齿,殷人贵富而尚齿,周人贵亲而尚齿。虞、夏、殷、周,天下之盛王也②,未有遗年者③。年之贵乎天下久矣,次乎事亲也④。

【注释】

① 有虞氏:舜。尚齿:以年长者为上。② 盛王:犹言王道隆盛。

③遗年：遗忘年长者。此句连上意即四代皆尊重长者。④次乎事亲：仅次于事奉父母。

13. 是故，朝廷同爵则尚齿。七十杖于朝，君问则席①。八十不俟朝②，君问则就之③，而弟达乎朝廷矣④。行肩而不并⑤，不错则随⑥。见老者则车徒辟⑦，斑白者不以其任行乎道路⑧，而弟达乎道路矣。居乡以齿，而老穷不遗⑨，强不犯弱，众不暴寡，而弟达乎州巷矣⑩。古之道，五十不为甸徒⑪，颁禽隆诸长者⑫，而弟达乎搜狩矣⑬。军旅什伍⑭，同爵则尚齿，而弟达乎军旅矣。孝弟发诸朝廷，行乎道路，至乎州巷，放乎搜狩，修乎军旅，众以义死之，而弗敢犯也。

【注释】

①君问则席：国君有事相问，就为他铺设坐席。②不俟朝：指不等朝见结束即可回家。③就之：指到他家里去（问问题）。④弟：同"悌"。⑤肩而不并：指老少同行时，年轻者稍退在后，肩臂不得相并。⑥不错则随：错指像雁行一样参错而行（这是和兄长辈的人一起走路），随指跟随在后（这是和父辈的人一起走路）。⑦车徒辟：指乘车者、徒步者均应避让。⑧任：负重。⑨老穷不遗：虽老而贫，也不遗漏忘记。⑩州巷：一乡五州。巷，犹闾。⑪甸徒：甸读为田，即打猎。甸徒即参与田猎之人。⑫颁：分配。隆：多。此句是说在分配猎获的禽兽时，（年未到五十岁而参与打猎的人）年长者要多分一些。⑬搜：同"蒐"，春天打猎。狩：冬猎。⑭什伍：军中士卒编制，五人为伍，二伍为什。

14. 天子有善，让德于天①；诸侯有善，归诸天子；卿大夫有善，荐于诸侯②；士庶人有善，本诸父母③，存诸长老。禄爵庆赏，成诸宗庙④，所以示顺也⑤。昔者，圣人建阴阳天地之情，立以为《易》⑥。易抱龟南面⑦，天子卷冕北面⑧，虽有明知之心，必进断其志焉⑨。示不敢专，以尊天也。善则称人，过则称己，教不伐⑩，以尊贤也。

【注释】

① "天子"二句：意为天子如果有了让人称颂的善行，应将这好的德行归功于天。② 荐：进、献。③ 本诸父母：谓善行之本在于父母，实亦归功于父母的意思。④ 成诸宗庙：指在宗庙里完成禄爵庆赏的有关礼仪。⑤ 示顺：指以上的做法（从天子让德于天至禄爵庆赏成诸宗庙）都是为了表示对尊者及长辈的敬顺之道。⑥《易》：指卜、筮之书。⑦ 易：指掌管卜、筮的官员。龟：指占卜的龟甲。南面：面朝南。按，面朝南应是天子、国君的位置。⑧ 卷冕：当作"衮冕"。北面：面朝北，臣下之位。按，易面朝南而天子面朝北，是因为此时易代表神，天子在聆听神的意旨。⑨ 进断其志："进"指天子前进至龟的前面；"断其志"指请龟来断决他已有之志（想法）。⑩ 不伐：不夸耀。

15. 建国之神位①，右社稷，而左宗庙②。

【注释】

① 神位：指鬼神之庙的位置。② 按，"右社稷而左宗庙"（或曰"左祖右社"）的制度一直为历代所沿袭。今北京劳动人民文化宫即为明清皇家太庙，北京中山公园则是明清时的社稷坛。

【导读】

"祭义"即祭祀的意义、含义。但本篇实际不仅讲祭祀之义（第1、2两节），还讲了礼乐修身养性的作用（第4、5两节）、孝亲之道（第6—11节）、敬老之义（第12、13两节）等内容。孝亲、敬老应该说与"祭义"还是有联系的，因为祭祀是侍奉死者，孝亲是侍奉生者，而"事死者如生"，在古人看来，事死事生的原则是相同的。

本篇中最值得我们重视的是曾子关于"孝"的论述。曾子把孝提得非常高，认为它是放诸四海而皆准的大道理，并且把孝推而广之于人类社会政治生活的各个方面："居处不庄，非孝也；事君不忠，非孝也；莅官不敬，非孝也；朋友不信，非孝也；战阵无勇，非孝也。"（第7节）或许正因为如此，后世儒者把十三经中的《孝经》归于曾子名下。

曾子的"孝"绝不仅仅是对父母生活上的供养照料,更强调对父母的"敬",并且还要求在父母去世以后仍要"慎行其身,不遗父母恶名"。曾子的这些话很值得今人深思。同样值得我们深思并铭记的还有一句,那就是"谕父母于道"。

祭统第二十五

　　1. 凡治人之道,莫急于礼。礼有五经,莫重于祭①。夫祭者,非物自外至者也,自中出,生于心也②,心怵而奉之以礼③。是故,唯贤者能尽祭之义。

【注释】

　　①"礼有"二句:礼之五经,指吉、凶、宾、军、嘉五种礼。祭礼属于吉礼,为五礼之首。②"夫祭"四句:"物"犹"事"。冠礼、婚礼等皆是先有其事,而祭礼则不然,是由于孝子思亲之心先动于内,而后制定种种祭祀仪式。所以说它不是"物自外至者",而是"自中出,生于心"。③心怵:犹言心动。此句意为内心有所感动,于是通过礼仪形式将它表现出来。

　　2. 贤者之祭也,必受其福。非世所谓福也。福者,备也①。备者,百顺之名也。无所不顺者,谓之备。言内尽于己②,而外顺于道也。忠臣以事其君,孝子以事其亲,其本一也③。上则顺于鬼神,外则顺于君长,内则以孝于亲。如此之谓备。唯贤者能备,能备然后能祭。是故,贤者之祭也,致其诚信与其忠敬,奉之以物,道之以礼④,安之以乐,参之以时⑤。明荐之而已矣⑥,不求其为⑦。此孝子之心也。

【注释】

　　①福者备也:福、备二字古音相似,故以"备"训"福"。古人常用这种"声训"方式解释字义。②内尽于己:尽自己的心意。③其本一也:谓忠与孝都是由"顺"而来。④道之以礼:谓祭祀时遵照一定的礼仪进行。

⑤ 参之以时：指一年于春夏秋冬各祭一次。⑥ 荐：以食物祭献鬼神。⑦ 不求其为：指不求鬼神降福。

3. 祭者，所以追养继孝也①。孝者，畜也②。顺于道③，不逆于伦④，是之谓畜。是故，孝子之事亲也，有三道焉：生则养，没则丧⑤，丧毕则祭。养则观其顺也，丧则观其哀也，祭则观其敬而时也。尽此三道者，孝子之行也。

【注释】
① 追养继孝：谓（祭祀是）自己对父母在世时的赡养和孝敬的继续。② 畜：畜养。③ 顺于道：指立身行事符合于道。④ 不逆于伦：承顺父母，不违背伦常。⑤ 没：通"殁"，死亡。"没则丧"指父母死了要服丧。

4. 夫祭之为物大矣①，其兴物备矣②，顺以备者也，其教之本与？是故，君子之教也，外则教之以尊其君长，内则教之以孝于其亲。是故明君在上，则诸臣服从；崇事宗庙社稷③，则子孙顺孝。尽其道，端其义④，而教生焉。是故君子之事君也，必身行之。所不安于上，则不以使下；所恶于下，则不以事上。非诸人，行诸己，非教之道也。是故君子之教也，必由其本，顺之至也，祭其是与？故曰："祭者，教之本也已。"

【注释】
① 为物：犹言"为礼"。② 兴物：指祭祀时荐献鬼神的物品。③ 崇事：恭敬地对待。④ 端：端正。端其义，端正君臣上下之义。

5. 夫祭有十伦焉①：见事鬼神之道焉②，见君臣之义焉，见父子之伦焉，见贵贱之等焉，见亲疏之杀焉③，见爵赏之施焉，见夫妇之别焉，见政事之均焉，见长幼之序焉，见上下之际焉④。此之谓十伦。

【注释】
① 十伦：十种意义。② 见：通"现"，体现。下同。③ 杀(shài)：降

等。④ 上下之际：指身份高低不同的人之间的联系。

【导读】

"祭统"之"统"有"本"的意思。祭祀时有供品、有音乐、有仪式，而其根本则在于心。本篇主要讲祭祀的各个环节无一不是祭者尽其心的表示，故以"祭统"作为篇名。

本篇选注章节中最可注意的一个观点，是它将祭祀看作是教化的根本（第4节）。原因是通过祭祀仪式，"外则教之以尊其君长，内则教之以孝于其亲"。古人将祭祀看作是国家大事，（《左传》成公十三年："国之大事，在祀与戎。"）这应当是原因之一。

在教育他人时，自身必须做出表率："是故君子之事君也，必身行之。所不安于上，则不以使下；所恶于下，则不以事上。非诸人，行诸己，非教之道也。"这和孔子"己所不欲，勿施于人"的精神完全一致，值得所有从事教育工作的人和公务人员牢记。

经解第二十六

1. 孔子曰：入其国，其教可知也①。其为人也温柔敦厚②，《诗》教也③；疏通知远④，《书》教也；广博易良⑤，《乐》教也；洁静精微⑥，《易》教也；恭俭庄敬，《礼》教也；属辞比事⑦，《春秋》教也。

【注释】

① 教：教化。② 温柔：指说话口气温和。敦厚：指性情敦厚淳朴。③《诗》教也：此句意为这是接受了《诗经》教化的结果。下文"《书》教也""《乐》教也"等等，与此相类。④ 疏通：指通达于政事。知远：能知远古帝王之事。⑤ 广博：指心胸宽广。易良：指性情和顺。⑥ 洁净精微：语言简洁明了，能明晰事理，精细入微。⑦ 属辞：指善于辞令或善于写文章。比事：将事物排列比较，加以评论。

2. 故《诗》之失①,愚②;《书》之失,诬③;《乐》之失,奢;《易》之失,贼④;《礼》之失,烦;《春秋》之失,乱⑤。其为人也,温柔敦厚而不愚,则深于《诗》者也。疏通知远而不诬,则深于《书》者也。广博易良而不奢,则深于《乐》者也。洁静精微而不贼,则深于《易》者也。恭俭庄敬而不烦,则深于《礼》者也。属辞比事而不乱,则深于《春秋》者也。

【注释】

① 失:指不善于学习而产生的弊端。② 愚:一味温柔敦厚而不知变通,就会显得愚钝。③ 诬:乱说,以无为有。指对远古茫昧不清的事乱说一通。④ 贼:害,指害于正理。过于追求精微则可能伤害正理。⑤ 乱:指属辞比事时妄加褒贬,就造成混乱。

3. 天子者,与天地参①,故德配天地,兼利万物,与日月并明,明照四海而不遗微小。其在朝廷,则道仁圣礼义之序;燕处②,则听雅颂之音;行步,则有环佩之声③;升车,则有鸾和之音④。居处有礼,进退有度,百官得其宜,万事得其序。诗云:"淑人君子,其仪不忒。其仪不忒,正是四国⑤。"此之谓也。发号出令而民说,谓之和。上下相亲,谓之仁。民不求所欲而得之,谓之信。除去天地之害,谓之义。义与信,和与仁,霸王之器也。有治民之意而无其器,则不成。

【注释】

① 参:即"三"。指天子与天地并列为三。② 燕处:闲居。③ 环佩之声:身上所佩戴的玉环、玉佩在行走时互相撞击发出的声音。④ 鸾和:车衡上的铃叫鸾,车轼前的铃叫和。⑤ 引诗见《曹风·鸤鸠》。淑人,善人。忒,差错。正,正定,使安定。

4. 礼之于正国也①,犹衡之于轻重也②,绳墨之于曲直也,规矩之于方圆也。故衡诚县③,不可欺以轻重;绳墨诚陈,不可欺以曲直;规矩诚设,不可欺以方圆;君子审礼,不可诬以奸诈。是故隆礼由礼④,谓之有方之士⑤;不隆礼不由礼,谓之无方之民。敬让之道也。故以奉宗庙则敬,以入朝廷则贵贱有位,以处室家则父子亲、兄弟和,以处乡里则长幼有序。孔子曰:"安上治民,莫善于礼。"此之谓也。

【注释】

① 正国:犹言治国。② 衡:秤。③ 县:同"悬"。④ 隆礼:尊崇礼。由礼:指按礼行事。⑤ 有方之士:犹言有道之士。

5. 故朝觐之礼①,所以明君臣之义也。聘问之礼,所以使诸侯相尊敬也。丧祭之礼,所以明臣子之恩也②。乡饮酒之礼,所以明长幼之序也。昏姻之礼,所以明男女之别也。夫礼,禁乱之所由生,犹坊止水之所自来也③。故以旧坊为无所用而坏之者,必有水败④;以旧礼为无所用而去之者,必有乱患。故昏姻之礼废,则夫妇之道苦,而淫辟之罪多矣。乡饮酒之礼废,则长幼之序失,而争斗之狱繁矣。丧祭之礼废,则臣子之恩薄,而倍死忘生者众矣⑤。聘觐之礼废⑥,则君臣之位失,诸侯之行恶,而倍畔侵陵之败起矣⑦。

【注释】

① 朝觐:诸侯见天子、臣见君均称为"朝",觐则专指诸侯见天子。② 臣子之恩:指臣、子报答君、父之恩。③ 坊:通"防",堤防。④ 水败:犹言水灾。⑤ 倍死:背叛死者。忘生:指对活着的国君或亲人不尊重、不孝敬。⑥ 聘:诸侯派卿大夫问候其他诸侯,天子派使臣至诸侯国,诸侯派使臣问候天子,均称为聘。⑦ 倍畔:指诸侯背叛天子。侵陵:指诸侯相侵。

6. 故礼之教化也微①,其止邪也于未形。使人日徙善远罪而不自知也②,是以先王隆之也。《易》曰:"君子慎始,差若豪厘,缪以千里③。"此之谓也。

【注释】

① 微:不明显,不易察觉。指在不知不觉中起作用。② 徙善:犹言迁善。③ 缪:通"谬"。

【导读】

本篇开头两节论以六经教人的得失,故以"经解"名篇。实际全文包括三个部分:第3节论天子之德,第4—6节论以礼正国。三段之间并无逻辑联系,可能是作者从前人文章中各采摘一部分拼凑成篇。

文中关于六经得失的评说,影响很大,讲的也确实有一定道理,但我们不可全信。即如流传最广的"温柔敦厚,《诗》教也"一句,孔子自己讲过诗"可以怨"(《论语·阳货》),六朝时刘勰更明确说过"幽、厉昏而《板》、《荡》怒"(《文心雕龙·时序》。《板》、《荡》是《诗经·大雅》中的篇名,内容都是讽刺周厉王的。周幽王、周厉王都是历史上所谓昏君,常常并称),可见《诗经》的内容并非全是"温柔敦厚"。

本文第三部分比较系统地论述了礼的教化作用,认为"礼之教化也微,其止邪也于未形","安上治民,莫善于礼",这些看法也都有一定道理。中国一向称为礼仪之邦,与古人这种以礼治国的认识是密切相关的。然而在社会转型时期,许多传统渐渐失去,而新的道德规范并未建立,整个社会的道德水准严重下降。这正如本文中所说:"以旧礼为无所用而去之者,必有乱患。"

坊记第三十

1. 子言之:"君子之道,辟则坊与①,坊民之所不足者也②。大为之坊,民犹逾之。故君子礼以坊德③,刑以坊淫,命以坊欲④。"

【注释】

① 辟:同"譬"。坊:堤防。与:通"欤"。此句言(君子之道)如果打比方,那就像是堤防吧。② 民之所不足者:指仁义之道。③ 坊德:防止道德方面的过错。④ 命:指政教法令。坊欲:遏制人的不正当的欲望。

2. 子云:"小人贫斯约①,富斯骄;约斯盗,骄斯乱。礼者,因人之情而为之节文②,以为民坊者也。故圣人之制富贵也③,使民富不足以骄,贫不

至于约,贵不慊于上④,故乱益亡⑤。"

【注释】

① 约:窘困。贫斯约,贫穷就会窘困。② 节文:节制、修饰。③ 制富贵:指制定人富贵贫贱的限制措施,使不至过富过贵或过贫过贱。句中只言"制富贵"而无"贫贱",是古人文句中常有的省略。④ 慊:不满。此句意为地位虽贵但不至于对上级不满。⑤ 乱益亡:作乱的事就更加不会发生了。亡,无。

3. 子云:"贫而好乐①,富而好礼,众而以宁者②,天下其几矣③。《诗》云:'民之贪乱,宁为荼毒④。'故制:国不过千乘⑤,都城不过百雉⑥,家富不过百乘⑦。以此坊民,诸侯犹有畔者。"

【注释】

① 贫而好乐:指虽贫困而能保持快乐的心情。② 众而以宁:指家族人口众多、势力强大而能安守本分。③ 几:稀,很少。④ 引《诗》见《大雅·桑柔》。宁为荼毒,《诗经》原意指民众因不能忍受周厉王的暴政,故人心思乱,宁愿去做强侵弱、众暴寡的恶行。⑤ 国不过千乘:诸侯国的兵车不得超过一千辆。⑥ 都城:指诸侯国的城邑。雉:城墙高一丈、长三丈为一雉。⑦ 家:大夫之家。

4. 子云:"夫礼者,所以章疑别微①,以为民坊者也。故贵贱有等,衣服有别,朝廷有位②,则民有所让。"

【注释】

① 章疑别微:使疑惑不定的事能彰而明之,将幽隐不明的事分辨清楚。② 朝廷有位:朝廷有高下不等的爵位。

5. 子云:"天无二日,土无二王,家无二主,尊无二上①,示民有君臣之别也。《春秋》不称楚越之王丧②,礼君不称天③,大夫不称君,恐民之惑也。《诗》云:'相彼盍旦,尚犹患之④。'"

【注释】

① 尊无二上:最尊贵的地位只有一个。② 楚国、越国在春秋时均曾僭号称王,所以《春秋》不记载楚、越国君丧葬之事,以避免称其为王。③ 君:指诸侯国君。此句言按照礼,诸侯国君不可以称为"天"。④ 引诗不见于《诗经》,当为逸诗。盍旦,鸟名,因夜中啼叫"盍旦,盍旦"而得名。"盍旦"字面意义是"为什么不天亮"。古人认为这种鸟儿夜中呼唤天亮,欲反夜而为昼,好比臣下欲反臣而为君。相,看。患之,为人所患。

6. 子云:"君不与同姓同车①,与异姓同车不同服,示民不嫌也②。以此坊民,民犹得同姓以弑其君。"

子云:"君子辞贵不辞贱,辞富不辞贫③,则乱益亡。故君子与其使食浮于人也④,宁使人浮于食。"

【注释】

① 同姓:指先王、先公的子孙。这些人有继承君位的可能,故国君不可与之同车,以防引起民众的猜疑。② 不嫌:没有嫌疑。③ "君子"二句:谓君子不以不正当的手段谋求富贵,也不以不正当的手段避开贫贱。④ 食浮于人:"食"指俸禄,"浮"谓高于,"人"指自己的个人才能。

7. 子云:"觞酒豆肉①,让而受恶②,民犹犯齿③;衽席之上④,让而坐下⑤,民犹犯贵;朝廷之位,让而就贱⑥,民犹犯君。《诗》云:'民之无良,相怨一方;受爵不让,至于己斯亡⑦。'"

【注释】

① 觞:酒器。豆:装食物的容器。"觞酒豆肉"犹言"一觞酒,一豆肉"。② 让而受恶:指宴席上分配酒肉时,接受者应表示谦让,并只肯接受比较粗劣的一份。恶,指食物粗劣。根据礼,分配食物时年老者宜美,年少者宜恶,以示敬老。③ 犯齿:冒犯年长的人。④ 衽席:指举行享礼、

燕礼时所铺设的席。⑤ 坐下：坐在下位。⑥ 贱：指级别较低的爵位。⑦ 引诗见《小雅·角弓》。"至于己斯亡"谓怨恨集于己身,终至以此而亡。

8. 子云："君子贵人而贱己,先人而后己,则民作让①。故称人之君曰君,自称其君曰寡君②。"

子云："利禄,先死者而后生者,则民不偝③；先亡者而后存者④,则民可以托。《诗》云：'先君之思,以畜寡人⑤。'以此坊民,民犹偝死而号无告⑥。"

【注释】

① 作：犹"兴"。② 寡君：寡德之君,缺少德行的国君。谦词。③ 偝：背弃。④ 亡者：死者。一说指逃亡国外的人（如此则"存者"指留在国内的人）。⑤ 引诗见《邶风·燕燕》,用以证明不偝死之义。大意是你要思念先君并赡养我（"寡人"或谓指卫庄公夫人庄姜,或谓指卫定公夫人定姜）。⑥ 号无告：指负人之托,使老弱呼号而告诉无门。

9. 子云："有国家者,贵人而贱禄①,则民兴让；尚技而贱车②,则民兴艺③。故君子约言④,小人先言⑤。"

子云："上酌民言⑥,则下天上施⑦；上不酌民言,则犯也⑧；下不天上施,则乱也。故君子信让以莅百姓⑨,则民之报礼重。《诗》云：'先民有言,询于刍荛⑩。'"

【注释】

① 贵人："人"指有德之人,"贵人"实即贵德。贱禄：指不吝惜给有德之人爵禄。② 尚技：崇尚技能。贱车：指不吝惜（给有技能之人）赐以车及服饰。③ 艺：技艺。④ 约言：寡言。⑤ 先言：抢先说话,不谦让。按,此处"约言"、"先言"互文。君子约言则小人多言,小人先言则君子后言。⑥ 酌：斟酌听取。⑦ 下天上施："下"指民众；"天"用为动词,以之为天；"上施"指国君所施于民众的恩泽。此句谓民众接受国君所施恩泽如同对待上天的恩赐。⑧ 犯：犯众怒。⑨ 信让：诚信和礼让。莅：临,指治理。

⑩ 引诗见《大雅·板》。刍荛,割草砍柴的人。诗句原意谓统治者要注意征询下层民众的意见。

10. 子云:"善则称人,过则称己,则民不争;善则称人,过则称己,则怨益亡。《诗》云:'尔卜尔筮,履无咎言①。'"

子云:"善则称人,过则称己,则民让善,《诗》云:'考卜惟王,度是镐京,惟龟正之,武王成之②。'"

【注释】

① 引诗见《卫风·氓》。《毛诗》下句作"体无咎言"。诗句原意是龟甲卜得的兆及占筮所得的卦都没有不吉利的话。此处引诗所重只在"无咎言"三字,属于古人引诗常见的断章取义。② 引诗见《大雅·文王有声》,大意是:考察并通过占卜来决定建都之地是王(周武王)所做的,他量度并规划了镐京,并通过龟卜加以确定,武王完成了这项工作。此节文字引此是说明武王将成功归之于龟卜,以此作为"让善"(将功劳、善行归于别人)的证明。

11. 子云:"善则称君,过则称己,则民作忠。《君陈》曰①:'尔有嘉谋嘉猷②,入告尔君于内,女乃顺之于外③,曰:"此谋此猷,惟我君之德。"於乎!是惟良显哉④!'"

子云:"善则称亲,过则称己,则民作孝。《大誓》曰⑤:'予克纣,非予武,惟朕文考无罪⑥;纣克予,非朕文考有罪,惟予小子无良。'"

【注释】

① 君陈:《尚书》篇名,此处所引与原文在文字上小有不同。② 嘉谋嘉猷:嘉,佳,好。谋、猷义近,即主意、方法。猷亦可作"道术"解。③ 女:汝,你。顺之于外:在外实行(此嘉谋嘉猷)。④ 良显:"良"指良臣,"显"谓国君之德彰显于世。按,"君陈"以下数句,是说大臣有"嘉谋嘉猷",归功于国君,即"善则称君"。⑤ 大誓:即《泰誓》,《尚书》篇名。是武王伐纣时的誓师之词。⑥ 文考:指武王之父文王。

12. 子云："君子弛其亲之过①,而敬其美。"《论语》曰："三年无改于父之道,可谓孝矣②。"高宗云③："三年其惟不言,言乃讙④。"

子云："从命不忿⑤,微谏不倦⑥,劳而不怨,可谓孝矣。《诗》云:'孝子不匮⑦。'"

【注释】

① 弛:丢开,忘记。② 所引见《论语·学而》。③ 高宗:殷高宗,即武丁,商朝历史上有名的君王。④ "三年"二句:此二句并非武丁本人所说,而是别人所说武丁之事。三年,指高宗守父丧的时间。二句大意是:高宗守丧三年不说话,等他开始讲话了,全国人都很高兴。讙,同"欢"。⑤ 从命不忿:服从父母之命,(即使父母之命不合理,也当暂且服从,)不可有忿怒之心。⑥ 微谏:含蓄地劝谏。⑦ 引诗见《大雅·既醉》。此句诗意为孝子的孝行没有穷尽之时。匮,竭。

13. 子云："睦于父母之党①,可谓孝矣。故君子因睦以合族②。《诗》云:'此令兄弟,绰绰有裕;不令兄弟,交相为瘉③。'"

子云："于父之执④,可以乘其车⑤,不可以衣其衣⑥。君子以广孝也⑦。"

子云："小人皆能养其亲;君子不敬,何以辨?"

【注释】

① 党:亲族。② 合族:指会聚宗族举行燕食之礼。③ 引诗见《小雅·角弓》。令,美、善。绰绰,宽大貌。裕,多。"绰绰有裕"指兄弟之间恩义深厚。瘉,病。④ 父之执:父亲的同辈。⑤ 可以乘其车:指自己的地位与父执相等时,可以乘其车。⑥ 不可以衣其衣:不可穿父执的衣服,是因为衣服是贴身之物,与车相比,须更加敬重。⑦ 广孝:扩大孝道。指将对父之孝扩大到对父执的态度。

14. 子云："父子不同位①,以厚敬也②。《书》云:'厥辟不辟,忝厥祖③。'"

子云:"父母在,不称老,言孝不言慈④;闺门之内,戏而不叹⑤。君子以此坊民,民犹薄于孝而厚于慈。"

【注释】

① 同位:指尊卑相等的位置。② 厚敬:增强(对父亲的)敬。③ 引文见《尚书·太甲》。辟,君。忝,辱。二句义为:国君不像国君(指缺少国君应有的庄重、威严),那就辱没他的先祖。④ 不言慈:父母对子女的关爱叫"慈"。不言慈,是因为担心父母误以为自己要求他们对自己更好一些。⑤ 戏:指像孩子一样说说笑笑(以使父母高兴)。不叹,以免父母为自己担忧。

15. 子云:"长民者①,朝廷敬老,则民作孝。"

子云:"祭祀之有尸也,宗庙之有主也②,示民有事也。修宗庙,敬祀事,教民追孝也。以此坊民,民犹忘其亲。"

【注释】

① 长民者:指国君。② 主:庙中所立的神位。

16. 子云:"敬则用祭器①。故君子不以菲废礼,不以美没礼②。故食礼,主人亲馈则客祭③,主人不亲馈则客不祭。故君子苟无礼,虽美不食焉。《易》曰:'东邻杀牛,不如西邻之禴祭,实受其福④。'《诗》云:'既醉以酒,既饱以德⑤。'以此示民,民犹争利而忘义。"

【注释】

① 祭器:指笾、豆、簋、簠等在祭祀时盛放祭品的食器。在宴飨之时,为表示对宾客的尊敬,也用它们盛放食物。(一般宴饮则可能使用盘、盂等食器。)② 菲、美均指宴飨之时的食物言。菲,菲薄;美,丰盛。此二句言君子参加宴飨时,不因食物之菲薄而不行礼,也不可因食物丰盛而过度行礼。没,犹言超过。③ 祭:指祭食,即在吃饭之前先取少量所食之物,放在俎豆边,表示对当初发明此食物的先人的感谢。此句是说:如果主人

亲自进献酒食,则客人就应当行祭食礼。④ 引文为《易·既济》九五爻辞。禴(yuè)祭的供品是一只猪,显然比东邻以牛作供品为菲薄。但西邻态度恭敬,故更能得到神的福佑。⑤ 引诗见《大雅·既醉》。文中引此二句,意在说明君子参加燕飨之礼,主要不是为了酒肴,而是讲德行礼。

17. 子云:"七日戒①,三日齐②,承一人焉以为尸③,过之者趋走,以教敬也。醴酒在室,醍酒在堂,澄酒在下④,示民不淫也⑤。尸饮三,众宾饮一⑥,示民有上下也。因其酒肉,聚其宗族,以教民睦也。故堂上观乎室,堂下观乎上⑦。《诗》云:'礼仪卒度,笑语卒获⑧。'"

【注释】

① 七日戒:指祭祀前的散斋。散斋七天中,可以外出,但不可与妻子同房,不作乐,不吊丧。② 三日齐:即祭祀前的致斋。此三日中必须日夜居于室内,不能外出。齐,通"斋"。③ 承:事。此句意为:以某一个人为"尸"来侍奉他。④ 醴酒、醍酒、澄酒:祭祀时所用的三种酒,醴酒、醍酒味较淡,澄酒味较厚。⑤ 示民不淫:(将好酒放置在最不重要的地方)这是为了向民众表示祭祀饮酒并非为了贪享美味。⑥ "尸饮"二句:尸的地位尊贵,祭祀时,主人、主妇及为首的宾客各向他敬一次酒,故"尸饮三"。主人对众宾只敬一次酒,故"众宾饮一"。⑦ "故堂"二句:意为在堂上的人以室内的人为榜样,在堂下的人以堂上的人为榜样。⑧ 引诗见《小雅·楚茨》,意为参与宴饮的主人、宾客,礼仪都合于法度,谈笑也很合宜。卒,都。获,合时。

18. 子云:"宾礼每进以让①,丧礼每加以远②。浴于中霤③,饭于牖下④,小敛于户内⑤,大敛于阼⑥,殡于客位⑦,祖于庭⑧,葬于墓,所以示远也。殷人吊于圹,周人吊于家,示民不偝也⑨。"子云:"死,民之卒事也,吾从周⑩。以此坊民,诸侯犹有薨而不葬者⑪。"

【注释】

① 每进以让:迎接宾客时,每前进一步,主、客都互相谦让一番。

② 每加以远：人由死至葬举行仪式的地方，每次均比上次离得远一些。
③ 浴：浴尸，即为死者沐浴。④ 饭：饭含，将米、贝等物放入死者口中。
⑤ 小敛：死的第二天，于室中为死者加衣衾。⑥ 大敛：死的第三天，为死者再加衣衾，将尸体入棺。阼阶：东阶。⑦ 殡：暂时停棺，在堂的西阶挖一坎穴，置棺其中，不全埋，棺盖在地面之上。客位：指西阶。⑧ 祖：出行祭祀路神。庭：此处指宗庙之庭。此句是说下葬之前将棺柩从所殡之处迁至祖庙中庭祖奠，象征死者葬前向祖先辞行。⑨ 不偝：不背弃死者。
⑩ 吾从周：殷人在棺柩下葬后，就在墓穴旁吊丧；而周人是回到家中后吊丧。孔子可能认为回到家中不见死者音容，此时哀痛尤甚，故吊于圹不如吊于家。⑪ 不葬：指不按礼的规定如期而葬。

19. 子云："升自客阶，受吊于宾位①，教民追孝也。未没丧，不称君②，示民不争也。故鲁《春秋》记晋丧曰：'杀其君之子奚齐及其君卓③。'以此坊民，子犹有弑其父者。"

【注释】

① "升自"二句：此二句的主语为孝子。客阶即西阶，东阶（阼阶）则是主阶。孝子葬亲以后，从西阶升堂，在宾位接受来客吊丧，表示他不忍心取代父亲的主位。② 没丧：终丧。国君死后，其继位者须在逾年之后才能称君。③ 引文见《春秋》鲁僖公九年及十年，与原文稍有不同。晋献公卒，其子奚齐即位，但很快被杀。因奚齐即位未逾年，所以《春秋》不称他为君，只说是"其君之子"。奚齐死后，公子卓即位，次年被杀，因已逾年，故被称为君。

20. 子云："孝以事君①，弟以事长②，示民不贰也。故君子有君不谋仕③，唯卜之日称二君④。丧父三年⑤，丧君三年，示民不疑也。父母在，不敢有其身⑥，不敢私其财，示民有上下也。故天子四海之内无客礼⑦，莫敢为主焉。故君适其臣，升自阼阶，即位于堂，示民不敢有其室也⑧。父母在，馈献不及车马⑨，示民不敢专也。以此坊民，民犹忘其亲而贰其君⑩。"

【注释】

① 孝以事君：用事奉父母的孝道来事奉国君。② 弟以事长：用对待兄长的悌来对待比自己年长者。③ 君子：此"君子"指国君之子。有君：指父亲健在。不谋仕：不谋求官职。④ 卜之日称二君：指国君有事须占卜，但本人又因故无法亲自进行，由儿子代理，在这种情况下，做儿子的在占卜时自称"君之贰某"（国君的副手某人）。二，同"贰"，副职。⑤ 三年：服丧三年。⑥ 不敢有其身：意谓身体属于父母所有，自己不能随意处置。（例如允诺朋友杀人报仇之类。）⑦ 无客礼：没有（天子）作客的礼仪。⑧ 不敢有其室：意谓臣的这座房屋也属于天子所有。⑨ 馈献不及车马：（儿子）不可以车马等贵重物品赠人。⑩ 贰：背叛，有二心。

21. 子云："礼之先币帛也①，欲民之先事而后禄也。先财而后礼②，则民利③；无辞而行情④，则民争。故君子于有馈者，弗能见则不视其馈。《易》曰：'不耕获，不菑畲，凶⑤。'以此坊民，民犹贵禄而贱行。"

【注释】

① 礼：指主客相见之礼。币帛：指客人带来赠送主人的见面礼。此句言主客当先相见，然后再赠送礼物。② 财：指币帛。③ 利：犹"贪"。④ 辞：指宾主相见时的一些客套说辞。行情：指只用币帛来表示感情。⑤ 引文为《易·无妄》六二爻辞，与原文稍有不同。菑(zī)，割草开荒。畲(shē)，同"畬"，烧荒种田。

22. 子云："君子不尽利以遗民①。《诗》云：'彼有遗秉，此有不敛穧，伊寡妇之利②。'故君子仕则不稼，田则不渔③，食时不力珍④。大夫不坐羊⑤，士不坐犬。《诗》云：'采葑采菲，无以下体，德音莫违，及尔同死⑥。'以此坊民，民犹忘义而争利，以亡其身。"

【注释】

① 不尽利以遗民：不自己独得所有利益，而是留一些给人民。② 引诗见《小雅·大田》。秉，扎成把的农作物。穧(jì)，割倒在地未捆成束的

农作物。③ 田则不渔:打猎则不再捕鱼。④ 食时不力珍:吃四季当令之物,不力求珍馐。⑤ 不坐羊:不得以羊皮为座垫。⑥ 引诗见《邶风·谷风》。葑、菲,蔬菜名,皆为芜菁类植物。下体,指根茎。这两种蔬菜的叶和根茎皆可食,但根茎有时味苦。诗意谓采摘之人不可因根茎有苦味而连叶也不要,比喻夫妻应以德为重,不可因妻子容貌衰退而加遗弃。但本文中引用来说明采者既取其叶,即不应再取其根,以证明"君子不尽利"。这也是"断章取义"。

23. 子云:"夫礼,坊民所淫,章民之别,使民无嫌,以为民纪者也①。故男女无媒不交②,无币不相见③,恐男女之无别也。以此坊民,民犹有自献其身。《诗》云:'伐柯如之何?匪斧不克;取妻如之何?匪媒不得;艺麻如之何?横纵其亩;取妻如之何?必告父母④。'"

【注释】

① 纪:纲纪,法纪。② 交:交往。古代须通过媒人,男女双方始相互知道对方的名字。③ 币:指纳徵时男方送给女方的礼物。古代须在纳徵之后,男方行亲迎之礼,此时男女双方才相见。④ 引诗见《齐风·南山》,文字与今本《毛诗》微有不同。柯,树枝。艺,种植。

24. 子云:"取妻不取同姓,以厚别也。故买妾不知其姓,则卜之①。以此坊民,鲁《春秋》犹去夫人之姓曰吴②,其死曰孟子卒③。"

子云:"礼,非祭,男女不交爵④。以此坊民,阳侯犹杀缪侯而窃其夫人。故大飨废夫人之礼⑤。"

【注释】

① 则卜之:通过占卜决定该女子是否可买来做妾。② 鲁昭公娶吴孟子为夫人,因鲁、吴两国皆为姬姓,按照同姓不婚的原则,这是不合于礼的。按《春秋》书法,国君娶夫人都写明夫人之姓,但因娶吴孟子违礼,所以不写夫人之姓,只写"夫人至自吴",而不是写"夫人姬氏至自吴"。这就是"去夫人之姓曰吴"。(按,今本《春秋》中并没有"夫人至自吴"一句,可

能是已被孔子删去的鲁史旧文。)③ 孟子卒:此句见《春秋》哀公十二年经文。按《春秋》书法,记国君夫人之死当写"夫人某氏薨"。现为了避讳,只写了"孟子卒"三个字。④ 交爵:互相敬酒。⑤ 阳侯、缪侯当是二国国君。古代天子宴飨诸侯及诸侯相互宴飨,夫人均应参加。自阳侯因宴飨之时得见缪侯夫人之美,遂杀缪侯而夺其妻以后,大飨时夫人必须参加这一规定就被废除了。

25. 子云:"寡妇之子,不有见焉①,则弗友也②,君子以辟远也③。故朋友之交,主人不在,不有大故④,则不入其门。以此坊民,民犹以色厚于德。"

【注释】

① 有见:指表现出特别的才能和技艺。② 弗友:不和他交朋友。③ 辟远:远避嫌疑。辟,同"避"。④ 大故:指丧事、重病之类的大事故。

26. 子云:"好德如好色。诸侯不下渔色①。故君子远色以为民纪。男女授受不亲②。御妇人则进左手③。姑、姊妹、女子子已嫁而反,男子不与同席而坐。寡妇不夜哭④。妇人疾,问之,不问其疾。以此坊民,民犹淫泆而乱于族。"

【注释】

① 下渔色:指国君挑选本国卿大夫、士的女儿为妻妾。按礼,古代诸侯的妻妾均应娶于其他异姓国家。② 授受不亲:男女之间不亲自用手递送或接受东西。③ 御妇人:为妇女驾车。进左手:妇女乘车时站在车的左边,御者在右。御者以左手掌握马缰,则身体即微偏向右,以背部侧向妇女,表示回避的意思。④ 寡妇夜哭,有想男人的嫌疑。

27. 子云:"昏礼,婿亲迎①,见于舅姑②,舅姑承子以授婿③,恐事之违也。以此坊民,妇犹有不至者④。"

【注释】

① 亲迎:亲自到女方家中迎接新娘。② 舅姑:此处指女方父母。妻之父为外舅,妻之母为外姑。③ 承:进。子:指女儿。④ 不至:指男方亲迎而新娘不肯前往。

【导读】

"坊"即堤坝。本篇谈先王制定各种礼仪制度,以堵住从诸侯直至普通民众越过法律或道德的堤坝,行为不端甚至违法犯罪的可能性,故以"坊记"作为篇名。

古代礼仪制度非常强调贵贱尊卑之别,这是封建社会等级制度的客观反映,当然也是中国礼治思想的严重缺点。这些在本文中有明确的表述:"夫礼者,所以章疑别微,以为民坊者也。故贵贱有等,衣服有别,朝廷有位,则民有所让。"(第4节)

但文中对礼的本质也有很精当的说明:"礼者,因人之情而为之节文,以为民坊者也。"(第2节)礼既植根于人的本性,而又对人的性情欲望加以适当的调节,并使之仪式化,这应当说是对礼之产生及其作用的一个既唯物又辩证的解释。

本篇中谈到制定礼仪制度的若干原则,其中也颇有可取之处。比如关于社会贫富问题,它提出"故圣人之制富贵也,使民富不足以骄,贫不至于约"(第2节)。骄横与否,与个人的性格气质及社会制度有关,主要倒不在于其人的富裕程度。所以"富不足以骄"这句话是有语病的。但"贫不至于约"确实对社会安定和谐至关重要。"衣食足而后知荣辱"、"饥寒至身,不顾廉耻",这是古代众多政治家从客观现实中得出的结论。所以统治者一定要采取措施,解决社会贫富两极分化的问题,尤其要关注社会底层民众的生存状态。

本文不少地方强调统治者的表率作用,比如"君子贵人而贱己,先人而后己,则民作让"(第8节),"有国家者,贵人而贱禄,则民兴让"、"君子信让以莅百姓,则民之报礼重"(第9节),"长民者,朝廷敬老,则民作孝"(第15节)等等。这其实是《礼记》中多处反复表述过的一个观点。这个观点是任何时期的统治者都应该重视的。

本文27个章节中，一大半的章节以"以此坊民，(民)犹……"的句式结尾(如"以此坊民，诸侯犹有畔者"、"以此坊民，民犹得同姓以弑其君"、"以此坊民，民犹忘记其亲"等等)，由此可见，本文作者对礼仪制度在规范、约束民众行为时的有限性，有着十分清醒的认识。

中庸第三十一

1. 天命之谓性①，率性之谓道②，修道之谓教③。道也者，不可须臾离也，可离，非道也④。是故君子戒慎乎其所不睹，恐惧乎其所不闻⑤。莫见乎隐，莫显乎微⑥，故君子慎其独也⑦。喜怒哀乐之未发，谓之中⑧；发而皆中节，谓之和⑨；中也者，天下之大本也⑩；和也者，天下之达道也⑪。致中和⑫，天地位焉⑬，万物育焉。

【注释】

① 天命之谓性：意为天生就具有的东西叫做本性。按，"命"的本义为动词"使"、"令"。古人认为人感自然而生，生而有贤愚之分、吉凶之别，就像是接受天的命令而如此，所以用"天命"一词。② 率：循。道：犹路。此句意为：遵循人的本性去做就叫做道。③ 修道：指按照道行事并以道教育民众。教：教化。④ "道也"四句：按，道的本义是道路。人行走不可离开道路，故曰"道也者，不可须臾离也"。倘若人走上荒榛荆棘之途，这就不是正常的道，犹如人有凶恶邪僻之行，亟需抛弃。这种亟需抛弃的恶行就和荆棘之途一样，是应赶紧离开的。这就是"可离，非道也"的意思。⑤ "是故"二句：意谓君子在无所睹、无所闻(即看不见人，听不到人的声音)的情况下仍保持戒慎恐惧，自我修正。这两句话既是对上文"道也者，不可须臾离也"的发挥，也引出下文之"君子慎其独也"。⑥ "莫见"二句：意谓一个人在幽隐之处的所作所为以及一些细微事情上的表现最能说明他的性情品质。⑦ 慎其独：(言行)在独处时要更加谨慎。⑧ "喜怒"二句：人的喜怒哀乐之情都是因事而发，在未发之时，人心处于空虚宁静无思无虑的状态。古人认为这种状态就叫做"中"。⑨ "发而"二句："中节"

犹言合乎规矩,合乎标准。"和"指和谐、调和。二句谓人在抒发喜怒哀乐之情的时候,其时间、强度、表达方式等均要恰当。恰当就是"和"。⑩ 大本:最大的根本。⑪ 达道:到处均可通行的道理。⑫ 致:至,指努力达到,实现。⑬ 位:正,指在正确的位置。

2. 仲尼曰:"君子中庸①,小人反中庸。君子之中庸也,君子而时中②;小人之中庸也③,小人而无忌惮也④。"

子曰:"中庸其至矣乎!民鲜能久矣⑤!"

子曰:"道之不行也⑥,我知之矣:知者过之,愚者不及也。道之不明也,我知之矣:贤者过之,不肖者不及也。人莫不饮食也,鲜能知味也⑦。"

子曰:"道其不行矣夫!"

【注释】

① 中庸:"庸"有二义,一是"用",二是"常"。"中庸"的意思是以用中作为常道。② 君子而时中:指其容貌为君子,而其喜怒哀乐任何时候都符合中的标准。③ 一本作"小人之反中庸也",此处当系原文误漏"反"字。④ 小人而无忌惮也:指其容貌为小人,而其言行无所顾忌。⑤ 民鲜能久矣:此句有两种理解,一说民众很少能有人长久地坚持中庸之道;一说民众很少能有人做到中庸,这种情况已经很久了。⑥ 道:指中庸之道。⑦ 鲜能知味:真正懂得什么是美味的人很少。

3. 子曰:"舜其大知也与①!舜好问而好察迩言②,隐恶而扬善,执其两端③,用其中于民,其斯以为舜乎!"

子曰:"人皆曰予知④,驱而纳诸罟擭陷阱之中⑤,而莫之知辟也。人皆曰予知,择乎中庸,而不能期月守也⑥。"

【注释】

① 知:同"智"。② 迩言:近言。③ 两端:端,头。一端为"过之",一端为"不及"。④ 予知:犹言"我很聪明"。⑤ 罟(gǔ):网。擭(huò):带有机关的捕兽木笼。⑥ 期月:满一个月。

4. 子曰:"回之为人也①,择乎中庸,得一善则拳拳服膺②,而弗失之矣。"

子曰:"天下国家可均也③,爵禄可辞也,白刃可蹈也,中庸不可能也。"

【注释】

① 回:颜回,孔子弟子,字子渊。② 拳拳:双手捧持的样子。服膺:谨记在心,衷心信服。③ 天下国家:天下指天子,国指诸侯,家指卿大夫。均:分。指分享权力或财产。按,孔子此段话意在说明实行中庸之难。

5. 子路问强①。子曰:"南方之强与?北方之强与?抑而强与②?宽柔以教,不报无道③,南方之强也,君子居之。衽金革④,死而不厌⑤,北方之强也,而强者居之。故君子和而不流⑥,强哉矫⑦!中立而不倚,强哉矫!国有道,不变塞焉⑧,强哉矫!国无道,至死不变,强哉矫!"

【注释】

① 子路:孔子弟子,名仲由,子路是他的字。② 抑:或者是。而:尔,你,指中国(中原地区)。③ 不报无道:即"犯而不校",对侵害自己的无道之人不加报复。④ 衽:床席。金革:指兵器和甲胄。衽金革,躺在武器甲胄上睡觉,指时刻准备打仗。⑤ 厌:满足。⑥ "故君"以下十句,皆是孔子所赞许的中国之强。流,移,指易受外界影响而变化。"和而不流"指性行和合而不流移。⑦ 矫:强健之貌。⑧ 不变塞:"塞"指穷困未达,"不变塞"指不改变穷困未达之时的操守。

6. 子曰:"素隐行怪①,后世有述焉,吾弗为之矣。君子遵道而行,半涂而废,吾弗能已矣②。君子依乎中庸,遁世不见知而不悔③,唯圣者能之。"

【注释】

① 素隐行怪:"素"当作"索",求。此句连下句言(有些人)深求隐僻

之理,过为怪异之行,然而因其足以欺世盗名,故后世有称赞介绍他的人。② 已:止。"吾弗能已"是孔子说自己不能半途而废。③ 遁世:隐居避世。

7. 君子之道,费而隐①。夫妇之愚②,可以与知焉,及其至也,虽圣人亦有所不知焉。夫妇之不肖,可以能行焉;及其至也,虽圣人亦有所不能焉。天地之大也,人犹有所憾。故君子语大,天下莫能载焉;语小,天下莫能破焉。《诗》云:"鸢飞戾天,鱼跃于渊③。"言其上下察也④。君子之道,造端乎夫妇⑤,及其至也,察乎天地。

【注释】

① 费而隐:"费"指应用广泛,"隐"指微妙隐约。② 夫妇之愚:犹言"愚夫愚妇"或"匹夫匹妇"。③ 引诗见《大雅·旱麓》。戾,至。④ 察:著,昭著。⑤ 造端:开始。造端乎夫妇,指君子之道开始阶段十分平易,是匹夫匹妇所知所行的。

8. 子曰:"道不远人①,人之为道而远人,不可以为道②。《诗》云:'伐柯伐柯,其则不远③。'执柯以伐柯,睨而视之,犹以为远。故君子以人治人④,改而止。忠恕违道不远⑤,施诸己而不愿,亦勿施于人。君子之道四,丘未能一焉。所求乎子,以事父,未能也⑥;所求乎臣,以事君,未能也;所求乎弟,以事兄,未能也;所求乎朋友,先施之⑦,未能也。庸德之行,庸言之谨⑧,有所不足,不敢不勉,有余不敢尽⑨。言顾行,行顾言,君子胡不慥慥尔⑩!"

【注释】

① 道不远人:本文开头说"率性之谓道",遵循人性而为就是道。所以说"道不远人"。② "人之"二句:意为假若有人想实行道,却嫌它过于浅近,而想务为高远难行之事,那就不可能真正实行道了。③ 引诗见《豳风·伐柯》。柯,斧柄。则,榜样。砍一根树杈做斧头柄,需要砍多长多粗的,手中所握斧柄即是参照物,所以说"其则不远"。④ 以人治人:指当一个人有过错时君子即按照此人所能知能行的道处治他,不提过高的要求。

⑤ 忠恕：尽自己的心力为忠，推己及人为恕。违：去，距离。⑥ "所求"三句：意为要求儿子以孝道对待自己，则我当首先以孝道对待父母，但我未能做到。⑦ 先施之：先施恩惠于朋友（先做我所要求朋友做的事）。⑧ 庸：常。"庸德"二句言自己常常按照德的标准行事，平常说话也很谨慎。⑨ 有余不敢尽：指自己在才能、品行方面如果高于他人，则不敢完全表现出来以压倒别人。⑩ 胡：何。"胡不"犹岂不。慥慥：诚恳实在的样子。

9. "君子素其位而行①，不愿乎其外②。素富贵，行乎富贵；素贫贱，行乎贫贱；素夷狄，行乎夷狄，素患难，行乎患难，君子无入而不自得焉。在上位，不陵下③；在下位，不援上④。正己而不求于人，则无怨⑤。上不怨天，下不尤人⑥。故君子居易以俟命⑦，小人行险以徼幸⑧。"

【注释】

① 素：现在。素其位而行，根据自己现在所处的地位而行动。② 愿：念，想。不愿乎其外，不去想自己本分以外的东西。下文"上不怨天，下不尤人"，就属于"不愿乎其外"。③ 陵：通"凌"，欺凌。④ 援：攀援，巴结。⑤ 无怨：无人怨恨自己。⑥ 尤：怨恨，归咎（于人）。⑦ 易：犹平安。居易以俟命，居于平安之地等待命运的安排。"居易"也就是"素其位而行"，"俟命"也就是"不愿乎其外"。⑧ 徼：求。幸：不当得而得到的东西。徼幸，寻求偶然的幸运。

10. 子曰："射有似乎君子，失诸正鹄①，反求诸其身②。"君子之道，辟如行远必自迩，辟如登高必自卑。《诗》曰："妻子好合，如鼓瑟琴。兄弟既翕，和乐且耽。宜而室家，乐而妻帑③。"子曰："父母其顺矣乎④！"

【注释】

① 正鹄（zhēng gǔ）：正、鹄都是射箭的靶子。② 此句连上谓射箭未射中靶，射手当从自身找原因。③ 引诗见《小雅·常棣》。鼓，弹奏。"妻子"二句言夫妻相亲相爱，如同琴瑟之配合调谐。翕，聚合。耽，《毛诗》作

"湛",久乐。而,通"尔"。帑(nú),儿子。④ 顺:指父母的教令能在家中顺行无阻,家中之人关系和顺。按此处引《诗》及孔子"父母其顺矣乎"语,意在说明君子之道行远自迩,登高自卑的意思。

11. 子曰:"鬼神之为德,其盛矣乎!视之而弗见,听之而弗闻,体物而不可遗①。使天下之人齐明盛服②,以承祭祀,洋洋乎如在其上,如在其左右③。《诗》曰:'神之格思,不可度思!矧可射思④!'夫微之显⑤,诚之不可掩如此夫⑥。"

【注释】

①"体物"句:郑玄注曰:"体犹生也,可犹所也。不有所遗,言万物无不以鬼神之气生也。"按,古人以为鬼为阴气,神为阳气。世间万物皆由阴阳二气而生,所以说"体物而不可遗"。② 齐:通"斋"。明:犹"洁"。斋明即斋戒沐浴。③ 洋洋:流动充满的样子。"洋洋"二句言鬼神(阴阳二气)充满流动,仿佛就在参与祭祀者的头上与左右。④ 引诗见《大雅·抑》。格,到来。思,语气词。度,臆度。矧(shěn),何况。射(yì),厌倦。诗谓神之到来,其形象不可臆度,又怎能在祭祀时表现出厌倦情绪呢? ⑤ 微之显:"微"指鬼神形状幽昧不可见。"显"指鬼神可以降吉凶于人。这是从"微"走向"显"。⑥ 诚之不可掩:言鬼神诚信不可掩蔽,对善者必降福,对恶者必降祸。

12. 子曰:"舜其大孝也与!德为圣人,尊为天子,富有四海之内。宗庙飨之,子孙保之①。故大德必得其位,必得其禄,必得其名,必得其寿。故天之生物,必因其材而笃焉②。故栽者培之,倾者覆之。《诗》曰:'嘉乐君子,宪宪令德。宜民宜人,受禄于天,保佑命之,自天申之③。'故大德者必受命④。"

【注释】

① 保:保持。"子孙保之"指舜的后人能够一直在宗庙祭祀他。② 材:质性。笃:厚。因其材而笃,意为如果是一个质性善良的人,天会

厚增其福；如果是一个质性凶恶的人，天会严加惩罚。下文"栽者培之，倾者覆之"(已经栽种了，就再给它培上土，让它长得更好；已经倾斜了，就让它倒掉埋掉。)就是"因其材而笃"的具体说明。③ 引诗见《大雅·假乐》。"假乐"当依此处作"嘉乐"。"宪宪"当依《毛诗》作"显显"。显显，兴盛的样子。申，重，加重。④ 受命：指受天命为天子。

13. 子曰："无忧者，其惟文王乎①！以王季为父②，以武王为子③，父作之④，子述之⑤。武王缵大王、王季、文王之绪⑥，壹戎衣而有天下⑦。身不失天下之显名，尊为天子，富有四海之内。宗庙飨之，子孙保之。武王末受命⑧，周公成文、武之德，追王大王、王季⑨，上祀先公以天子之礼⑩。斯礼也⑪，达乎诸侯大夫，及士庶人。父为大夫，子为士，葬以大夫，祭以士。父为士，子为大夫，葬以士，祭以大夫。期之丧达乎大夫⑫，三年之丧达乎天子⑬。父母之丧，无贵贱，一也。"

【注释】

① 文王：周文王，姓姬名昌。② 王季：姓姬名季历，周文王之父。③ 武王：周文王之子，名姬发，率兵灭商，建立周王朝。④ 作：创始。⑤ 述：继承。⑥ 缵：继承。绪：指前人未完成的功业。⑦ 壹戎衣：谓穿着戎衣(甲胄之类)讨伐商纣王。⑧ 末：指末年，老年。受命：接受天命。⑨ 大(tài)王：即古公亶父，周文王的祖父。古公亶父、王季本来均未称王，是武王称王以后追封他们为王，故曰"追王"。⑩ 先公：古公亶父以前的祖先。⑪ 斯礼：指葬时按照死者的爵位举行葬礼，祭祀时则按照生者的禄位级别举行祭礼。下文"父为大夫"等语即具体解释这个"礼"。⑫ 期之丧：此处指为旁系亲服一年之丧。达乎大夫：指这种丧服到大夫为止。(诸侯以上不服。)⑬ 三年之丧：服丧期为三年。此为为父母服丧，故达乎天子。

14. 子曰："武王、周公，其达孝矣乎①！夫孝者，善继人之志②，善述人之事者也③。春秋④，修其祖庙，陈其宗器⑤，设其裳衣⑥，荐其时食⑦。宗庙之礼，所以序昭穆也。序爵⑧，所以辨贵贱也。序事⑨，所以辨贤也。

旅酬下为上,所以逮贱也⑩。燕毛⑪,所以序齿也⑫。

【注释】

① 达孝:"达"是通的意思,"达孝"意思是说天下之人通通认为他孝。② 人:指先人,祖先。下句"善述人"之"人"相同。③ 述:继承。④ 春秋:春季、秋季。⑤ 宗器:祭器。⑥ 裳衣:指祖先留下来的衣服,祭时陈设供尸穿戴。⑦ 时食:时令食品,供祭祀用。⑧ 序爵:按爵位高低排列次序。⑨ 序事:指根据各人的才能安排祭祀时的职事。⑩ "旅酬"二句:旅,众。旅酬,所有来宾按长幼依次相酬(敬酒)。旅酬时年长者向比自己年轻的人敬酒,故曰"下为上"。逮,及。旅酬为所有来宾均参与,卑者亦在其中,故曰"逮贱"。⑪ 燕毛:燕指宴饮,毛指毛发。祭祀结束举行宴饮,按毛发的颜色分别长幼,安排座位。⑫ 序齿:区分年龄长幼,以此为序。

15. "践其位,行其礼,奏其乐,敬其所尊,爱其所亲,事死如事生,事亡如事存,孝之至也。郊社之礼①,所以事上帝也。宗庙之礼,所以祀乎其先也。明乎郊社之礼、禘尝之义②,治国其如示诸掌乎③!"

【注释】

① 郊:祭天。社:祭地。② 禘:天子宗庙之大祭。尝:秋季举行的宗庙祭祀。③ 示:同"视"。"示诸掌"指容易。

16. 哀公问政①。子曰:"文武之政②,布在方策③。其人存,则其政举;其人亡,则其政息。人道敏政,地道敏树④。夫政也者,蒲卢也⑤。故为政在人,取人以身,修身以道,修道以仁。仁者人也,亲亲为大;义者宜也,尊贤为大。亲亲之杀⑥,尊贤之等⑦,礼所生也。

【注释】

① 哀公:鲁哀公。② 文武:指周文王、周武王。③ 布:记载。方:古代写字用的木板。策:简。"方策"泛指古代典籍。④ "人道"二句:意为有了合适的人,则推行政治就很迅速,犹如有合适的土壤则树就能很快生

长。敏,速。⑤ 蒲卢:蒲苇。蒲苇是很容易成长的植物,孔子用来比喻为政不难,只要得人即可。⑥ 亲亲之杀(shài):对亲人的爱根据亲疏不同而变化。杀,降等,减少。⑦ 尊贤之等:尊重贤人也有等级差别。

17. "在下位不获乎上,民不可得而治矣①!故君子不可以不修身;思修身,不可以不事亲;思事亲,不可以不知人;思知人,不可以不知天。天下之达道五②,所以行之者三③。曰:君臣也,父子也,夫妇也,昆弟也,朋友之交也,五者天下之达道也。知、仁、勇,三者天下之达德也,所以行之者一也④。或生而知之,或学而知之,或困而知之,及其知之,一也。或安而行之,或利而行之,或勉强而行之,及其成功,一也。"

【注释】

① 此二句在下文"凡事豫则立"一节(第20节)中亦有,在此则与上下文语义不相连,郑玄认为是误重,宜删。② 达道:通行的道理(此处指伦常道理)。③ 此句意为:用来实行这五条"达道"的有三点(即下文知、仁、勇三种品质)。④ 一:指"诚"。一说,"一"是衍文,当删。

18. 子曰:"好学近乎知,力行近乎仁,知耻近乎勇。知斯三者,则知所以修身;知所以修身,则知所以治人;知所以治人,则知所以治天下国家矣。凡为天下国家有九经①,曰:修身也,尊贤也,亲亲也,敬大臣也,体群臣也②,子庶民也,来百工也,柔远人也③,怀诸侯也④。修身则道立,尊贤则不惑,亲亲则诸父昆弟不怨,敬大臣则不眩⑤,体群臣则士之报礼重,子庶民则百姓劝,来百工则财用足,柔远人则四方归之,怀诸侯则天下畏之。

【注释】

① 经:常。此处指通常的原则。② 体:指设身处地以考察其内心。③ 柔:怀柔,招抚。④ 怀:安抚。⑤ 眩:眼花,此处指迷惑。

19. "齐明盛服①,非礼不动,所以修身也;去谗远色,贱货而贵德,所以劝贤也;尊其位,重其禄,同其好恶,所以劝亲亲也②;官盛任使③,所以劝大臣也;忠信重禄,所以劝士也;时使薄敛④,所以劝百姓也;日省月试⑤,既廪称事⑥,所以劝百工也;送往迎来,嘉善而矜不能⑦,所以柔远人也;继绝世⑧,举废国⑨,治乱持危⑩,朝聘以时⑪,厚往而薄来⑫,所以怀诸侯也。凡为天下国家有九经,所以行之者一也⑬。

【注释】

① 齐明:齐,整齐;明,严明。"齐明盛服"谓衣服整齐光洁。② "尊其位"四句:此四句中,"其"指国君同姓之亲属。这些人未必是贤才,未必能胜任官职,故孔子建议国君只是给他们较高的地位、较多的俸禄而已。③ 官盛任使:谓官属众多,足任使令。孔子认为大臣不应躬亲琐事,所以有此建议。④ 时使:在合适的时节使用民力。薄敛:赋税少。⑤ 省:同"审",考察。⑥ 既廪:既,通"饩"(xì)。饩廪指官府供给百工的粮食。称事:和各人所完成的工作量相称。⑦ 矜:同情。此句言表扬称许有善行的人,同情那些能力较差的人。⑧ 继绝世:"绝世"指失去世袭爵禄的贵族,"继"指恢复其世袭地位。⑨ 举废国:恢复已被灭亡的诸侯国。⑩ 治乱:指诸侯国内动乱,则去帮助整治。持危:指诸侯国处于危亡之时,则去扶持之。⑪ 朝:指诸侯朝见天子。聘:指诸侯派大夫来献。⑫ 厚往:指对朝见回国的诸侯厚加馈赠。薄来:指对来朝的诸侯减轻贡献方面的要求。⑬ 一:指"诚"。

20. "凡事豫则立①,不豫则废。言前定则不跲②,事前定则不困,行前定则不疚③,道前定则不穷。在下位不获乎上,民不可得而治矣。获乎上有道,不信乎朋友,不获乎上矣;信乎朋友有道,不顺乎亲,不信乎朋友矣;顺乎亲有道,反诸身不诚,不顺乎亲矣;诚身有道,不明乎善,不诚乎身矣。

【注释】

① 凡事:指上文"达道"、"达德"、"九经"等。豫:同"预",事前作好准备。立:犹言成功。② 跲(jiá):绊倒。③ 疚:病困,此处指他人使自己行动艰难。

21. "诚者,天之道也;诚之者①,人之道也②。诚者,不勉而中③,不思而得,从容中道④,圣人也。诚之者,择善而固执之者也⑤。

"博学之,审问之⑥,慎思之,明辨之,笃行之。有弗学⑦,学之弗能,弗措也⑧;有弗问,问之弗知,弗措也;有弗思,思之弗得,弗措也;有弗辨,辨之弗明,弗措也;有弗行,行之弗笃,弗措也。人一能之⑨,己百之;人十能之,己千之。果能此道矣,虽愚必明,虽柔必强。"

【注释】

① 诚之:使之诚。指人本来未达到"诚"的境界,但向此境界努力。② 人之道:(这是)人所应遵循的道。③ 不勉而中(zhòng):不须勉强就合于"诚"。④ 从容:自然而然,不勉强。中(zhòng)道:合乎道。⑤ 固执之:紧紧地抓住它(善),谓坚持善不放弃。⑥ 审:详审,详细。⑦ 有弗学:犹言"要么不学"。⑧ 措:放弃。⑨ 人一能之:谓别人一次就能做到。

22. 自诚明①,谓之性。自明诚②,谓之教。诚则明矣,明则诚矣。

【注释】

① 自诚明:由诚而达到对事物的明察。② 自明诚:由明察事理而进入诚的境界。

23. 唯天下至诚,为能尽其性①;能尽其性,则能尽人之性;能尽人之性,则能尽物之性;能尽物之性,则可以赞天地之化育②;可以赞天地之化育,则可以与天地参矣③。

【注释】

① 尽其性:充分实现天赋的本性。② 赞:助。化育:变化孕育,指自然界万物的孕育。③ 参:同"叁"(三)。与天地参,(至诚的圣人)与天地并立为三。

24. 其次致曲①。曲能有诚②,诚则形,形则著,著则明③,明则动④,动则变⑤,变则化⑥。唯天下至诚为能化。

【注释】

① 其次:次一等的人(指"自明诚"者)。致曲:致,推究;曲,"全"的反义词,指事物的某一方面。致曲即推究事理的某一方面。(与"能尽人之性"、"能尽物之性"的圣人相比,"自明诚"为次一等之人,只能做到"致曲"。)② 曲能有诚:意为"致曲"亦能达到诚的境界。③ "诚则形"三句:形、著、明三词,意思均为"显现",只是程度逐渐加强。④ 明则动:谓诚到了显明的程度时就能感动外物。⑤ 动则变:指外物受到感动而发生变化。⑥ 变则化:化指彻底的变化。此句谓变化既久,则就完全彻底地变了。

25. 至诚之道,可以前知。国家将兴,必有祯祥①;国家将亡,必有妖孽。见乎蓍龟②,动乎四体③。祸福将至,善④,必先知之;不善⑤,必先知之。故至诚如神。

【注释】

① 祯祥:指吉祥的征兆。② 见:同"现",表现。蓍:蓍草,用于筮卦。龟:龟甲,用于卜。③ 动乎四体:指吉凶在人的动作仪容方面表现出来。④ 善:指福。⑤ 不善:指祸。

26. 诚者,自成也①;而道,自道也②。诚者,物之终始③,不诚无物。是故君子诚之为贵。诚者,非自成己而已也,所以成物也。成己,仁也;成物,知也;性之德也④,合外内之道也⑤,故时措之宜也⑥。

【注释】

① 诚者自成也:谓诚是万物是对自己的完成。② 道自道(dǎo)也:谓人当自己依道而行。③ 物之终始:物,指万物;终始,犹言根本。④ 性之德:性,天性。德,犹言特点、属性。⑤ 外内之道:犹言天地之道。天体高明,为外;地体厚博闭藏,为内。⑥ 时措之宜:适时运用,皆得其宜。

27. 故至诚无息。不息则久,久则征①,征则悠远,悠远则博厚,博厚则高明。博厚,所以载物也;高明,所以覆物也;悠久,所以成物也。博厚配地,高明配天,悠久无疆。如此者,不见而章②,不动而变,无为而成。天地之道,可一言而尽也③。其为物不贰④,则其生物不测。天地之道:博也,厚也,高也,明也,悠也,久也。

【注释】

① 征:效验。② 章:同"彰",明显。③ 一言:犹"一字",指"诚"字。④ 不贰:专一,没有二心。

28. 今夫天,斯昭昭之多①,及其无穷也,日月星辰系焉,万物覆焉。今夫地,一撮土之多。及其广厚,载华岳而不重,振河海而不泄,万物载焉。今夫山,一卷石之多②,及其广大,草木生之,禽兽居之,宝藏兴焉。今夫水,一勺之多,及其不测,鼋、鼍、蛟龙、鱼鳖生焉,货财殖焉。《诗》曰:"惟天之命,於穆不已!"盖曰天之所以为天也。"於乎不显,文王之德之纯③!"盖曰文王之所以为文也,纯亦不已。

【注释】

① 斯昭昭之多:昭昭犹耿耿,指小的光明。此句言在天的某一点上,只有一点小小的光亮。② 卷:区(ōu)。区为古代量名,四升为豆,四豆为区。一说卷通"拳"。③ 两处引诗均见《周颂·维天之命》。於(wū),感叹词。穆,美好。不显:不(pī),通"丕",宏大;显,光明。

29. 大哉圣人之道!洋洋乎发育万物,峻极于天①。优优大哉②!礼仪三百,威仪三千③,待其人然后行④。故曰:苟不至德,至道不凝焉⑤。故君子尊德性而道问学⑥,致广大而尽精微⑦,极高明而道中庸⑧;温故而知新,敦厚以崇礼。是故居上不骄,为下不倍⑨;国有道,其言足以兴;国无道,其默足以容⑩。《诗》曰:"既明且哲,以保其身⑪。"其此之谓与!

【注释】

① 峻:高。极:至。② 优优:充足有余的样子。③ "礼仪"二句:礼仪,经礼,礼的纲要。威仪,曲礼,礼的细节。三百、三千,极言其多,并非确数。④ 其人:指贤人。礼须待贤人而后才能施行。⑤ 凝:聚,成。此句连上谓如果不是至德之人,则圣人之道是不可能完成的。⑥ 尊德性:谓恭恭敬敬地把持好天生具有的德性。道问学:谓通过努力学习(而达至诚的境地)。道,由。⑦ 致广大而尽精微:谓对宏大之物及事物的精深微妙之处皆有深刻的了解。⑧ 极高明而道中庸:谓既达到极其高明的境界,而又沿着中庸平常的道路行进。⑨ 倍:通"背",背叛。⑩ 默:沉默。容:指为当政者所容。⑪ 引诗见《大雅·烝民》。

30. 子曰:"愚而好自用,贱而好自专,生乎今之世,反古之道①,如此者,灾及其身者也。"非天子,不议礼②,不制度③,不考文④。今天下车同轨,书同文,行同伦⑤。虽有其位,苟无其德,不敢作礼乐焉;虽有其德,苟无其位,亦不敢作礼乐焉。子曰:"吾说夏礼,杞不足征也⑥。吾学殷礼,有宋存焉⑦。吾学周礼,今用之,吾从周。"

【注释】

① 反:同"返",恢复。按,孔子是信而好古的人,此处他反对恢复古道,是针对"愚而好自用,贱而好自专",不通大道之人而言。② 不议礼:不议论礼的是非。③ 不制度:不制定法律制度(包括宫室车舆大小高下之类的规定)。④ 不考文:不考定文字。⑤ "今天下"三句:有人认为此数句是后人所加。⑥ 杞:夏人后裔所建之国。周王朝建立后,武王封夏人后裔于此。征:验证,证明。⑦ 宋:商人后裔所建之国。周王朝建立后,武王封殷纣王的庶兄微子启于宋。

31. 王天下有三重焉①,其寡过矣乎! 上焉者②,虽善无征,无征不信,不信民弗从;下焉者③,虽善不尊,不尊不信,不信民弗从。故君子之道:本诸身④,征诸庶民⑤,考诸三王而不缪⑥,建诸天地而不悖⑦,质诸鬼神而无疑⑧,百世以俟圣人而不惑。

【注释】

① 三重：三件重要的事，指上节所说议礼、制度、考文三件事。② 上焉者：指周代以前的礼仪，如夏礼、商礼。③ 下焉者：指圣人在下位，如孔子精通礼仪，但不在尊位。④ 本诸身：指君子行道先从自身做起。⑤ 征诸庶民：指君子立身行善应在民众中得到验证。⑥ 考诸三王而不缪：谓按照夏商周三王的礼法进行考核也并无错乱。缪，通"谬"。⑦ 建：立。⑧ 质：对证。

32. 质诸鬼神而无疑，知天也；百世以俟圣人而不惑，知人也。是故君子动而世为天下道，行而世为天下法，言而世为天下则。远之则有望①，近之则不厌。《诗》曰："在彼无恶，在此无射。庶几夙夜，以永终誉②！"君子未有不如此而蚤有誉于天下者也③。

【注释】

① 远之则有望：谓君子（指王天下者）若离得远了，则世人会对他十分渴望。② 引诗见《周颂·振鹭》。原诗称赞微子启身有美德，在宋国（"彼"）无人厌恶他，到宗周（"此"）来朝无人厌倦他。射(yì)，通"厌"。"庶几"二句谓微子启日夜不懈，始终保持好的声誉。③ 蚤：通"早"。

33. 仲尼祖述尧舜①，宪章文武②，上律天时③，下袭水土④。辟如天地之无不持载，无不覆帱⑤。辟如四时之错行⑥，如日月之代明⑦。万物并育而不相害，道并行而不相悖，小德川流，大德敦化⑧，此天地之所以为大也。

【注释】

① 祖述尧舜：遵循尧舜之道。② 宪章文武：效法周文王、周武王。③ 律：法，取法。④ 袭：因袭，顺应。水土：指地理。⑤ 帱(dào)：覆盖。⑥ 四时：四季。错行：更迭运行。⑦ 代明：轮流照耀。⑧ 敦化：敦厚化育万物。

34. 唯天下至圣为能聪明睿知,足以有临也①;宽裕温柔,足以有容也;发强刚毅②,足以有执也③;齐庄中正④,足以有敬也;文理密察⑤,足以有别也。溥博渊泉⑥,而时出之⑦。溥博如天,渊泉如渊。见而民莫不敬,言而民莫不信,行而民莫不说。是以声名洋溢乎中国,施及蛮貊。舟车所至,人力所通,天之所覆,地之所载,日月所照,霜露所队⑧,凡有血气者⑨,莫不尊亲⑩,故曰配天。

【注释】

① 临:居高临下,君临天下。② 发强:奋发坚强。③ 有执:有决断。④ 齐(zhāi)庄:恭敬庄重。齐,通"斋"。⑤ 文理密察:文章条理详细明辨。⑥ 溥博:谓圣人的德行广博,覆盖一切。渊泉:谓圣人德行深沉而有根本。⑦ 时出之:适时而出,在合适的时机表现出来。⑧ 队:通"坠"。⑨ 有血气者:有血有气者,指人。⑩ 尊亲:尊敬他,亲近他。

35. 唯天下至诚,为能经纶天下之大经①,立天下之大本②,知天地之化育。夫焉有所倚③?肫肫其仁④!渊渊其渊⑤!浩浩其天⑥!苟不固聪明圣知⑦,达天德者,其孰能知之?

【注释】

① 经纶:犹言治理,处理。大经:指六经,特别是其中的《春秋》。一说,指君臣、父子、夫妻、兄弟、朋友五种人伦关系。② 大本:最大的根本。一说指《孝经》。③ 夫焉有所倚:谓至诚之人(指孔子)无所依赖。④ 肫(zhūn)肫:诚恳的样子。⑤ 渊渊其渊:像深渊一样深沉。⑥ 浩浩其天:谓如天一般广大。⑦ 固:确实。知:同"智"。按,此连下三句谓只有确实聪明圣智,了解天德的人,才能理解至诚的圣人(孔子)。

36. 《诗》曰:"衣锦尚䌹①。"恶其文之著也②。故君子之道,暗然而日章③;小人之道,的然而日亡④。君子之道:淡而不厌,简而文,温而理,知远之近,知风之自,知微之显,可与入德矣⑤。《诗》云:"潜虽伏矣,亦孔之昭⑥!"故君子内省不疚,无恶于志⑦。君子之所不可及者,其唯人之所不

见乎⑧!《诗》云:"相在尔室,尚不愧于屋漏⑨。"

【注释】

① 引诗见《卫风·硕人》,今本《毛诗》作"衣锦褧衣"。尚,通"上"。绸(jiǒng),与褧同,麻布制的单层罩衣。诗句意为在穿着的锦衣上面再罩一件绸衣(以免锦衣的华丽文采外露)。② 文:文采。著:显著。③ 章:同"彰",彰显,显明。④ 的然:鲜明的样子。亡:消失。⑤ "知远"四句:意为如果一个人看到远方事物就想到了解它须从近处开始,看到风即想到它所产生之处,看见隐微的事物就想到它将走向显著,如此就可以说是找到进入圣人之德的门径了。⑥ 引诗见《小雅·正月》,意为鱼儿虽潜伏于水中,但人们也能看得很清楚。孔,很。昭,明。⑦ 无恶于志:犹言无愧于心。⑧ 唯人之所不见:此句连上意为在别人看不见的时候,其仪表道德行为仍保持常态,这是君子不可及之处。⑨ 引诗见《大雅·抑》。相,视,看。屋漏,室的西北角。诗句意为虽一人独处室中,面对空壁,也不做有愧于心的事情。

37. 故君子不动而敬,不言而信。《诗》曰:"奏假无言,时靡有争①。"是故君子不赏而民劝,不怒而民威于铁钺②。《诗》曰:"不显惟德!百辟其刑之③。"是故君子笃恭而天下平。《诗》云:"予怀明德,不大声以色④。"子曰:"声色之于以化民⑤,末也。"《诗》曰:"德輶如毛⑥。"毛犹有伦⑦,"上天之载,无声无臭"⑧,至矣!

【注释】

① 引诗见《商颂·烈祖》。假,大,指大乐。二句意为祭祀时演奏大乐,此时无人讲话,更没有争吵。② 威:通"畏"。铁钺:指刑具。此句谓君子虽不发怒,而民众对他的敬畏超过了对刑戮的敬畏。③ 引诗见《周颂·烈文》。不,通"丕",大。辟,君。刑,效法。二句意为(武王)道德广大显耀,各国诸侯都效法他。④ 引诗见《大雅·皇矣》。二句意为:我归于有明德之人(指周文王),因为他不大声说话,不以严厉的脸色对人。⑤ 声色:指疾言厉色。化民:教化民众。⑥ 引诗见《大雅·烝民》。輶

(yóu)，轻。⑦ 伦：类，比。⑧"上天"二句见《大雅·文王》。载，生。臭(xiù)，气味。按，"德辀"以下数句意为：用德教化民众是很容易的，其轻如毛。但毛虽轻细，犹有物可比，而上天造生万物，无声无臭（比喻圣人用德教化民众亦无声无臭），那才是最高境界。

【导读】

《中庸》是《礼记》中最重要的篇章之一。儒家学者多认为它出于孔子之孙子思之手，深得孔门精义，是思孟学派的代表作。但因文中有"今天下车同轨，书同文，行同伦"等语，有学者据此认为它不可能是子思所作，而应写成于秦始皇统一六国以后。而坚持子思所作者则认为此数语是后人附益。真实情况如何，迄今难有定论。

按照朱熹的讲解，《中庸》全文可分为三大段。

第一大段从开头至"君子依乎中庸，遁世不见知而不悔，唯圣者能之"（第1—6节）。

第1节首先提出观点：中庸之道（即文中"中"、"和"二字。从性情的角度说，称"中和"；从德行的角度说，称"中庸"）是天下的根本和达道（通行的道理），人要获得中庸之德，就必须修道而行。朱熹认为这一节是"子思述所传之意以立言"，是"一篇之体要"。

从第2节至第6节，引用孔子之言以论证首节的观点。作者以智、仁、勇这三种德为入道之门，故以大舜（智）、颜渊（仁）、子路（勇）为例加以说明。

第二大段从第7节至21节。

第7节作者进一步申明首节"道也者，不可须臾离也"的意思。"君子之道费而隐"，"费"指其用途极广。君子之道近自夫妇居室之间，远则天地所不能尽。其大无外，其小无内，所以说"费"。"隐"指其深微难知。君子之道其浅显处虽匹夫匹妇可以能行，而深微处虽圣人亦有所不知，所以说"隐"。既"费"且"隐"，因而道是任何人、任何时候都离不开的。

从第8节至21节，主要亦是引孔子之言以论证这个观点。作者以大舜、周文王、周武王、周公及孔子为一脉相承，说明君子之道的无所不在。在所引孔子答哀公问政语的最后（第21节），作者提出了"诚"这一概念。

所谓"诚者,天之道也;诚之者,人之道也",意谓"诚"是天的根本法则,而努力达到"诚"这一境界则是为人之道。如果一个人能做到"诚",就能"不勉而中,不思而得,从容中道",即不须勉强就可自然而然地合于中庸之道。

从第22节至结束为本文第三大段。

第22节首先对第二段结尾"诚者天之道"、"诚之者人之道"两句加以阐发。"自诚明,谓之性"就是天之道,意谓圣人天性诚实,故对事理无有不明。"自明诚,谓之教"就是人之道,意谓贤人通过教育明白事理,进而达到"诚"的境界。

自此以下直至结束,朱熹认为皆是子思之言,反复申明第22节的意思。第23节言天之道,第24节言人之道,第25节言天之道,第26节言人之道,第27—28两节言天之道,第29—32四节言人之道,第33—35三节言天之道。最后两节将全文的主要精神作了简要小结,其中"君子笃恭而天下平"一句,则是儒家学者心中中庸之德的最大功用。

《中庸》与《大学》两文,唐代韩愈、李翱已十分重视。自朱熹将它们与《论语》、《孟子》合编为《四书》以后,在元明清三代,其重要性甚至超越了五经。《中庸》所提出的政治理论如"五伦"(君臣、父子、夫妇、昆弟、朋友)、"三德"(智、仁、勇。五伦三德见第17节)、"三重"(非天子不议礼,不制度,不考文,见第30、31两节)、"九经"(修身、尊贤、亲亲、敬大臣、体群臣、子庶民、来百工、柔远人、怀诸侯,见第18节)等,是作者对秦汉以前统治者治国经验的总结,后来的封建统治者虽未必遵行,但也可从中得到若干有益的启示。文章后半部分反复宣扬人应不断加强道德修养,以求达到"至诚"的精神境界,从而能够"经纶天下之大经,立天下之大本",做到"君子笃恭而天下平",则是对"诚"的作用作了极度的夸大,将个人道德修养看作治国成败的关键,这其实是不合实际的。

不过,本文所强调的中庸观点本身还是符合辩证法的。中庸的主要精神就是凡事不能走极端,要恰如其分,恰到好处,既不要"过",也不要"不及"。无论是制定国家的大政方针,或者是个人立身处世,其实都应该遵循中庸之道。

表记第三十二

1. 子言之：“仁者，天下之表也①；义者，天下之制也②；报者③，天下之利也。”

子曰：“以德报德，则民有所劝；以怨报怨，则民有所惩。”《诗》曰：“无言不雠，无德不报④。”《大甲》曰⑤：“民非后⑥，无能胥以宁⑦；后非民，无以辟四方⑧。”

子曰：“以德报怨，则宽身之仁也⑨；以怨报德，则刑戮之民也。”

【注释】

① 表：仪表。② 制：裁断，判断事物的准则。③ 报：回报，指一个人的行为所应得的回报。④ 引诗见《大雅·抑》。雠，应答、应验。⑤《大甲》：即《太甲》，《尚书》篇名。⑥ 后：君主。⑦ 胥：相与，都。宁：安宁。⑧ 辟：犹君，引申为统治。按，文中引此语，以证明以德报德。⑨ 宽身之仁："宽"犹"容"。以德报怨，则无人会对自己有怨，有利于自己的容身。这虽不合于中庸之道，但也还是心地仁厚的表现。

2. 子曰：“仁之为器重，其为道远，举者莫能胜也，行者莫能致也①，取数多者仁也②。夫勉于仁者，不亦难乎③？是故君子以义度人，则难为人④；以人望人，则贤者可知已矣⑤。”

子曰：“中心安仁者，天下一人而已矣⑥。”《大雅》曰：“德輶如毛，民鲜克举之。我仪图之，惟仲山甫举之，爱莫助之⑦。”《小雅》曰：“高山仰止，景行行止⑧。”子曰：“诗之好仁如此，乡道而行⑨，中道而废⑩，忘身之老也，不知年数之不足也，俛焉日有孳孳⑪，毙而后已⑫。”

【注释】

① 致：达到。② 取数多者仁也：以数量多的为仁。按，作者之意即由于仁为器重，为道远，没有人能做到完全彻底的仁，所以只能从"举"和"行"的数量上作比较，量多者即是仁。③ “夫勉”二句：意为（由于器重道

远,所以)勉力实践仁的人是很不容易的。④"是故"二句:"以义度人"指完全按照义的标准去衡量人;"难为人",犹言做人很难,难于做一个合格的人。⑤"以人"二句:"以人望人"意为举当今之人以相望(相比较),则大贤胜小贤,小贤胜不贤,所以说"贤者可知已"。⑥"中心"二句:"中心安仁"谓天性仁厚,安于行仁道。"天下一人"意谓这种人极少。⑦引诗见《大雅·烝民》。輶(yóu),轻。克,能够。仪,匹,相配匹的人。仲山甫,周宣王时的贤臣。爱,惜。"我仪"三句意为我和志同道合的人一起谋划,只有仲山甫能够做到,可惜没有其他人帮助他。⑧引诗见《小雅·车舝》(舝音 xiá,同"辖")。仰,仰望。止,语气词。景行,大道。⑨乡:通"向"。⑩中道而废:指气力用尽而在中途停下来。⑪俛:通"勉"。孳孳:努力的样子。⑫毙:倒下。

3. 子曰:"仁之难成久矣!人人失其所好①,故仁者之过易辞也②。"子曰:"恭近礼,俭近仁③,信近情④,敬让以行,此虽有过,其不甚矣。夫恭寡过,情可信,俭易容也,以此失之者,不亦鲜乎?《诗》曰:'温温恭人,惟德之基⑤。'"

【注释】

①人人失其所好:"所好"指"仁"。孔子的意思是每个人都知道"仁"是应该爱好的,但由于有私心的缘故,所以"失其所好"。② 仁者之过易辞:辞,解说。此句意为仁者有过错,由于是出于好心,所以不需多少言辞就能被人理解。③ 俭近仁:节俭之人不浪费财物,所以近仁。④ 信近情:言语诚信则接近人情。⑤ 引诗见《大雅·抑》。二句言温和恭敬的人是道德的基石。

4. 子曰:"仁之难成久矣,惟君子能之。是故君子不以其所能者病人①,不以人之所不能者愧人。是故圣人之制行也②,不制以己③,使民有所劝勉愧耻,以行其言。"

【注释】

① 病人:责备别人(不能这样做)。② 制行:制订行为规范。③ 不制

以己：指不以自己作为制订行为规范的标准。

5. 子曰："先王谥以尊名①，节以壹惠②，耻名之浮于行也③。是故君子不自大其事，不自尚其功，以求处情④；过行弗率⑤，以求处厚⑥；彰人之善而美人之功，以求下贤。是故君子虽自卑，而民敬尊之。"

子曰："后稷，天下之为烈也⑦，岂一手一足哉！唯欲行之浮于名也，故自谓便人⑧。"

【注释】

① 谥以尊名：（先王给死者）谥号用来尊崇（死者的）名声。② 节以壹惠：意为死者美德善行虽多，但在加谥号时只节取其一种善行作为代表。惠，犹"善"。③ 浮：高过，超出。此句连上谓一个人即使善行再多，但在加谥号时只取一种善行为代表，是因为以名声超过行为为耻。④ 处情：合于实际。情，实情。⑤ 过行弗率：过行，过高之行。率，循。此句谓不作过高之行。⑥ 处厚：合于仁厚之道。⑦ 烈：功业。此句连下谓（后稷的）功业惠及天下，岂是普通一个人所能做到的。⑧ 便人：便于稼穑之人。此句谓后稷希望自己的实际行动高于名声，所以称自己只是一个会种庄稼的人。

6. 子言之："君子之所谓仁者，其难乎！《诗》云：'凯弟君子，民之父母①。'凯以强教之，弟以说安之②。乐而毋荒，有礼而亲；威庄而安，孝慈而敬。使民有父之尊，有母之亲。如此而后可以为民父母矣。非至德其孰能如此乎？今父之亲子也，亲贤而下无能③；母之亲子也，贤则亲之，无能则怜之。母，亲而不尊；父，尊而不亲。水之于民也，亲而不尊；火，尊而不亲。土之于民也，亲而不尊；天，尊而不亲。命之于民也，亲而不尊；鬼，尊而不亲。"

【注释】

① 引诗见《大雅·洞酌》。凯，乐。弟（tì），易。凯弟君子，性格快乐和易的君子。②"凯以"二句：二句意思是，"凯"就是用自强不息的精神

教育人民，"弟"就是让人愉悦安康。按，凯本义为乐，君子以仁政教化民众，使民众因快乐而自强，故曰"凯以强教之"。弟同"悌"，君子以逊悌之道教化民众，使民众喜悦安康，故曰"弟以说安之"。说同"悦"。③ 下：犹言轻视。此句谓父亲对能干的儿子就亲近，对不能干的儿子就看不起。

7. 子曰："事君难进而易退①，则位有序，易进而难退则乱也。故君子三揖而进，一辞而退，以远乱也。"

子曰："事君三违而不出竟②，则利禄也③，人虽曰不要④，吾弗信也。"

子曰："事君慎始而敬终。"

子曰："事君可贵可贱，可富可贫，可生可杀，而不可使为乱。"

【注释】

① 难进：指国君委任自己官职时，不轻易接受。易退：指国君对自己不满时，会主动退位。② 违：指国君不采纳自己的意见。竟：同"境"。③ 利禄：贪图俸禄。④ 要：求，谓有求于国君。

8. 子曰："事君，军旅不辟难，朝廷不辞贱。处其位而不履其事，则乱也。故君使其臣，得志，则慎虑而从之①；否则孰虑而从之，终事而退，臣之厚也②。《易》曰：'不事王侯，高尚其事③。'"

子曰："唯天子受命于天，士受命于君。故君命顺则臣有顺命；君命逆则臣有逆命。《诗》曰：'鹊之姜姜，鹑之贲贲；人之无良，我以为君④。'"

【注释】

①"得志"二句："得志"指国君对自己言听计从。"慎虑而从之"指对国君交给自己的工作必须谨慎恭敬地去做，不可因得志而自满。②"否则"三句："否"指不得志，而且国君交给自己的工作也不是自己愿意做的。在这种情况下，对国君所交派的工作必须深思熟虑，把它做好，在完成任务后再辞去职务。这是为臣的忠厚之道。③"不事"二句：此二句是《易·蛊》卦爻辞。原意是不事奉国君，而国君仍认为他所作所为十分高尚。此处引此二句以证明"终事而退，臣之厚也"。④ 引诗见《鄘风·鹑

之奔奔》。今本《毛诗》"姜姜"作"彊彊","贲贲"作"奔奔",都是凶狠争斗的意思。文中引此以说明不良之人为君,就会发生"君命逆则臣有逆命"的事。

9. 子曰:"君子不以辞尽人①。故天下有道,则行有枝叶②;天下无道,则辞有枝叶③。是故君子于有丧者之侧,不能赙焉④,则不问其所费;于有病者之侧,不能馈焉,则不问其所欲;有客,不能馆,则不问其所舍。故君子之接如水⑤,小人之接如醴。君子淡以成,小人甘以坏。《小雅》曰:'盗言孔甘,乱是用餤⑥。'"

【注释】

① 以辞尽人:指不单凭言语而判定一个人的好坏。② 行有枝叶:指行为高于言辞。③ 辞有枝叶:指言辞漂亮,而实际行为不如言语。④ 赙:以财物助人办丧事。⑤ 接:接触,交往。⑥ 引诗见《小雅·巧言》。孔,很。餤(tán),进食。原意是盗贼的话很动听,(周幽王听信了)祸乱就产生了。文中引此以说明"小人甘以坏"。

10. 子曰:"君子不以口誉人,则民作忠①。故君子问人之寒,则衣之;问人之饥,则食之;称人之美,则爵之。《国风》曰:'心之忧矣,于我归说②。'"

子曰:"口惠而实不至,怨菑及其身。是故君子与其有诺责也③,宁有已怨④。《国风》曰:'言笑晏晏,信誓旦旦。不思其反,反是不思,亦已焉哉⑤!'"

子曰:"君子不以色亲人。情疏而貌亲,在小人则穿窬之盗也与⑥?"

子曰:"情欲信,辞欲巧。"

【注释】

① 作:起,兴起。② 引诗见《曹风·蜉蝣》。说,音税,犹舍、息。二句言为其人担忧,则希望他到我这儿来住宿休息。以此说明"君子不以口誉人"。按,《毛诗》原意与此不同,这也属于"断章取义"。③ 诺责:因承诺

表记第三十二

(却没有做到)而引来的责备。④ 已怨：因拒绝而带来的怨恨。已，止，指拒绝。⑤ 引诗见《卫风·氓》。晏晏，和悦的样子。旦旦，明明白白。此处引诗以证明违反承诺招致怨恨。⑥ 穿窬之盗："穿"指穿墙，"窬"指爬墙。指穿墙爬墙的贼。

【导读】

"仁者，天下之表也。"本篇记孔子之言以仁为多，故以"表记"作为篇名。实际篇中所涉包括仁、义以及持身、侍君等多方面的内容。

在本书所选章节中，孔子关于仁的论述颇有值得我们重视之处。我国民间甚至在学者著作或官方文件中，常有将"以德报怨"作为美德加以歌颂的，然而这并不合于孔子的"仁"。《表记》所主张的是"以德报德"、"以怨报怨"，这和《论语》中的"以直报怨"(《宪问》)比较接近。

孔子虽然非常重视"仁"，但他也很清醒地认识到当前的现实状况是"仁之难成久矣"，所以只能"取数多者仁也"，并且主张在制定行为标准时，不能用只有君子或者圣人才能做到的行为作为标准，这样才能"使民有所劝勉愧耻，以行其言"。这些话对我们今天的公民道德教育应有所启发。

此外，选文中关于君子"不以辞尽人"、"不以口誉人"、"不以色亲人"以及"君子之接如水"等为人处世之道，在今天也仍有现实教育意义。

缁衣第三十三

1. 子言之曰："为上易事也，为下易知也，则刑不烦矣①。"

子曰："好贤如《缁衣》②，恶恶如《巷伯》③，则爵不渎而民作愿④，刑不试而民咸服。《大雅》曰：'仪刑文王，万国作孚⑤。'"

【注释】

① "为上"三句：此三句意思是，如果国君不苛刻暴虐（"易事"），臣子无奸诈之心（"易知"），则刑罚就不会繁苛了。② 《缁衣》：《诗经·郑风》

篇名。《毛诗》认为它是赞美郑武公贤德的诗。③《巷伯》:《小雅》篇名。诗中表达了对谗佞之人的痛恨。④ 爵不渎:官爵不会滥授。民作愿:民众形成诚恳朴实的风气。作,兴起。⑤ 引诗见《大雅·文王》。仪刑,效法,以……作为榜样。孚,信。

2. 子曰:"夫民,教之以德,齐之以礼,则民有格心①;教之以政,齐之以刑,则民有遁心②。故君民者,子以爱之,则民亲之;信以结之,则民不倍③;恭以莅之,则民有孙心④。《甫刑》曰:'苗民匪用命,制以刑,惟作五虐之刑曰法。是以民有恶德,而遂绝其世也⑤。'"

【注释】

① 格心:归向之心。格,来,至。② 遁:逃。③ 倍:通"背",背叛。④ 孙:顺从。⑤《甫刑》:《尚书》篇名,又作《吕刑》。此处引文与原文有差异。苗民,苗人。匪用命,不服从命令。五虐之刑,五种严酷的刑罚。绝其世,将其(苗人)灭绝。

3. 子曰:"下之事上也,不从其所令,从其所行。上好是物,下必有甚者矣。故上之所好恶,不可不慎也,是民之表也①。"

子曰:"禹立三年,百姓以仁遂焉②,岂必尽仁③?《诗》云:'赫赫师尹,民具尔瞻④。'《甫刑》曰:'一人有庆⑤,兆民赖之。'《大雅》曰:'成王之孚,下土之式⑥。'"

子曰:"上好仁,则下之为仁争先人⑦。故长民者章志、贞教、尊仁⑧,以子爱百姓,民致行己以说其上矣⑨。《诗》云:'有梏德行,四国顺之⑩。'"

【注释】

① 表:表率。② 遂:成。此句谓老百姓都养成了仁爱的品德。③ 此句意为:难道这些老百姓本来就都是仁人吗? ④ 引诗见《大雅·节南山》。赫赫,显盛貌。师,太师。尹,尹氏,周幽王时任太师。具,俱。民具尔瞻,人民都在看着你。引诗以说明在上位的人"是民之表"。⑤ 一人:指周天子。有庆:有善行。⑥ 引诗见《大雅·下武》。成王,周成王。孚,

信。下土,下方,指民众。式,榜样。⑦ 先人:在他人之先(前)。⑧ 长民者:统治人民的人。章志:显明自己(好仁的)志向。贞教:以正道教育民众。贞,正。⑨ 民致行己:民众努力表现自己。说:悦。⑩ 引诗见《大雅·抑》。桔,高大、正直的样子。二句谓如果贤者有大德行,那么四国之人都顺从他。

4. 子曰:"王言如丝,其出如纶①;王言如纶,其出如綍②。故大人不倡游言③。可言也,不可行,君子弗言也;可行也,不可言,君子弗行也。则民言不危行④,而行不危言矣。《诗》云:'淑慎尔止,不愆于仪⑤。'"

【注释】

① 纶:绶带。② 綍(fú):同"绋",引棺的粗绳。按,綍粗于纶,纶粗于丝。"王言"四句谓王者出言,为下面的臣民所仿效,影响很大,所以说话不可不谨慎。③ 游言:虚浮不实之言。④ 危:高。言不危行,言不敢高于行。此和下句"行不危言"都是说言行必须相应。⑤ 引诗见《大雅·抑》。淑,善。愆,《毛诗》作"愈",过失。二句意为:好好注意你的容止,不要违背礼仪。

5. 子曰:"君子道人以言①,而禁人以行②。故言必虑其所终③,而行必稽其所敝④,则民谨于言而慎于行。《诗》云:'慎尔出话,敬尔威仪⑤。'《大雅》曰:'穆穆文王,於缉熙敬止⑥。'"

子曰:"长民者,衣服不贰⑦,从容有常⑧,以齐其民,则民德一。《诗》云:'彼都人士,狐裘黄黄,其容不改,出言有章;行归于周,万民所望⑨。'"

【注释】

① 道:通"导",引导。此句谓君子以语言导人为善。② 禁人以行:以自己的行动禁人为非。按,"道人以言"、"禁人以行"二句互文。③ 虑其所终:考虑到(说话的)后果。④ 稽其所敝:考察(行动的)缺点。稽,考。⑤ 引诗见《大雅·抑》。话,善言。⑥ 引诗见《大雅·文王》。穆穆,美好。文王,周文王。於(wū)叹词。缉熙,光明。止,语尾助词。二句大意为:

美好的周文王啊,他有光明的品德,仪容举止又十分恭敬啊。文中引此以证明在上位的人应当言行恭谨。⑦ 衣服不贰:指衣服样式、色彩有固定的规矩。⑧ 从容有常:指举动有其常度。⑨ 引诗见《小雅·都人士》。彼都人士,指贤明君王统治时期的都城之人。狐裘黄黄,在狐裘外罩黄色外衣。周,忠信。(按,此为郑玄注。朱熹注:"周,镐京也。")行归于周,行为以忠信为本。

6. 子曰:"政之不行也,教之不成也,爵禄不足劝也,刑罚不足耻也①。故上不可以亵刑而轻爵②。《康诰》曰③:'敬明乃罚④。'《甫刑》曰:'播刑之不迪⑤。'"

【注释】

① "政之"四句:此四句意为政令不能推行,教化不能成功,其原因在于君上爵禄加于小人,因而不足劝人为善;刑罚加于无罪之人,因而不足耻其为恶。② 亵刑:滥用刑罚。轻爵:随意授予爵禄。③《康诰》:《尚书》篇名。④ 乃:你。此句意为当你施行惩罚时一定要谨慎公平。⑤ 播刑:犹"施刑"。不:郑玄说是衍字。今《尚书·吕刑》中无"不"字。迪:道,方法。此句言施刑一定要公平合理。

7. 子曰:"小人溺于水,君子溺于口①,大人溺于民②,皆在其所亵也③。夫水近于人而溺人,德易狎而难亲也④,易以溺人。口费而烦⑤,易出难悔,易以溺人。夫民闭于人⑥,而有鄙心,可敬不可慢,易以溺人。故君子不可以不慎也。"

【注释】

① 君子溺于口:君子指士大夫。溺于口指因多言伤人而招致怨恨。② 大人:指人君。溺于民:指国君陵虐百姓,致使民众叛离。③ 亵:亵慢不敬。④ 德易狎而难亲:有德之人有如水,普通人在开始时学习他们德性的小的方面,感觉很容易学到,这是"易狎";但到了德性的大的方面如先王大道与天命等问题,普通人就会迷惑无闻,有如溺于大水。这是"难

亲"。⑤口费而烦：费，犹"惠"。烦，多。此句谓说了很多好听的空话。⑥闭于人：谓其心闭塞，不通人情。

8. 子曰："民以君为心，君以民为体。心庄则体舒①，心肃则容敬。心好之，身必安之；君好之，民必欲之。心以体全，亦以体伤，君以民存，亦以民亡。《诗》云：'昔吾有先正，其言明且清，国家以宁，都邑以成，庶民以生②。''谁能秉国成，不自为正，卒劳百姓③。'《君雅》曰：'夏日暑雨，小民惟曰怨；资冬祁寒，小民亦惟曰怨④。'"

【注释】

①心庄则体舒：内心端庄则身体舒泰。②"昔吾"五句为逸诗。先正，已去世的君长。③"谁能"三句见《小雅·节南山》。秉国成，执掌国事，使各种事业取得成功。不自为正，自己不走正道。此处引诗用来证明国君不正，所以百姓劳苦。④《君雅》：当作《君牙》，《尚书》篇名。资冬，郑玄认为当作"至冬"。祁寒，严寒。此处引文用以说明天之寒暑，民众尚且有怨心，何况国君的恶政呢！

9. 子曰："唯君子能好其正①，小人毒其正②。故君子之朋友有乡③，其恶有方④；是故迩者不惑，而远者不疑也。《诗》云：'君子好仇⑤。'"

子曰："轻绝贫贱而重绝富贵⑥，则好贤不坚，而恶恶不著也。人虽曰不利⑦，吾不信也。《诗》云：'朋友攸摄，摄以威仪⑧。'"

【注释】

①正：指益友，能纠正自己过失的人。一说，"正"当作"匹"，指志同道合的人。②毒：痛恨。③乡：通"向"，此处犹"类"。朋友有乡，有同类的朋友。④其恶有方：他们（君子）所厌恶的也是同一类人。方，犹上句的"乡"。⑤引诗见《周南·关雎》。仇，今本《毛诗》作"逑"。仇、逑的意思都是"匹"。诗句的原意是说（窈窕淑女是）君子的好配偶，此处引来以证明君子喜欢志同道合的朋友。⑥轻绝贫贱：轻易地就与贫贱朋友绝交。重绝富贵：与富贵之人绝交很不情愿。⑦利：指贪图利益。⑧引诗

见《大雅·既醉》。攸,所。摄,犹言"维系"。此处引诗以证明朋友关系不当以利益相维系。

【导读】

《缁衣》是《诗经·郑风》中的一篇,内容为赞美郑武公之贤。此处只是取篇首之语以作篇名,与内容无关。

在本书所选注的章节中,作者通过孔子之口所表述的政治思想有不少值得称道的观点。

其一是要求统治者以身作则,为民表率。在上之人"是民之表";民众对待统治者,主要不是"从其所令",而是"从其所行",如果"上好仁",则民众会争着去实践仁,惟恐落后(均见第3节)。在众口一辞慨叹世风日下的时代,要重建淳风美俗,各级"长民者"的表率作用实在是非常重要的。

其二是以德治国,德刑(法)并举,见第2节、第6节。

其三是关于君民关系的看法:"君以民存,亦以民亡。"(第8节)这其实就是"水能载舟,亦能覆舟"的另一种表述。

此外,关于君子言和行的关系、与人相处的态度,立论也多有可取。这些话虽未必一定都出于孔子之口,但其主旨与《论语》相比,是十分相似的。

三年问第三十八

1. 三年之丧何也?曰:称情而立文①,因以饰群②,则亲疏贵贱之节,而弗可损益也。故曰"无易之道也"③。创钜者其日久,痛甚者其愈迟,三年者,称情而立文,所以为至痛极也。斩衰苴杖④,居倚庐⑤,食粥,寝苫枕块⑥,所以为至痛饰也。三年之丧,二十五月而毕,哀痛未尽,思慕未忘,然而服以是断之者⑦,岂不送死者有已⑧,复生有节哉⑨?

【注释】

① 称情而立文:为了与悲哀之情相称而制订的礼文。② 饰:彰显

群:指五服之亲。"饰群"指(通过丧礼)表明亲属关系的亲疏远近。按,此篇题目及首句虽是问三年之丧,实际是总问三年以下五种丧服(从三年至一年乃至九月、五月、三月)的意义,所以说"因以饰群"。本处节选的主要是论述三年之丧的部分。③ 无易:不可改变。④ 斩:丧服五服中最重要的服,服三年。衰(cuī):缝在丧服胸口处的一块麻布,长六寸,宽四寸。又,丧服的上衣也叫衰。"斩"指衣裳不缝边。儿子为父亲服丧、妻子为丈夫服丧、父亲为长子服丧、臣子为国君服丧都应服斩衰。苴杖:粗糙的竹杖,表示守丧之人因悲痛而身体虚弱,必须以竹杖支撑身体。⑤ 倚庐:在寝门外东墙下搭的一个小棚子,供守丧时居住。因为是用木头倚墙而建,所以叫倚庐。⑥ 寝苫枕块:睡在草垫子上,用土块作枕头。⑦ 服:丧服,指斩衰。以是断之:在这个时候结束。⑧ 已:止。送死有已,为死者守丧有终止之时。⑨ 复生有节:恢复生者的正常生活有节限。

2. 凡生天地之间者,有血气之属,必有知。有知之属,莫不知爱其类。今是大鸟兽,则失丧其群匹①,越月逾时焉,则必反巡。过其故乡,翔回焉,鸣号焉,蹢躅焉,踟蹰焉②,然后乃能去之。小者至于燕雀,犹有啁噍之顷焉③,然后乃能去之。故有血气之属者,莫知于人④,故人于其亲也,至死不穷⑤。将由夫患邪淫之人与⑥?则彼朝死而夕忘之,然而从之,则是曾鸟兽之不若也,夫焉能相与居而不乱乎?将由夫修饰之君子与⑦?则三年之丧,二十五月而毕,若驷之过隙,然而遂之,则是无穷也⑧。故先王焉为之立中制节⑨,壹使足以成文理⑩,则释之矣⑪。

【注释】

① 群匹:群指同伴,匹指配偶。② 蹢躅、踟蹰:都是徘徊的意思。③ 啁噍(zhōu jiào):小鸟鸣叫之声。顷:一会儿。④ 莫知于人:没有比人更有知觉的。⑤ 穷:尽。至死不穷,谓至死思念不止。⑥ 患:王引之《经义述闻》卷十六谓当作"愚陋"。此句意为:(确定为双亲守丧的时间)按照那些愚陋邪淫的人作标准吗?⑦ 此句意为:(确定为双亲守丧的时间)按照那些重视礼仪修养的君子作标准吗?⑧ "然而遂之"两句:意为如果满足这些"修饰之君子"的愿望,那守丧的时间就无穷无尽了。⑨ 立

中制节：按照中等人的情况制定守丧时间的节限。⑩ 壹：全，都。文理：礼文和义理。此句谓使君子小人的守丧都足以既合乎礼文又合于义理。
⑪ 释：除，指除去丧服。

3. 孔子曰："子生三年，然后免于父母之怀。夫三年之丧，天下之达丧也①。"

【注释】
① 达丧：通行的丧礼。按，孔子此语亦见于《论语·阳货》。

【导读】
本文主要解释关于服丧时间规定的意义。除三年之丧外，还有关于服丧一年与服丧九月以下的说明。此处只选注了论述三年之丧的有关文字。

按古礼，子为父、臣为君、妻为夫，均应服斩衰三年；如果父亲先去世，则子女为母亲服丧为齐衰三年。名为三年，但真正服丧的时间是25个月（一说27个月）。对于这些规定，本文所作的解释主要有两点。一是"子生三年，然后免于父母之怀"，因此为父母应守丧三年。这个理由与《礼记》中多处提到的"报本反始"思想相关。另一个理由是"立中制节"，即根据社会上不同人的情况，采取折中的办法制定礼节。这与孔子的中庸思想也颇为相符。

儒行第四十一

1. 鲁哀公问于孔子曰："夫子之服，其儒服与？"孔子对曰："丘少居鲁，衣逢掖之衣①；长居宋，冠章甫之冠②。丘闻之也，君子之学也博，其服也乡③，丘不知儒服。"

【注释】

① 逢：大。逢掖之衣，袖子宽大的衣服。② 章甫：殷商时期的一种礼帽。宋国是殷人后裔，所以以章甫为礼帽。③ 其服也乡：服饰入乡随俗。

2. 哀公曰："敢问儒行。"孔子对曰："遽数之，不能终其物①；悉数之，乃留更仆②，未可终也。"

【注释】

① "遽数"二句：匆匆忙忙地数，不能将儒者的行为全数完。② 更仆：更换仆人。意为需要很长时间，连仆侍之人都因太疲劳而需要更代。

3. 哀公命席①。孔子侍，曰："儒有席上之珍以待聘②，夙夜强学以待问，怀忠信以待举，力行以待取，其自立有如此者。

【注释】

① 命席：命人为孔子铺设坐席。② 珍：指玉。此句谓儒者有如席上的玉器，在国君有聘问之事时就要用到它。

4. "儒有衣冠中①，动作慎，其大让如慢②，小让如伪③，大则如威④，小则如愧⑤。其难进而易退也，粥粥若无能也⑥，其容貌有如此者。

【注释】

① 中：指不异于常人，不作奇装异服。② 大让：对重大事物的辞让（如让国、让天下、让爵禄）。慢：简慢、傲慢。按，诚心而让，似乎是看不起的样子，所以说"如慢"。③ 小让：如饮食之类。④ 大则如威：处理大事时，似有畏惧之色。威，通"畏"。⑤ 小则如愧：处理小事时，似有惭愧之色。按，此与上句都是说儒者行事谨慎小心，自我贬抑。⑥ 粥粥：柔弱谦卑的样子。

5. "儒有居处齐难①。其坐起恭敬，言必先信，行必中正；道涂不争险易之利②,冬夏不争阴阳之和;爱其死以有待也③,养其身以有为也。其备豫有如此者④。

【注释】

① 齐(zhāi)难:庄重畏惧的样子。② 此句言行路时不与人争平坦之路。"险易"此处为偏义复词,偏于"易"。③ 爱其死:珍惜生命。爱,吝惜。以有待:因为有所待(等待做一番大事业的机会)。④ 备豫:备,防备。豫,通"预",事先有所准备。按,此节说儒者爱死养身,都是为了将来有大作为,所以说是"备豫"。

6. "儒有不宝金玉,而忠信以为宝;不祈土地,立义以为土地;不祈多积①,多文以为富②。难得而易禄也③,易禄而难畜也④。非时不见,不亦难得乎?非义不合,不亦难畜乎?先劳而后禄,不亦易禄乎?其近人有如此者⑤。

【注释】

① 积:指聚积财富。② 多文:指多学《诗》、《书》六艺之文。③ 难得:指儒者在无道之世则不肯出仕。易禄:指把履行本职工作放在第一,而后才接受俸禄,即下文"先劳而后禄"。④ 畜:养,指留住。⑤ 近人:与人亲近。

7. "儒有委之以货财①,淹之以乐好②,见利不亏其义;劫之以众③,沮之以兵④,见死不更其守⑤;鸷虫攫搏,不程勇者⑥;引重鼎,不程其力⑦;往者不悔,来者不豫⑧;过言不再⑨,流言不极⑩;不断其威⑪,不习其谋⑫。其特立有如此者。

【注释】

① 委:给与。② 淹:犹言浸渍。乐好:娱乐及玩好之物。③ 劫:胁迫。④ 沮:恐吓。兵:武器。⑤ 守:操守。⑥ "鸷虫"二句:鸷虫,猛禽猛兽。程,衡量、掂量。勇者,孙希旦《礼记集解》谓当从《孔子家语》作"其

勇"。"不程其勇"四字连上句谓:儒者遇到猛禽猛兽时,并不揣量自己的勇力能否对抗,就会冲上去搏击。⑦ "引重"二句:言儒者在要举重鼎时,不先度量自己力气大小就去举。按,"鸷虫"四句意为儒者遇到艰难之事会勇往直前。⑧ 豫:预先做好准备。⑨ 过言:说错了话。不再:不会说第二次。⑩ 流言:流言蜚语。不极:不去追根究底。⑪ 不断其威:指儒者始终保持威严的容貌。⑫ 不习其谋:习,反复练习。此处指儒者遇到事情当为则为,不反复考虑。

8. "儒有可亲而不可劫也,可近而不可迫也,可杀而不可辱也。其居处不淫①,其饮食不溽②;其过失可微辨而不可面数也③。其刚毅有如此者。

【注释】

① 淫:奢侈。② 溽:浓厚。饮食不溽,饮食清淡,不讲究滋味。③ 微辨:私下与之讨论。面数:当面指责。

9. "儒有忠信以为甲胄,礼义以为干橹①;戴仁而行,抱义而处;虽有暴政,不更其所。其自立有如此者。

【注释】

① 干:盾牌。橹:大盾牌。按,甲胄、干橹都是战斗中防身的装备。此处比喻儒者用忠信、礼义防御患难。

10. "儒有一亩之宫①,环堵之室②,筚门圭窬③,蓬户瓮牖④;易衣而出⑤,并日而食⑥,上答之不敢以疑⑦,上不答不敢以谄⑧。其仕有如此者。

【注释】

① 一亩之宫:宫,墙垣。宽一步,长一百步为一亩。"一亩之宫"若折算成正方形,则每边墙各长十步。② 环堵之室:房间的四面墙总共只有一堵长。一堵的长度为四丈或五丈。③ 筚门:用荆条或竹枝编织而成的

门。圭窬(yú)：门旁边的小户，在墙上穿一个洞，上锐下方，形状如圭，所以叫圭窬。④ 瓮牖：用破瓮口作窗。⑤ 易衣而出：指全家只有一件像样的衣服，谁出门谁就换上它。⑥ 并日而食：指不能每天有饭吃，两天才吃了一天的饭。⑦ 上答之：指国君采纳他的意见。不敢以疑：指对自己的建议十分自信，毫不怀疑。⑧ 诎：谄媚。不敢以诎，指不去谄媚讨好以求高官厚禄。

11. "儒有今人与居，古人与稽①；今世行之，后世以为楷②；适弗逢世③，上弗援④，下弗推⑤，谗谄之民，有比党而危之者，身可危也，而志不可夺也。虽危，起居竟信其志⑥，犹将不忘百姓之病也。其忧思有如此者。

【注释】

① 稽：合。"今人与居，古人与稽"意为与当今的人生活在一起，而思想行为却是与古人合拍。② 楷：楷模。③ 适：恰好。弗逢世：没有遇到合适的时代。④ 援：援引，牵引。此句谓国君不提拔重用他。⑤ 推：推举。⑥ 起居：犹言举事动作。信：通"伸"。

12. "儒有博学而不穷①，笃行而不倦，幽居而不淫②，上通而不困③。礼之以和为贵，忠信之美，优游之法④，慕贤而容众，毁方而瓦合⑤。其宽裕有如此者。

【注释】

① 不穷：犹言不止。② 幽居：独处。淫：倾邪。③ 上通：指为国君所用。不困：指依道行事，不因道德不足而困窘。④ 优游：柔和。此句谓效法柔和的人行事。⑤ 毁方："方"指方正有棱角，"毁方"谓磨去自己的棱角锋芒。瓦合：谓与普通民众相合。

13. "儒有内称不辟亲①，外举不辟怨。程功积事②，推贤而进达之，不望其报，君得其志③。苟利国家，不求富贵。其举贤援能有如此者。

【注释】

①称:推举。辟:通"避"。②程功:考核其功绩。积事:累计其劳绩。③君得其志:指国君所想做的事,儒者所推贤才可以助其成功。

14. "儒皆闻善以相告也,见善以相示也;爵位相先也①,患难相死也;久相待也②,远相致也③。其任举有如此者。

【注释】

①相先:指相互推让,让对方先得。②久相待:指朋友久处下位,自己则等待朋友一起晋升。③远相致:指将在远方的朋友招来,共仕明君。

15. "儒有澡身而浴德①,陈言而伏②;静而正之③,上弗知也;粗而翘之④,又不急为也;不临深而为高⑤,不加少而为多⑥。世治不轻⑦,世乱不沮⑧;同弗与⑨,异弗非也⑩。其特立独行有如此者。

【注释】

①澡身:犹言洁身。浴德:沐浴于德,即以道德自律。②陈言而伏:(向国君)陈述自己的意见后,俯伏静候君命。③静而正之:谓不事张扬,静悄悄地纠正国君的过失。(所以下句说"上弗知也"。)④粗而翘之:简略地明确告诉国君他的过失。粗,疏,简略。翘,举,指举出国君的过失。⑤"不临"句:不站在深坑边上以显示自己的高大。比喻不以别人的卑贱来反衬自己的尊贵显赫。⑥"不加"句:比喻不夸大自己的功绩。⑦世治不轻:太平盛世时,(与群贤并处,)不自轻自贱。⑧不沮:指仍坚守自己的理想情操。沮,废坏。⑨同弗与:对与自己观点相同的人并不特别亲近。指不党同。⑩异弗非:对与自己观点不同的人不妄加非议。指不伐异。

16. "儒有上不臣天子,下不事诸侯;慎静而尚宽,强毅以与人①,博学以知服②;近文章③,砥厉廉隅④;虽分国,如锱铢⑤,不臣不仕。其规为有如此者⑥。

【注释】

① 强毅以与人：坚强刚毅而又善于与人交往。② 知服：知道服膺前贤。③ 近文章：亲近典籍。④ 砥厉：犹磨砺。"厉"通"砺"，砥、砺皆为磨刀石。廉隅：棱角，指为人方正。⑤ "虽分"二句：谓即使国君以国土分封自己，自己却视如锱铢。⑥ 规为：规范自己的行为。

17. "儒有合志同方①，营道同术②，并立则乐，相下不厌③；久不相见，闻流言不信；其行本方立义④，同而进，不同而退⑤。其交友有如此者。

【注释】

① 合志同方：指心志相同。方，法则。② 营道同术：指学业相同。营道，经营道艺。术，方法。③ 相下：相互谦下。④ 本方立义：以方正为本，以义为立身行事的原则。⑤ "同而"二句：指朋友的所作所为如与己相同，就进而从之；若与己不同，则退而避之。

18. "温良者，仁之本也；敬慎者，仁之地也；宽裕者①，仁之作也②；孙接者③，仁之能也；礼节者，仁之貌也；言谈者，仁之文也；歌乐者，仁之和也；分散者④，仁之施也。儒者兼而有之，犹且不敢言仁也。其尊让有如此者⑤。

【注释】

① 宽裕：指舒缓不急迫。② 作：动作。③ 孙接：谦逊地接待别人。孙，同"逊"。④ 分散：指将自己积蓄的财产分散给需要赒济的穷人。⑤ 尊让："尊"指对他人及言谈行事的恭敬，"让"指自身的谦让。

19. "儒有不陨获于贫贱①，不充诎于富贵②；不恩君王③，不累长上④，不闵有司⑤，故曰儒。今众人之命儒也妄⑥，常以儒相诟病。"

【注释】

① 陨获：困窘失志的样子。此句言儒者虽身处贫贱之时，绝不显露

出困窘失志的样子。②充诎:欢喜失节的样子。此句言儒者在富贵时,不欢喜忘形。③恩(hùn):辱。④累:系、捆绑。长上:指卿大夫。⑤闵:病。有司:群吏,指卿大夫以外的各级官吏。按,"不恩"以下三句言儒者不因见辱于君王或卿大夫群吏的逼迫而违背道。⑥命:名。此句连下谓今天众人称为"儒"的人,其实没有儒者之实,所以被人轻视,常以"儒"来耻笑对方。

20. 孔子至舍①,哀公馆之②,闻此言也,言加信,行加义③。"终没吾世,不敢以儒为戏。"

【注释】

① 至舍:指孔子回到鲁国居住。② 馆之:指让孔子住到客馆里。按,这可能是孔子刚刚从卫国返回鲁国时事。③ "言加"二句的主语都是哀公,谓哀公说话更加诚信,行事更加合于道义。按,鲁哀公并非一个讲诚信、重道义的国君,这些话可能是写这篇"记"的作者的夸大之辞。

【导读】

本文记孔子为鲁哀公陈述儒者的行为准则,故以"儒行"作为篇名。

古代学者有人认为本篇所记孔子言论"有夸大胜人之气,少雍容深厚之风",恐怕未必真出于孔子,或许是后世儒者假托孔子以抬高儒家的地位。但文中所说儒者立身处事世的准则,确有许多值得称道之处。如"忠信以为宝"、"可杀不可辱"、"苟利国家,不求富贵"、"内称不辟亲,外举不辟怨"、"澡身浴德"、"砥厉廉隅"、"不陨获于贫贱,不充诎于富贵"等语,已成为后世常见的熟语,为古代不少志士仁人所践行,在今天也仍应大力提倡。

文中也有个别地方未必合于孔子思想。如第8节谓"其过失可微辨而不可面数也",以此作为性格刚毅的表现。然而《论语》中孔子明明说过:"丘也幸,苟有过,人必知之。"(《述而》)子路当面反驳孔子的话在《论语》中并非一二见,孔子也并未因此讨厌子路。所以有过失而"不可面数",显然不是孔子观点,后世儒家学者对此也多持异议。

大学第四十二

1. 大学之道①,在明明德②,在亲民③,在止于至善④。知止而后有定⑤,定而后能静⑥,静而后能安,安而后能虑,虑而后能得。物有本末,事有终始。知所先后,则近道矣。

【注释】

① 大学:指广博地学习以达到从政的要求。一说,大学就是大人之学。② 明明德:第一个"明"字为动词,作"彰显"讲。明德,光辉的品德。③ 亲民:亲近、热爱民众。一说,"亲"当作"新"。新民,使民众精神面貌改革一新。④ 止于至善:谓在"明明德"、"亲民"两方面均要达到至善的境界。⑤ 有定:有了确定的方向(即至善的境界)。⑥ 能静:指心情宁静,心不妄动。

2. 古之欲明明德于天下者,先治其国。欲治其国者,先齐其家①。欲齐其家者,先修其身。欲修其身者,先正其心。欲正其心者,先诚其意。欲诚其意者,先致其知②。致知在格物③。物格而后知至,知至而后意诚,意诚而后心正,心正而后身修,身修而后家齐,家齐而后国治,国治而后天下平。自天子以至于庶人,壹是皆以修身为本④。其本乱而末治者否矣⑤。其所厚者薄,而其所薄者厚,未之有也⑥。此谓知本,此谓知之至也⑦。

【注释】

① 齐:整顿治理。② 致:招来,求得。致知,获得知识。③ 格:至。物:事。格物,穷竟事物之理。按,旧说以明明德、亲民、止于至善为《大学》之三纲领,以格物、致知、诚意、正心、修身、齐家、治国、平天下为《大学》之八条目。④ 壹是:一切,一律。⑤ 本乱:指自身修养不好。末治:指国家治理得好。否:不可能。⑥ "其所"三句:此与上句"其本乱而末治者否矣"表达同一意思。"所厚者"即指"本","薄"犹"乱";"所薄者"指"末",

"厚"犹"治";"未之有也"即"否矣"。⑦ 知之至:至高无上的知(智)。

3. 所谓诚其意者,毋自欺也。如恶恶臭①,如好好色②,此之谓自谦③。故君子必慎其独也。小人闲居为不善④,无所不至,见君子而后厌然⑤,掩其不善而著其善⑥。人之视己,如见其肺肝然,则何益矣。此谓诚于中,形于外,故君子必慎其独也。曾子曰:"十目所视,十手所指,其严乎⑦!"富润屋,德润身,心广体胖⑧,故君子必诚其意。

【注释】

① 恶恶臭:第一个"恶"字音 wù,厌恶。厌恶难闻的气味。② 好好色:喜爱美色。③ 自谦(qiè):满足自己的心意。谦,同"慊",满足。④ 闲居:独处。⑤ 厌然:遮遮掩掩的样子。⑥ 著:显示出来。⑦ 严:令人敬畏。⑧ 心广体胖(pán):谓心无愧疚则广大宽平,身体舒泰。胖,安舒貌。

4. 《诗》云:"瞻彼淇澳,菉竹猗猗。有斐君子,如切如磋,如琢如磨。瑟兮僩兮,赫兮喧兮。有斐君子,终不可谖兮①!""如切如磋"者,道学也②。"如琢如磨"者,自修也③。"瑟兮僩兮"者,恂栗也④。"赫兮喧兮"者,威仪也。"有斐君子,终不可谖兮"者,道盛德至善⑤,民之不能忘也。《诗》云:"於戏,前王不忘⑥!"君子贤其贤而亲其亲,小人乐其乐而利其利⑦,此以没世不忘也。

【注释】

① 引诗见《卫风·淇澳》。淇,水名。澳(yù),河岸弯曲处。菉竹,今本《毛诗》作"绿竹"。猗猗,茂盛貌。有斐君子,有斐然文章的君子。切、磋、琢、磨,古代制造骨器和玉器的方法,诗中用以比喻研究学问、修养品德。瑟,严密的样子。僩,武毅的样子。赫、喧,显赫盛大的样子。谖,忘记。② 道学:讨论学问。③ 自修:自我品德修养。④ 恂栗:恭敬戒惧的样子。⑤ 道:言,说的是。⑥ 引诗见《周颂·烈文》。於戏(wū hū),感叹词。前王,指周文王、周武王。⑦ "君子贤"二句:谓君子赞美前王的贤明且热爱亲人,民众亦因前王的盛德至善而各有其利、各得其乐。

5.《康诰》曰①:"克明德②。"《大甲》曰③:"顾諟天之明命④。"《帝典》曰⑤:"克明峻德⑥。"皆自明也⑦。汤之《盘铭》曰⑧:"苟日新⑨,日日新,又日新。"《康诰》曰:"作新民⑩。"《诗》曰:"周虽旧邦,其命维新⑪。"是故君子无所不用其极⑫。

【注释】

①《康诰》:《尚书》篇名。② 克:能够。克明德,意为能显明美德。③《大甲》:《尚书》篇名。"大"读"太"。④ 諟:古"是"字,此。顾諟天之明命,原意为顾视此上天给我的光明的命令。但如此理解,则与下文"皆自明也"不合。这是古人引文"断章取义"的常见现象。朱熹解释说:"天之明命,即天之所以与我,而我之所以为德者也。"意即天赐予我好的德行。⑤《帝典》:即《尚书·尧典》。⑥ 峻:大。今本《尚书》作"俊"。克明峻德,能显示崇高的品德。⑦ 自明:自己彰显(明德)。⑧ 汤:商汤。盘:沐浴用的大盆。盘铭,刻(浇铸)在盘上的铭文。⑨ 苟:诚。日新:每日更新。盘用于沐浴以除去身上的污垢,比喻人去除心灵之恶,所以说"日新"。⑩ 作新民:(将殷商遗民)改造为新人。⑪ 引诗见《大雅·文王》。其命维新,原意谓周文王接受天命,将原来殷商时期的一个诸侯国"周"变而为统治天下的周王朝。这是一个新的"周"。⑫ 极:尽。此句谓君子在自新和新民两方面都竭尽心力,不留有余地。

6.《诗》云:"邦畿千里,维民所止①。"《诗》云:"缗蛮黄鸟,止于丘隅②。"子曰:"于止,知其所止,可以人而不如鸟乎?"《诗》云:"穆穆文王,於缉熙敬止③!"为人君,止于仁;为人臣,止于敬;为人子,止于孝;为人父,止于慈;与国人交,止于信。

【注释】

① 引诗见《商颂·玄鸟》。邦畿,天子都城附近地区。止,居。② 引诗见《小雅·绵蛮》。缗蛮,今本《毛诗》作"绵蛮",鸟鸣声。丘隅,今本《毛诗》作"丘阿"。③ 引诗见《大雅·文王》。穆穆,深远貌。於(wū),表示赞美的语气词。缉,继续。熙,光明。敬止,谓文王言语举动毫无不敬,而且

安于所止之处。

7. 子曰:"听讼①,吾犹人也②。必也使无讼乎③!"无情者不得尽其辞④,大畏民志⑤。此谓知本。

【注释】

① 听讼:审理诉讼案件。② 犹人:和别人一样。③ 此句意为:如果一定要说我和别人有什么不同,那就是我想使诉讼根本不发生。④ 情:实情。无情者,不说实情的人。不得尽其辞:指不敢将骗人的话都说出来。⑤ 大畏民志:(由于我有"明德",使)民众内心十分畏服(不敢诉讼)。志,心志。

8. 所谓修身在正其心者,身有所忿懥①,则不得其正;有所恐惧,则不得其正;有所好乐,则不得其正;有所忧患,则不得其正。心不在焉,视而不见,听而不闻,食而不知其味。此谓修身在正其心。

【注释】

① 身:朱熹注谓此"身"当作"心"。忿懥(fèn zhì):愤怒。

9. 所谓齐其家在修其身者,人之其所亲爱而辟焉①,之其所贱恶而辟焉,之其所畏敬而辟焉,之其所哀矜而辟焉②,之其所敖惰而辟焉③。故好而知其恶,恶而知其美者,天下鲜矣。故谚有之曰:"人莫知其子之恶,莫知其苗之硕④。"此谓身不修,不可以齐其家。

【注释】

① 人:指众人。之:犹"于",以下四句的"之"皆同。辟:犹"偏",以下四句的"辟"皆同。此句谓人对于自己所亲爱的人看法会有偏差。② 哀矜:怜悯、同情。③ 敖惰:傲视、怠慢。④ 硕:大,指茂盛。此句意为自家田里的禾苗尽管长得很茂盛,但主人却总嫌不够好。

10. 所谓治国必先齐其家者，其家不可教而能教人者，无之。故君子不出家而成教于国①。孝者，所以事君也；弟者，所以事长也；慈者，所以使众也。《康诰》曰："如保赤子②。"心诚求之，虽不中③，不远矣。未有学养子而后嫁者也。一家仁，一国兴仁；一家让，一国兴让；一人贪戾，一国作乱：其机如此④。此谓一言偾事⑤，一人定国。尧、舜率天下以仁，而民从之。桀、纣率天下以暴，而民从之。其所令反其所好，而民不从。

【注释】

① 成教于国：完成对国人的教化。② 赤子：初生婴儿。原文意为爱护民众要如同爱护婴儿一样。此处意为抚养婴儿只须诚心推求婴儿的嗜欲，就能把婴儿养好，以此说明教化民众也只需用心去求并推而广之。③ 不中(zhòng)：指不能完全符合赤子的嗜欲。④ 机：机关。犹言事情之关键。⑤ 偾(fèn)事：败事、坏事。

11. 是故君子有诸己，而后求诸人①；无诸己，而后非诸人。所藏乎身不恕，而能喻诸人者，未之有也②。故治国在齐其家。《诗》云："桃之夭夭，其叶蓁蓁。之子于归，宜其家人③。"宜其家人，而后可以教国人。《诗》云："宜兄宜弟④。"宜兄宜弟，而后可以教国人。《诗》云："其仪不忒，正是四国⑤。"其为父子兄弟足法，而后民法之也⑥。此谓治国在齐其家。

【注释】

①"是故"二句：谓君子自己有的(好品德)，然后才能要求别人。②"所藏"三句：意谓一个人所作所为如果不能推己及人，却想教育别人(做和自己所行相反之事)，那是不可能的。恕，推己及人。喻，晓喻。③ 引诗见《周南·桃夭》。蓁蓁，茂盛的样子。之子，这个姑娘。于归，出嫁。家人，指丈夫一家。按，此本为咏新嫁娘之诗，此处断章取义，用来说明治国须先齐家。④ 引诗见《小雅·蓼萧》，意为做兄长、做弟弟，表现都很恰当。⑤ 引诗见《曹风·鸤鸠》。忒(tè)，差错。正，作动词用，犹言治理好。⑥ "其为"二句：意谓国君只有在自己作为父亲、儿子、兄长、弟弟各方面的表现均值得人效法，然后老百姓才会效法他。

12. 所谓平天下在治其国者,上老老而民兴孝①,上长长而民兴弟②,上恤孤而民不倍③,是以君子有絜矩之道也④。所恶于上,毋以使下;所恶于下,毋以事上;所恶于前,毋以先后;所恶于后,毋以从前;所恶于右,毋以交于左;所恶于左,毋以交于右⑤:此之谓絜矩之道。

【注释】

① 老老:尊敬老人。② 长长:尊敬比自年长的人。弟:同"悌"。③ 倍:通"背",指背弃孤弱之人。④ 絜(xié)矩之道:絜,度量。矩,法度。用同样的法度来衡量自己、衡量别人,就叫"絜矩之道"。⑤ "所恶"以下十二句:此十二句是进一步解释"絜矩之道"。大意为:不喜欢我的上级对我无礼,则不以无礼的态度使唤下级;不喜欢我的下级对我不忠,则不以不忠的态度对待上级;至于前后左右,均是如此。

13. 《诗》云:"乐只君子,民之父母①。"民之所好好之,民之所恶恶之,此之谓民之父母。《诗》云:"节彼南山,维石岩岩。赫赫师尹,民具尔瞻②。"有国者不可以不慎,辟则为天下僇矣③。

【注释】

① 引诗见《小雅·南山有台》。只,语气词。② 引诗见《小雅·节南山》。节,高峻貌。岩岩,高大的样子。赫赫,显赫。师尹,周幽王时的大臣。民具尔瞻,老百姓都在看着你。具,同"俱"。③ 辟:邪辟。僇:同"戮",诛戮。

14. 《诗》云:"殷之未丧师,克配上帝。仪监于殷,峻命不易①。"道得众则得国,失众则失国。是故君子先慎乎德。有德此有人②,有人此有土,有土此有财,有财此有用。德者本也,财者末也。外本内末③,争民施夺。是故财聚则民散,财散则民聚。是故言悖而出者,亦悖而入④;货悖而入者⑤,亦悖而出。《康诰》曰:"惟命不于常。"道善则得之,不善则失之矣。《楚书》曰:"楚国无以为宝,惟善以为宝。"舅犯曰⑥:"亡人无以为宝⑦,仁亲以为宝⑧。"

【注释】

① 引诗见《大雅·文王》。师,众。丧师,指失去民众的支持。克配上帝,指其政教能配上天而行。仪,宜。监,视。峻,大。"仪监"二句言(周成王)宜乎看看商王朝这个榜样,了解得到天之大命是不容易的一件事。② 此:犹"斯"。此句意为:国君有德(明德),这才会获得民众的拥护。③ 外:疏远。内:亲近。"外本"连下二句谓人君如果轻德重财,那么争利之民也都起而争夺了。④ 悖:背逆,谬误。言悖而出者,亦悖而入,意为如果你口出无礼之言,则别人也会以无礼之言回敬你。⑤ 货:财物。货悖而入,意为财物是通过不正当手段获得的。⑥ 舅犯:春秋时晋文公重耳的舅舅狐偃,字子犯,曾随重耳在外流亡十九年。⑦ 亡人:流亡之人。⑧ 仁亲:亲近热爱仁道。

15. 《秦誓》曰①:"若有一个臣②,断断兮无他技③,其心休休焉④,其如有容焉。人之有技,若己有之;人之彦圣⑤,其心好之,不啻若自其口出⑥。实能容之,以能保我子孙黎民,尚亦有利哉!人之有技,媢疾以恶之⑦;人之彦圣,而违之俾不通⑧。实不能容,以不能保我子孙黎民,亦曰殆哉!"唯仁人放流之,迸诸四夷⑨,不与同中国。此谓唯仁人为能爱人,能恶人。

【注释】

①《秦誓》:《尚书》篇名,所记是秦穆公的讲话。② 个:原文作"介",义同。③ 断断兮:诚恳专一的样子。④ 休休:宽容的样子。⑤ 彦圣:有才能,品德好。⑥ 不啻:不但、不仅。此句连上意为他喜爱那些有才华、品德好的人,远不止于他口中所表达的,内心喜爱程度更深。⑦ 媢(mào)嫉:嫉妒。⑧ 违:此处意为压制、抑退。俾:使。不通:指不能与国君接触。⑨ 迸:驱逐。

16. 见贤而不能举,举而不能先①,命也②;见不善而不能退,退而不能远,过也。好人之所恶,恶人之所好,是谓拂人之性③,菑必逮夫身。是故君子有大道④,必忠信以得之,骄泰以失之。

【注释】

① 先：先于自己，即让所举荐之人处于自己之上。② 命：郑玄认为当是"慢"字，因声近而误。意为那是对举贤的一种轻慢。一说，"命"为"怠"字之误。③ 拂：违背。④ 君子：此处指有政治地位的贵族。大道：指修身、治国之术。

17. 生财有大道，生之者众，食之者寡，为之者疾，用之者舒①，则财恒足矣。仁者以财发身②，不仁者以身发财③。未有上好仁，而下不好义者也。未有好义，其事不终者也④，未有府库财非其财者也。

【注释】

① 舒：缓、慢。② 以财发身：指（仁德之君）施散财物而赢得民众对自己的赞誉。③ 以身发财：指（不仁者）因聚敛钱财而亡身。④ "未有好义"二句：意为臣下好义，则百事最终都能成功。

18. 孟献子曰①："畜马乘②，不察于鸡豚③；伐冰之家④，不畜牛羊；百乘之家⑤，不畜聚敛之臣⑥。与其有聚敛之臣，宁有盗臣⑦。"此谓国不以利为利，以义为利也。长国家而务财用者，必自小人矣⑧。彼为善之⑨，小人之使为国家⑩，菑害并至。虽有善者，亦无如之何矣！此谓国不以利为利，以义为利也。

【注释】

① 孟献子：春秋时鲁国大夫。② 畜马乘："马乘"指四马拉的车，春秋时只有大夫以上贵族才能坐四马拉的车。"畜马乘"指刚刚从士上升为大夫的人。③ 不察于鸡豚：谓不养鸡、猪以牟利。④ 伐冰之家：指有资格在祭祀时使用冰块的卿大夫家。⑤ 百乘之家：有采邑的卿大夫。周代诸侯封赐卿大夫作为世禄的田邑，大者地方百里，而百里见方的封地应出兵车百乘。故以"百乘之家"指有采邑的卿大夫。⑥ 聚敛之臣：指帮助主人（卿大夫）搜括聚敛财富的家臣。⑦ "与其"二句：盗臣只偷盗主人的财产，而聚敛之臣则伤害民心民力，故云。⑧ "长国"二句：长（zhǎng）国家，

犹言治理国家。务财用,谓一心聚敛财富。自,由。必自小人,谓一定是由小人出的主意。⑨ 彼为善之:朱熹以为此句前后可能有阙文误字。⑩ 此句意即使用小人以治理国家。

【导读】

　　"大学"一词,东汉郑玄释为"博学",而宋代朱熹释为"大人之学"。其作者是谁,亦迄无定论。朱熹认为是孔子弟子曾参所作,近人或认为是思孟学派的作品,或认为是荀子后学所著。

　　本文主旨,郑玄认为是说广博学习而后方可从政,如此则与朱熹"大人之学"的解释也有相通之处。《大学》一篇主要就是讲统治者如何"修己治人"的道理。

　　朱熹认为这篇文章错简严重,所以在他的《四书章句集注》中,将各章节的先后次序作了很大调整。其实在《礼记》各篇中,前后章节不连贯的情况很普遍,未必是错简造成的。

　　《大学》开头说:"大学之道,在明明德,在亲民,在止于至善。"朱熹认为这三句话是《大学》之纲领",即统治者治理天下的三条基本原则。

　　下文"古之欲明明德于天下者,先治其国。欲治其国者,先齐其家。欲齐其家者,先修其身。欲修其身者,先正其心。欲正其心者,先诚其意。欲诚其意者,先致其知。致知在格物"数句,朱熹认为这里所讲的是"《大学》之条目",即实现三条基本原则的八个步骤,并在注释中将其简括为格物、致知、诚意、正心、修身、齐家、治国、平天下17个字。

　　朱熹认为这三纲领、八条目是全篇中的"经",是曾子所转述的孔子之言。全文的其余部分则是阐释经文,也即分别阐释三纲领、八条目的"传",是曾子之言而由他的弟子所记录。

　　《大学》所特别强调的是个人的道德修养:"自天子以至庶人,壹是皆以修身为本。"在个人道德自我完善的基础上,由齐家进而治国、平天下,承担起一个知识分子的社会责任。应该说,这是封建社会许多进步知识分子的积极人生观,在今天也仍有其存在的价值。

　　《大学》将格物、致知、诚意、正心作为修身的必经步骤或必要条件。"格物"即推究事物的原理,"致知"即认识万事万物的本来之理。如果撇开宋儒对它们所作的唯心主义解释，"格物"、"致知"对个人修养的完成其实是很有意义的。列宁曾经说过：只有通晓人类所创造的全部知识财富，才能成为真正的共产主义者。

冠义第四十三

1. 凡人之所以为人者，礼义也。礼义之始，在于正容体、齐颜色、顺辞令①。容体正、颜色齐、辞令顺，而后礼义备，以正君臣、亲父子、和长幼。君臣正，父子亲，长幼和，而后礼义立。故冠而后服备②，服备而后容体正、颜色齐、辞令顺。故曰："冠者，礼之始也。"是故古者圣王重冠。

【注释】

① 齐颜色：指表情庄重严肃。顺辞令：说话得体。② "故冠"句：此句意为在行了冠礼以后，作为成人在各种不同场合所需的服饰才准备齐备。

2. 古者冠礼筮日筮宾①，所以敬冠事。敬冠事，所以重礼。重礼，所以为国本也。

【注释】

① 筮日：通过占筮来选择举行冠礼的吉日。筮宾：通过占筮来决定主持冠礼的来宾。

3. 故冠于阼，以著代也①。醮于客位②，三加弥尊③，加有成也④。已冠而字之⑤，成人之道也。见于母，母拜之，见于兄弟，兄弟拜之，成人而与为礼也。玄冠玄端奠挚于君⑥，遂以挚见于乡大夫、乡先生⑦，以成人见也。

【注释】

① "故冠"二句：在阼阶上举行冠礼，这是表示加冠的年轻男子(嫡长

子)将来要取代原来的主人成为家长。阼,阼阶,堂前东面的台阶,主人所用。② 醮(jiào):一种简单的敬酒礼节,由尊者向卑者敬一杯酒,卑者无须回敬。举行冠礼时,由主持冠礼的"宾"酌酒给冠者。客位:在堂上户、牖之间。③ 三加:行冠礼时,先加缁布冠,次加皮弁,第三加爵弁。弥尊:冠服的尊贵程度一次比一次高。④ 加有成:意为加冠之后,冠者就有成人之事了。⑤ 冠而字之:在行冠礼时,主持冠礼的"宾"给冠者取字(此前则有名而无字)。⑥ 玄冠:黑色的冠。玄端:黑色礼服。挚:通"贽",见面礼。士的见面礼用雉(野鸡)。奠挚,将"贽"放在地上(表示不敢直接交给国君)。⑦ 乡大夫:在朝的乡大夫。乡先生:乡中已退休的卿大夫。

4. 成人之者,将责成人礼焉也。责成人礼焉者,将责为人子、为人弟、为人臣、为人少者之礼行焉①。将责四者之行于人,其礼可不重与?

【注释】

① 为人少者:做别人的晚辈。

5. 故孝弟忠顺之行立,而后可以为人;可以为人,而后可以治人也。故圣王重礼。故曰:"冠者,礼之始也,嘉事之重者也①。"是故古者重冠。重冠,故行之于庙。行之于庙者,所以尊重事。尊重事而不敢擅重事②,不敢擅重事,所以自卑而尊先祖也。

【注释】

① 嘉事:即嘉礼。古代将礼分为五类:吉、凶、军、宾、嘉。冠礼在五礼中属于嘉礼。② 不敢擅重事:行冠礼是一件重大的活动,主人不敢擅自作主,所以要在祖庙进行,表示是禀承先祖的命令行事。

【导读】

本篇解释《仪礼·士冠礼》中一些仪式的含义,故名"冠义"。

古代士二十而行冠礼,表示成人(天子、诸侯、大夫及他们的儿子行冠礼多在二十岁之前)。举行冠礼不仅表示生理上已经长大成人,更表示从

此以后须承担起作为成年人的社会责任,所以古今不少民族均十分重视成人之礼。

昏义第四十四

1. 昏礼者,将合二姓之好,上以事宗庙,而下以继后世也,故君子重之。是以昏礼纳采、问名、纳吉、纳徵、请期①,皆主人筵几于庙②,而拜迎于门外,入,揖让而升③,听命于庙④,所以敬慎重正昏礼也。

【注释】

① 纳采:男方派人送礼品到女方家中求婚。古人纳采用雁作礼品,取义大雁天气冷了往南飞,天气变暖往北飞,顺从自然界的阴阳变化。问名:男方使者询问女子的名,女方告知。问名紧接在纳采之后,与纳采同一日进行。纳吉:男方在得知女子之名后,要到家庙中占卜,占卜结果为吉,于是派人带着礼品(雁)去告知女方。纳徵:"徵"的意思是"成"。男方派人送聘礼至女家,女方接受,这一桩婚姻就算成了。请期:结婚日期实际上是男方通过占卜确定的,但形式上要派人到女家去,请女方确定,所以叫"请期"。在女方谦辞以后,再由男方使者告知已选定的婚期。古代婚礼共分六个步骤,称为"六礼",此处纳采、问名、纳吉、纳徵、请期是前面五个步骤。最后一步为"亲迎",即新郎亲自到女家迎接新娘,见下节。② 主人:指女方的父母。筵几于庙:在家庙中铺设几席。③ 揖让而升:指女方的父亲和男方的使者互相作揖谦让,而后登上庙堂。④ 听命:指听取男方使者传达男方的话。

2. 父亲醮子而命之迎①,男先于女也。子承命以迎,主人筵几于庙②,而拜迎于门外。婿执雁入,揖让升堂,再拜奠雁③,盖亲受之于父母也。降④,出御妇车,而婿授绥,御轮三周⑤。先俟于门外⑥,妇至,婿揖妇以入,共牢而食⑦,合卺而酳⑧,所以合体、同尊卑⑨,以亲之也。

【注释】

① 醮：尊者酌酒给卑者，卑者无须回敬。迎：指前往女家迎娶新娘。② 主人：指新娘的父亲。③ 奠雁：将雁放在地上，不直接交到主人手中。凡卑者见尊者，都是将见面礼放在地上，不亲自交到尊者手中。④ 降：从堂上走下来。⑤ "出御"三句：古代亲迎之礼，新郎、新娘各乘自己的车，每辆车也各有驭者。此处新郎替新娘驾车，是表示对新娘的爱和尊敬。新郎把登车绳递给新娘（"授绥"），驾着马车让轮子转三圈（"御轮三周"），即算完成这一仪式。此后他便将新娘的马车交给驭者，而回到自己的车上。⑥ 此句主语是新郎。新郎乘自己的车先行，在自家门外等候。⑦ 牢：二牲以上称为牢。牛羊豕三牲为太牢，羊豕二牲为少牢。共牢而食，夫妇共用一份牲牢。⑧ 卺(jǐn)：把瓠子剖成两个瓢，每个瓢叫做卺。酳(yìn)：用酒漱口。"合卺而酳"是新婚夫妇在吃完饭以后，各用一个瓢饮酒漱口，既用以清洁口腔，亦是使食后胃部舒适。⑨ 合体："合卺而酳"的象征意义是夫妇二人合为一体。同尊卑："共牢而食"的象征意义是夫妇二人尊卑相同。

3. 敬慎重正而后亲之，礼之大体①，而所以成男女之别，而立夫妇之义也。男女有别，而后夫妇有义；夫妇有义，而后父子有亲；父子有亲，而后君臣有正。故曰："昏礼者，礼之本也。"夫礼始于冠，本于昏，重于丧祭，尊于朝聘，和于乡、射②，此礼之大体也。

【注释】

① 大体：犹言大道理、大原则。此句连上谓：经过这一番恭敬、慎重、严肃的婚礼程序以后，新郎新娘才相亲相爱，这是礼的重要原则。② 乡：指乡饮酒礼。射：乡射礼。乡饮酒礼、乡射礼最能体现乡人之间的和谐关系，故曰："和于乡射。"

4. 夙兴①，妇沐浴以俟见②。质明③，赞见妇于舅姑④，妇执笲枣、栗、段脩以见⑤。赞醴妇⑥，妇祭脯醢⑦，祭醴⑧，成妇礼也⑨。舅姑入室，妇以特豚馈⑩，明妇顺也。厥明⑪，舅姑共飨妇以一献之礼⑫，奠酬⑬。舅姑先降自西阶⑭,妇降自阼阶⑮,以著代也⑯。

【注释】

① 从"夙兴"至"明妇顺也",是叙述成亲(亲迎)次日之晨,新娘第一次面见公婆的礼节。夙兴:早起。② 妇:新娘。俟见:等候面见公婆。③ 质明:天亮。④ 赞:协助行礼的人。舅姑:公婆。⑤ 笲(fán):竹编的容器。段脩:用香料腌制的干肉。枣、栗是给公公的见面礼,段脩是给婆婆的见面礼。⑥ 醴:甜酒。此句赞者是代表公婆向新娘敬酒。⑦ 祭脯醢:将脯(干肉)、醢(肉酱)各取一点放在俎豆边上(此处脯醢也是赞者代表公婆赐给新娘的食物)。⑧ 祭醴:新娘用柶(小勺一类的食具)蘸一些醴(甜酒)洒在地上。⑨ 成妇礼:公婆赐给新娘甜酒,如此才完成她作为媳妇的礼节。⑩ 特豚:一只(蒸熟的)小猪。馈:指献给公婆。⑪ 厥明:指次日天亮以后。⑫ 一献之礼:古代饮酒之礼,主人先向宾客敬一杯酒,叫"献";宾客饮后,回敬主人一杯,叫"酢";主人先酌酒自饮,然后斟上酒再敬宾客,叫做"酬"。献、酢、酬合起来叫做"一献"。主人"酬"宾的这杯酒,宾客是不喝的,只是接过酒杯放在一旁,这叫"奠酬"。在此处公婆招待新娘的仪式中,公公"献",婆婆"酬",所以说"共飨妇以一献之礼"。⑬ 奠酬:注见上。"奠酬"的主语是"妇"。⑭ 西阶:宾客升降用的台阶。⑮ 阼阶:东阶,主人升降所用。⑯ 著代:表示新娘将代替婆婆成为家庭主妇。

5. 成妇礼,明妇顺,又申之以著代,所以重责妇顺焉也①。妇顺者,顺于舅姑,和于室人②,而后当于夫③,以成丝麻布帛之事,以审守委积盖藏④。是故妇顺备而后内和理,内和理而后家可长久也,故圣王重之。

【注释】

① 重责妇顺:犹言强调要求媳妇的孝顺。② 室人:指丈夫的姊妹及妯娌等女眷。③ 当:犹"称"。当于夫,丈夫的称职的妻子。④ 审守:了解保管。委积盖藏:泛指家中的粮食果蔬脯醢等食物。

6. 是以古者妇人先嫁三月,祖庙未毁①,教于公宫②;祖庙既毁,教于宗室③。教以妇德、妇言、妇容、妇功④。教成祭之⑤,牲用鱼,芼之以蘋藻⑥,所以成妇顺也。

【注释】

① 祖庙未毁:此节所讲是与天子、诸侯同姓同宗者教女之礼。祖庙未毁,指与国君同一个高祖父以下,故祖庙未毁除。下文"祖庙已毁"则指与国君同一个高祖父以上的祖先,祖庙已迁出。② 公宫:国君之宫。③ 宗室:大宗之家。④ 妇功:纺丝绩麻等工作。⑤ 教成祭之:教育活动结束以后,祭告祖先。⑥ "牲用鱼"二句:祭告时以鱼作俎实,用蘋、藻作羹菜。芼(máo),可供食用的野菜或水草,此处作动词用。按,"教成祭之"只是向祖先报告一下此事,并非正式的祭祀,所以不用牲牢。鱼、蘋、藻都生活于水中,属于"阴"类动植物,所以在教女成功以后用它们作祭品,祭告祖先。

7. 古者天子后立六宫、三夫人、九嫔、二十七世妇、八十一御妻,以听天下之内治,以明章妇顺,故天下内和而家理①。天子立六官、三公、九卿、二十七大夫、八十一元士②,以听天下之外治,以明章天下之男教,故外和而国治。故曰:"天子听男教,后听女顺;天子理阳道,后治阴德;天子听外治,后听内职。教顺成俗③,外内和顺,国家理治,此之谓盛德。"

【注释】

① 内和:内室和睦。家理:犹言"家治",家中治理得当。② 六官:据《周礼》,六官为天官冢宰、地官司徒、春官宗伯、夏官司马、秋官司寇、冬官司空。③ 教顺成俗:天子所负责的男教与王后所负责的女顺都成为风俗。

8. 是故男教不修,阳事不得①,适见于天②,日为之食③;妇顺不修,阴事不得,适见于天,月为之食。是故日食则天子素服,而修六官之职,荡天下之阳事④;月食则后素服,而修六宫之职,荡天下之阴事。故天子之与后,犹日之与月,阴之与阳,相须而后成者也。天子修男教,父道也;后修女顺,母道也。故曰:"天子之与后,犹父之与母也。"故为天王服斩衰,服父之义也⑤;为后服资衰⑥,服母之义也。

【注释】

①不得:犹言处置不当。②適:通"谪",谴责。③食:通"蚀"。④荡:荡涤,去除污秽。⑤"故为"二句:如果天王死了,臣下的丧服应是斩衰三年,这和为父亲服丧一样。⑥资:当作"齐"。

【导读】

本篇主要解释《仪礼·士昏礼》中若干仪式的含义,故名"昏义"。篇末"古者天子后立六官"两节,则是因论昏义推广而言及。

本文第1节所提到的纳采、问名、纳吉、纳徵、请期,再加上第2节的亲迎,就是中国传统婚礼的"六礼",是中国封建社会男女成亲必须经过的六个步骤。这六个环节在今天的成亲过程中也仍或多或少或明或暗地存在。

值得注意的是文中提到新婚夫妇"共牢而食,合卺而酳,所以合体、同尊卑"一语,强调夫妇尊卑相等。这与后来西汉董仲舒说"夫为妻纲"明显不同。这似乎说明在《士昏礼》定型之初,妇女的地位还是比较高的。

《礼记·郊特牲》中曾提到"昏礼不用乐"、"昏礼不贺",这与后世的婚礼差异颇大。在《史记·魏其武安侯列传》中记载汉武帝时丞相田蚡娶妻,"有太后诏,召列侯宗室皆往贺"。可见《礼记》中关于婚礼的规定在西汉时可能已经不完全遵行了。

射义第四十六

1. 古者诸侯之射也,必先行燕礼①;卿大夫之射也,必先行乡饮酒之礼②。故燕礼者,所以明君臣之义也;乡饮酒之礼者,所以明长幼之序也。

【注释】

① 燕礼:"燕"通"宴",燕礼即招待宾客饮酒之礼。《仪礼·燕礼》所记为天子或诸侯宴请本国卿大夫之礼。② 乡饮酒礼:在乡学中集会饮酒之礼。行乡饮酒礼有各种不同的情况,此处是指在行乡射礼之前举行的乡饮酒礼。该礼有一个"旅酬"的程序,即所有宾客按长幼为序,依次相酬(敬酒)。所以下文说"乡饮酒之礼者,所以明长幼之序也"。

2. 故射者,进退周还必中礼①。内志正,外体直,然后持弓矢审固②。持弓矢审固,然后可以言中。此可以观德行矣。

【注释】

① 还:通"旋"。中礼:合乎礼的要求。② 审固:慎重、稳固。

3. 是故,古者天子以射选诸侯、卿、大夫、士①。射者,男子之事也,因而饰之以礼乐也。故事之尽礼乐而可数为以立德行者②,莫若射。故圣王务焉。

【注释】

① 选:选拔。此处指通过射礼考察其德行,并选拔参与天子祭祀活动的人。② 数为:多次举行。

4. 射之为言者,绎也,或曰舍也①。绎者,各绎己之志也。故心平体正,持弓矢审固,持弓矢审固,则射中矣。故曰:"为人父者,以为父鹄②;为人子者,以为子鹄;为人君者,以为君鹄;为人臣者,以为臣鹄。"故射者各射己之鹄。故天子之大射谓之射侯③。射侯者,射为诸侯也。射中则得为诸侯,射不中则不得为诸侯④。

【注释】

①"射之"三句:此三句解释"射"字的含义。绎,陈说。射箭可以表现一个人的品德志向,所以下文说"绎者,各绎己之志也"。舍,犹"中",指

箭中于靶。②鹄：箭靶中心部位。"为人父者，以为父鹄"，指射箭之人若已为人父，则在持箭瞄准靶心时，心中默念："我若能射中此鹄，我就是一个合格的父亲；我若不能射中，就不是一个合格的父亲。"这就是"以为父鹄"。以下各句的解释仿此。③侯：本指箭靶，此处用作双关语，兼指诸侯。④"射中"二句：谓射中之人会受到赏赐嘉奖，可以久为诸侯；射不中之人会受到责罚，不能久为诸侯。按，古代学者对此语颇表怀疑，认为是汉代儒生对"射侯"一词牵强附会的解释。

5. 天子将祭，必先习射于泽①。泽者，所以择士也②。已射于泽，而后射于射宫。射中者得与于祭，不中者不得与于祭。不得与于祭者有让③，削以地。得与于祭者有庆④，益以地。进爵、绌地是也⑤。

【注释】

①泽：宫名。②士：指来朝见天子的诸侯、天子手下诸臣以及诸侯所贡的士。③让：责让，责罚。④庆：犹言奖励。⑤绌地：黜地，即削减封地。进爵是"庆"，绌地是"让"。

6. 故男子生，桑弧蓬矢六以射天地四方①。天地四方者，男子之所有事也。故必先有志于其所有事，然后敢用谷也②。饭食之谓也。

【注释】

①桑弧：桑木做成的弓。蓬矢：用蓬草做的箭。古代男婴出生三日，由人背着他，用桑木弓将六支蓬草所做的箭，射向天地及东南西北四方。②用谷：指在射天地四方之后，喂男婴吃一点东西。其含义是男子必须能治天地四方之事，然后才能有饭吃。所以下句说"饭食之谓也"。

7. 射者，仁之道也。射求正诸己，己正然后发；发而不中，则不怨胜己者，反求诸己而已矣①。孔子曰："君子无所争，必也射乎②！揖让而升③，下而饮④，其争也君子。"

【注释】

① 反求诸己:回过头来从自身找原因。② 必也射乎:如果一定有所争,那就是射箭吧。③ 揖让而升:射者在升堂射箭前有几次作揖表示谦让,而后才升堂。④ 下:下堂。饮:饮酒。

【导读】

本篇主要解释《仪礼·大射》的含义。所谓"大射",根据东汉郑玄的解释,是"诸侯将有祭祀之事,与其群臣射,以观其礼。数中者得与于祭,不数中者不得与于祭"。与前面《冠义》、《昏义》两篇不同。《冠义》、《昏义》都引用《仪礼》相关经文而加以阐释,而此篇只是泛论习射的意义。

弓箭在古代既是战争中的利器,更是狩猎活动中必不可少的工具。战争与狩猎皆是男子之事,所以男孩出生以后,要用"桑弧蓬矢六以射天地四方"。但大射礼中的射箭,所重的并不是它的实用价值,而是通过射箭活动所表现出来的士人的品德。"内志正,外体直,然后持弓矢审固。持弓矢审固,然后可以言中。此可以观德行矣。"(第2节)所以天子通过大射之礼以择士,选择的标准表面上看是士的射箭中否,而实际上是士的德行高低。

丧服四制第四十九

1. 凡礼之大体①,体天地②,法四时,则阴阳,顺人情,故谓之礼。訾之者③,是不知礼之所由生也。夫礼,吉凶异道,不得相干④,取之阴阳也。丧有四制⑤,变而从宜,取之四时也⑥。有恩、有理、有节、有权⑦,取之人情也。恩者,仁也;理者,义也;节者,礼也;权者,知也。仁义礼知,人道具矣⑧。

【注释】

① 大体:大原则,大道理。② 体天地:犹言以天地为本,本于天地。③ 訾(zǐ):说坏话,诋毁。④ 不得相干:谓吉礼、凶礼在衣服、容貌、器物

等方面各不相同。干,犯。⑤丧有四制:指制定丧服的四条原则,即下文的恩、理、节、权四制。⑥"变而"二句:"变"指丧服在各种不情况下的变化。门内主恩,门外主义,这是"变";因特殊情况不能完全按礼行事,也是"变"。这些变化均须各从其宜。取之四时,即上文"法四时",效法一年四季的变化。⑦权:权宜,变通。⑧人道:为人之道。

2. 其恩厚者,其服重①,故为父斩衰三年,以恩制者也。门内之治,恩掩义②;门外之治,义断恩③。资于事父以事君④,而敬同。贵贵尊尊⑤,义之大者也。故为君亦斩衰三年,以义制者也。

【注释】

①服重:丧服依与死者亲疏关系的不同而分为五种:斩衰、齐衰、大功、小功、缌麻。其中斩衰最重。②"门内"二句:门内之治指血缘亲属的服丧原则。恩掩义,私恩高于公义。③"门外"二句:门外之治指朝廷中服丧原则。义断恩,以公义断绝私恩。④资:犹操、持。此句言以侍奉父亲的态度来侍奉国君。⑤贵贵尊尊:第一个"贵"为动词,犹言敬。第二个贵指大夫。大夫之臣对待大夫应该尽敬,有如臣事君之礼,此为"贵贵"。第一个"尊"为动词,第二个"尊"指天子、诸侯。天子、诸侯之臣对天子、诸侯应该尽敬,此为"尊尊"。

3. 三日而食①,三月而沐②,期而练③,毁不灭性④,不以死伤生也。丧不过三年,苴衰不补⑤,坟墓不培⑥。祥之日⑦,鼓素琴⑧,告民有终也,以节制者也。资于事父以事母,而爱同。天无二日,土无二主,国无二君,家无二尊,以一治之地。故父在,为母齐衰期者⑨,见无二尊也。

【注释】

①三日而食:指父母去世,三天以后才开始吃粥。②三月而沐:守父母之丧,三个月以后才能洗头。③期:一周年。练:祭祀之名,即小祥之祭,在丧一周年后所举行的祭礼。此时孝子除去原来头上戴的丧首服,改戴练冠(用煮练过的布所制之冠)。④毁不灭性:指孝子悲哀憔悴,但不

能到危及性命的程度。⑤苴衰不补：衰是缝在上衣胸口处的一块麻布，长六寸，宽四寸。斩衰之丧用苴麻为衰。衰仅用于服丧期间，丧毕即除去，所以坏了也不必修补。⑥坟墓不培：古代坟墓修好以后，不再培土。⑦祥：此指大祥之祭。三年之丧，二周年祭为大祥。⑧素琴：没有漆饰的琴。按，祥之日，鼓素琴，表示在守父母之丧两年以后，孝子可以开始听音乐了。⑨"故父"二句：如果父亲活着，而母亲去世，孝子为母亲服丧是服齐衰一年。

4. 杖者何也？爵也①。三日授子杖，五日授大夫杖，七日授士杖②。或曰担主③，或曰辅病④。妇人、童子不杖，不能病也⑤。百官备，百物具，不言而事行者，扶而起⑥；言而后事行者，杖而起⑦；身自执事而后行者，面垢而已⑧。秃者不髽⑨，伛者不袒⑩，跛者不踊⑪，老病不止酒肉。凡此八者，以权制者也。

【注释】

①"杖者"二句：杖，丧杖，用竹或桐制成。孝子守丧用杖，是表示人悲哀过度，憔悴瘦弱，需用杖来支撑病体。但亦为有爵位者而设，故曰"爵也"。见下注。②"三日"三句：此处讲守国君之丧用杖的情况，也即用杖表明爵位。子，国君之子。③担主："担"有假借义，"主"指丧主（死者的嫡长子）。"担主"即借丧杖以表明丧主的身份。④辅病：扶持病体。除嫡长子以外的众子用丧杖，仅为扶持病体之用。⑤不能病：指不会因哀伤过度而体弱难行，故不需用杖。⑥"百官"四句：此四句讲天子、诸侯的丧事。丧主不须讲话，即事事有人操办，所以丧主可以悲哀憔悴到要人扶着才能起立的程度。⑦"言而"二句：讲大夫、士的丧事。"言而后事行"是谓必须丧主吩咐，然后事情才有人做。故丧主的悲伤衰弱只能到扶着丧杖能站起来的程度。⑧"身自"二句：讲庶人的丧事，事事须丧主亲自操办，故丧主只要蓬头垢面就行了。⑨髽(zhuā)：古代妇女有丧事，要除去头上束发的笄和丝巾，改用麻布束发，叫"髽"。⑩伛者：驼背之人。不袒：不袒露左肩。⑪踊：顿足、跳跃，这是丧礼中最哀恸的表示。

5. 始死,三日不怠①,三月不解②,期悲哀③,三年忧④,恩之杀也⑤。圣人因杀以制节,此丧之所以三年,贤者不得过,不肖者不得不及,此丧之中庸也,王者之所常行也。《书》曰:"高宗谅闇⑥,三年不言。"善之也⑦。王者莫不行此礼。何以独善之也?曰:高宗者,武丁;武丁者,殷之贤王也,继世即位,而慈良于丧⑧。当此之时,殷衰而复兴,礼废而复起,故善之。善之,故载之书中而高之,故谓之高宗。三年之丧,君不言,《书》云"高宗谅闇,三年不言",此之谓也。然而曰"言不文"者⑨,谓臣下也。

【注释】

① 三日不怠:指亲人刚死的三天内哭不绝声。② 三月不解:三个月以内不解衣休息。③ 期悲哀:一年之内早、晚哭,表示自己的悲哀。④ 三年忧:三年之内,虽不每天早、晚都哭,但只要心中悲哀就哭,表示自己的忧伤。⑤ 恩之杀:(以上是表示)对父母之恩的感激在渐渐淡薄。⑥ 高宗:殷天子武丁。谅闇(liáng ān):居丧(专用于天子)。⑦ 善之:意为《尚书》记载此事,是对他表示赞许。⑧ 慈良于丧:指他居丧的表现合乎礼的要求。⑨ 言不文:说话不加文饰。语出《孝经·丧亲章》。天子居丧可以不言,但大夫、士居丧,必须吩咐人办事,就不能不言,只是说话不要讲究文采。所以下句曰"谓臣下也",意为"言不文"这句话是针对臣下而说的。

6. 礼,斩衰之丧,唯而不对①;齐衰之丧,对而不言②;大功之丧,言而不议③;缌、小功之丧,议而不及乐④。父母之丧,衰,冠绳缨⑤,菅屦⑥,三日而食粥,三月而沐,期十三月而练冠⑦,三年而祥⑧。比终兹三节者⑨,仁者可以观其爱焉,知者可以观其理焉,强者可以观其志焉。礼以治之,义以正之,孝子、弟弟、贞妇⑩,皆可得而察焉。

【注释】

① 唯而不对:"唯"是应答之声。此句是说有斩衰之丧的人,有宾客问话时,他只答应一声而不作具体回答。② 不言:指不先开口说话。③ 议:指与人议论。④ 不及乐:不要谈及音乐。⑤ 冠绳缨:缨为系冠于颔下的带子。斩衰之丧的冠用绳作冠缨。⑥ 菅屦:用菅草编的鞋。⑦ 期

十三月而练冠:见本篇第3节注③。⑧ 三年而祥:见本篇第3节注⑦。⑨ 比:到。三节:犹言三个阶段。自初丧至"三月而沐"为一节,此后至"期十三月而练冠"为第二节,再至"三年而祥"为第三节。此句连下三句意为:孝子如果能坚持服好这三个阶段的丧,别人就能看到他的仁者的爱心,智者的理性和强者的意志。⑩ 弟弟:尊敬兄长的弟弟。第一个"弟"通"悌"。

【导读】

　　《仪礼》中有《丧服》篇,本文与《丧服》内容相关,但并非专门解释《丧服》之义,而是阐述制定丧服的四种原则,故以"丧服四制"为篇名。

　　中国古代社会是一个特别重视血缘关系的宗法社会。丧服是体现血缘亲疏的最重要的外化形式,故古代礼家都非常重视,有不少学者就以专门研究丧服制度而著名。《礼记》中讨论丧服制度以及其他与丧礼有关问题的篇章甚多,如《曾子问》、《丧服小记》、《丧大记》、《奔丧》、《问丧》、《服问》、《间传》等皆是。因这些礼仪规定十分复杂琐碎,而且对今天的普通读者毫无意义,所以本书均未选注。在读了这一篇《丧服四制》以后,我们对古代丧服制度的一些基本原则可以有所了解。

《历代名著精选集》书目

黄帝内经	周易
诗经	周礼
左传	国语
论语	孟子
老子	庄子
管子	晏子春秋
商君书	墨子
荀子	韩非子
六韬·三略·阴符经	鬼谷子·本经阴符七术
孙子兵法	孙膑兵法
山海经	列子
吕氏春秋	战国策
楚辞	吴越春秋
新语	新书
礼记	孝经
淮南子	史记
汉书	东观汉记
后汉书	三国志
博物志	西京杂记
搜神记	华阳国志

水经注	洛阳伽蓝记
世说新语	颜氏家训
抱朴子	高僧传
文心雕龙	诗品·二十四诗品
金刚经	坛经
贞观政要	史通
大唐西域记	茶经
唐宋传奇	唐语林
唐诗三百首	宋词三百首
资治通鉴	梦溪笔谈
朱子语类	近思录
东京梦华录	武林旧事
容斋随笔	元朝秘史
元曲三百首	本草纲目
阳明传习录	日知录
徐霞客游记	五杂俎
陶庵梦忆	闲情偶寄
东华录	阅微草堂笔记
扬州画舫录	曾国藩家书
人间词话	